全国高等法律职业教育系列教材

中国监狱史

（第三版）

司法部法学教材编辑部　审定

主　编　万安中

副主编　翁　聚　梁民立

撰稿人（以撰写章节先后为序）

　　　　万安中　许南云　殷导忠

　　　　曹秀谦　梁民立　鲁长岭

　　　　翁　聚

中国政法大学出版社

2015·北京

出 版 说 明

　　进入 21 世纪，我国法律职业岗位的设置日趋科学合理，经改革、改制建立起来的法学学科教育与高等法律职业教育并存并举、协调发展的法学教育体系已逐步完善，高等法律职业教育在全国已形成一定规模。为加强对高等法律职业教育的指导，进一步推动高等法律职业教育的顺利发展，司法部组织部分专家、学者编写了这套全国高等法律职业教育系列教材，供各有关院校使用。

　　本套教材根据教育部"高等职业技术教育应有别于学科教育，应具有更加鲜明的职业性、实践性和岗位针对性，应更加注重知识的有效传播"的要求，在编写过程中以实用性和指导性为原则，在强化基础知识、基础理论教育，突出职业能力和职业技能训练的前提下，重组课程结构，更新教学内容，突出了高等法律职业教育的办学特色，并力求切实起到帮助学生灵活运用知识、提高完成本职工作能力的作用，力求使其成为造就面向法院、检察院、律师事务所等法律实践部门应用型法律人才的必备读物。

　　本套教材调动了全国各有关院校，包括中国政法大学、南京大学、山东大学、四川大学、苏州大学、云南大学、西南政法大学、中南财经政法大学、江西财经大学、华东政法学院、西北政法学院、广东商学院、北京政法管理干部学院、上海政法管理干部学院、河北政法管理干部学院、山东政法管理干部学院、黑龙江政法管理干部学院、浙江政法管理干部学院、陕西政法管理干部学院、贵州政法管理干部学院、天津政法管理干部学院、福建政法管理干部学院、广西政法管理干部学院、湖南政法管理干部学院、辽宁公安司法管理干部学院、广东司法警官职业学院、安徽警官职业学院、江西司法警官学校、山西司法学校、福建司法学校、湖北司法学校、江苏公安司法学校、武汉司法学校、内蒙古司法学校等数十个单位的资深力量参与编写，并将分批陆续出版。第一批出版的有《民法原理与实务》、《诉讼原理》、《诉讼实务》、《刑法原理与实务》、《行政法原理与实务》、《经济法概论》、《法律原理与技术》、《法律论辩》、《中国宪法》、《法律文书》、《中国司法制度》、《案例分析方法原理与技巧》共12种。由于编写时间仓促，不足之处在所难免，欢迎广大读者批评指正。

司法部法学教材编辑部
2002 年 12 月

第三版说明

　　本教材自 2003 年初版、2010 年第二版以来，在全国各政法类职业院校及司法警官学院的使用中获得普遍肯定。几年来，中国监狱史的教学与研究已取得丰硕的成果。为丰富教学内容，让学生掌握更多更新的监狱史知识，培养学生的学习兴趣和创新意识，我们对该教材进行了修订和完善。

　　本教材的修订，适应刑事执行专业教学改革的迫切需要，吸纳监狱史研究方面的最新知识与成果，运用历史唯物主义和辩证唯物主义的观点和方法，对我国监狱的产生和发展、狱政思想的形成及变化、监狱立法的基本内涵以及各代监狱管理制度的建立和完善进行科学的论述。在编写体例和内容方面，力求做到体例规范、内容丰富、重点突出，实现科学性、系统性和实用性的统一。由于水平有限，在修订中一定还会存在一些问题和错误，恳请指正。

　　本书分工情况如下：万安中任主编，翁聚、梁民立任副主编。各章撰稿人如下（以撰写章节先后为序）：万安中（导论、第二章），许南云、万安中（第一章），殷导忠（第三章），曹秀谦（第四章、附录），梁民立（第五、六章），鲁长岭（第七、九章），翁聚（第八、十章）。全书由各参编人员分别修改后，由主编统一修订和审定。

　　本书的再版修订，得到了监狱学界专家们的指导，也得到了诸多院校领导的关心和支持，中国政法大学出版社对此书也给予了极大的帮助，在此一并表示衷心感谢！

编　者

2014 年 10 月

第二版说明

　　我国高等职业教育已进入一个以内涵式发展为主要特征的新的发展时期。高等法律职业教育、教学以及教材建设已取得了一系列重要成果。本教材自 2003 年初版以来，在全国各政法类院校及司法警官学院的使用中获得认可，得到了普遍肯定。但本教材作为刑事执行专业的专业基础课程，在专业核心课程普遍以工作过程为导向进行教材建设之时，已迫切需要进行修订和完善。

　　本教材的修订，一是适应刑事执行专业教学改革的需要，依据专业人才培养目标和课程标准，在体例及内容上作一定的修改及取舍；二是吸纳监狱史研究方面的最新成果，将最新知识编入教材；三是增加一章——中华人民共和国的监狱，以丰富监狱史的内容。本教材以马列主义、毛泽东思想、邓小平理论以及"三个代表"重要思想和科学发展观为指导，运用历史唯物主义和辩证唯物主义的观点和方法，对我国监狱的产生和发展、狱政思想的形成及变化、监狱立法的基本内涵，以及各代监狱管理制度的建立和完善，进行了科学的论述。在编写体例和内容方面，力求做到科学性、系统性和实用性的统一。由于水平有限，尽管对前版的相关内容进行了认真修改、补充和完善，但编写中仍会存在问题和错误，恳请批评指正。

　　本书分工情况如下：万安中任主编，翁聚、梁民立任副主编。各章撰稿人如下（以撰写章节先后为序）：万安中（导论、第二章），许南云、万安中（第一章），殷导忠（第三章），曹秀谦（第四章、附录），梁民立（第五、六章），鲁长岭（第七、九章），翁聚（第八、十章）。全书由各参编人员分别修改后，由主编统一修订和审定。

　　本书的修订，得到了著名监狱学家薛梅卿教授的指导和帮助。同时也

得到了中山大学、中国政法大学、吉林大学、中央司法警官学院、广东司法警官职业学院、吉林司法警官高等职业学院、浙江警官职业学院等院校领导的关心和支持。于此特表示衷心感谢。

编　者

2010 年 1 月

目录 CONTENTS

导　论

　　中国监狱史可看成历史学的一个分支，同时与监狱管理学、法学有着密切的联系，是研究中国监狱产生、发展及其规律的学科。具体来说，它主要研究监狱的产生和发展、狱政思想的形成及变化、监狱立法的基本内容，以及各代监狱管理制度的建立和逐步完善。

一、监狱的概念

　　作为世界文明古国的中国，其监狱的产生和发展已有四千余年的历史，在世界监狱发展史上占有重要地位。

　　那么，什么是监狱？对监狱含义的理解，不仅因为对监狱所包含的要素、属性及特点所认知的不同而有不同的解释，而且因刑罚观和历史时代的差异而有所区别。如有泛指一般意义上和专指现代意义上的监狱之说。其所下的定义是："监狱是执行自由刑的场所"；"监狱是依国法专门囚禁受自由刑之执行者所特定之公共营造场"；"监狱，为执行自由刑之处所。详言之，即依据法律一定之规定，而以国家权力拘束人民自由行动之公有营造场是也"；"监狱，是执行自由刑，限制受刑人的自由，加以教化辅导，使他能够改过迁善，适于社会生活的地方"。[1]

　　显然，把监狱定性为统治阶级依照国家法律而设置的关押已决犯的场所，即执行自由刑的场所，应该是专指现代意义上的监狱之说。所谓自由刑，其是以剥夺人的基本权利之一的自由为主要内容的刑罚，受刑者在一定的设施内被拘禁。17 世纪，随着生产力的发展以及资产阶级启蒙思想的传播，西方资本主义国家的一些法学家在抨击旧的刑罚思想及监狱制度野蛮残酷的同时，提出了自由、平等、博爱等思想，主张"天赋人权"，提倡人道主义。他们反对封建制度的残酷性、恣意性，反对监狱酷刑，主张罪刑相适应、罪刑法定主义，主张对犯罪人施以限制其自由的监禁，并且竭力主张限制死刑。这样，西方国家出现了限制人身自由的自由刑占主导

---

　　[1]《民国监狱资料选》（上），河南省劳改局 1987 年版，第 1、124 页。许章润：《监狱学》，中国人民公安大学出版社 1991 年版，第 23～24 页。

地位的刑罚体系，同时也出现了执行自由刑的场所——监狱。[1]不难看出，把监狱定性为专门羁押已决的自由刑罪犯的营建物，是现代意义上的监狱学派，由于所站的角度不同，依据自由刑在刑罚体系中所占的统治地位而对监狱概念的狭义理解。

这种对监狱狭义上的理解，具有一定的局限性。一方面，按照这种观念解释监狱概念，就要把监狱产生的时间推迟到17、18世纪。在此之前，在世界各国没有监狱的存在是难以想象的。另一方面，强调唯执行自由刑之场所才是监狱的定义，则无法涵盖我国古代监狱的繁杂职能。中国历史上各代王朝的监狱，关押对象往往罪无轻重、已决未决不分、犯人与干连佐证同狱，不可能专以囚禁自由刑犯人为职能。我国古代刑罚没有"自由刑"，"役诸司空"和"奴辱之"的劳役刑和徒刑，严格地说也并不具有纯现代自由刑的性质和特征。那么，单一自由刑的执行场所在我国古代并不存在，监狱的历史只能从近代引进自由刑规制时开篇，古代各代王朝未决已决犯杂居的各种待审、待解、待发的关押或劳役场所，都统统被排除在外，不被认可为监狱。也就是说，中国古代没有监狱。这显然不符合中国监狱存在和发展的客观实际。要认识和研究中国历史的监狱，必须从广义上去理解监狱的概念及内涵。

全面理解和正确界定"监狱"的内涵，或者说给监狱下一个较为客观、允当和科学的定义，应该从监狱的性质、功能及其特征等方面去分析。

从性质上看，监狱具有阶级性、强制性和专门性等重要内容。监狱既非从来就有，也绝非奇迹突现，它是随着私有制、阶级和国家的产生而逐

---

〔1〕西方近代作为执行自由刑场所的出现，不仅是由于生产力的发展和资本主义生产方式的出现，当时出现的进步的刑罚观念也具有重要的推动作用。一是人权观念的兴起。在人权运动的影响下，倡导者主张"人人生而平等"，不得随便剥夺人的生命，不能任意行使酷刑，即便有人违法犯罪，也只能依法处罚，并使罪刑均衡，罚当其罪。二是人道观念的倡导。人道观念主要倡导维护人权、尊重个人价值，主张平等博爱。人们对夺人生命、毁人身体的非人道的残忍刑罚表现出极大的不满，强烈要求刑罚的人道化。三是刑事政策观念的产生。18世纪，西方刑事古典学派的代表们认为，对犯罪人定罪量刑，不应只是本能的报应和赎罪，而且还有惩戒犯罪人，威吓他人，借以预防犯罪的作用。定罪科刑的作用既然如此，就不必轻易地适用死刑、身体刑或流刑，自由刑亦可起到这种作用。并且自由刑的执行使罪犯与社会隔离，可使罪犯产生反省悔悟之心。四是刑罚经济观念的影响。人们认为旧时的刑罚，如生命刑、身体刑、流刑等，不但是不人道的刑罚，也是不经济的刑罚。把罪犯囚禁于狱中，使之劳动，既可收到惩罚、威吓之效，又可利用人力资源为社会创造财富。可见，对于西方近代作为执行自由刑监狱的产生，各种刑罚观念及思想的出现发挥了极大的作用。

渐形成的。[1]监狱的出现是因为人类社会步入阶级社会后，统治阶级为压迫、镇压被统治阶级而设置的专门场所。从监狱的本源上说，阶级本源是监狱的本源，这也正是监狱本质的最基本要点。[2]监狱的演变从其组织形态、组织功能等方面看，固然有着各种社会、经济、文化的因素，但其最根本的集中点还在于社会阶级发展的需要。监狱存在与否及存在的形态如何可以有多种原因，但最终还是决定于阶级状况。阶级状况更为集中地反映了社会经济、文化、政治等社会因素对监狱的作用。在阶级社会中，监狱始终是阶级的监狱，以执行阶级的意志为神圣使命。[3]一定的监狱不仅与阶级共存亡，而且更主要的是与阶级相辅助。监狱作为国家的物质上层建筑，是统治阶级所专有的，是统治阶级实现其阶级意志的有效工具。也就是说，监狱是统治阶级根据自己的需要设立的，它从一开始就具有阶级性，体现着统治阶级的意志。

同时，监狱作为统治阶级手中的暴力工具，设置的目的就是对触犯、违反他们意志和利益的人们进行惩处。在统治者看来，只有毫不手软地镇压那些反抗统治阶级、侵犯统治阶级利益和阶级统治所赖以存续的社会秩序者，才能有效地维持自己的统治，确保本阶级的意志畅行无阻。而为了维持阶级统治，不仅需要军队的威慑和法律的调控，而且需要"构成国家实质"的监狱来辅助和强化这一威慑，执行、保障这一调控作用的有效发挥与真正实现。统治阶级要实现这种目标，必然通过和利用强制手段来实施。强制性是统治阶级实施监狱统治的重要手段。

此外，监狱还拥有"专门性"这一重要特性。专门性既体现在监狱只是统治阶级所专有的物质上层建筑，被统治阶级不可能拥有监狱，只有遭受镇压和压迫。专门性又体现在统治者设立监狱就是专门针对被统治阶级或反抗压迫违反他们意志和利益的人们的，是一个专门进行惩处的、相对固定的机构和场所。[4]

从功能上看，监狱具有羁押、隔离、惩罚等基本内容。所谓羁押，即拘留或拘押。将犯人予以羁押是监狱最基本的功能。从监狱产生和存在的目的来看，统治阶级为维护自身的统治及利益，必然对敢于违抗统治阶级意志及利益的人，建立束缚人身自由的场所和设施，即对那些所谓的未决

---

〔1〕　薛梅卿："我国监狱及狱制探源"，载《法学研究》1995年第4期。

〔2〕　金鉴主编：《监狱学总论》，法律出版社1997年版，第38页。

〔3〕　许章润：《监狱学》，中国人民公安大学出版社1991年版，第55页。

〔4〕　殷导忠："中国监狱起源问题之比较研究"，载《中国监狱学刊》2003年第1期。

犯和已经判决尚待执行的犯人，如待讯、待质、待决者；被判肉刑的犯人在执行前，被判死刑的犯人在行刑前，以及被判流、徒刑的犯人在发送配所或居作场所之前，实施有效的羁押。这种囚禁和羁押，既要考虑监禁场所的安全，又要考虑防止被羁押人的脱逃。所以这种羁押主要通过门卫制度、桎梏制度、点视制度来保证监狱基本功能的发挥，以达到惩处的目的和保障其他刑罚目的顺利实施。

隔离是监狱的又一项重要的功能。隔离自然是将被关押的犯人与外界或将犯人相互之间分割开来，使之互不接触。这种隔离表现在两个方面：一是监狱与社会的隔离，使监狱犯人不得与普通社会人进行接触；二是监狱内部的区域隔离，限制监狱犯人之间的接触。[1]

监狱还有一项重要的功能，即惩罚功能。监狱的惩罚功能，是指监狱使受刑人的身心置于刑罚的条件下，限制其精神和物质生活而产生的心理痛苦效应的总和。监狱的最基本意义就是惩罚。监狱的惩罚功能首先表现在监狱设置的基本目的方面。设立监狱就是为了建立一种镇压阶级反抗，维护社会统治秩序的工具，而这种工具的作用就在于实施刑罚，惩罚犯罪人。设置监狱，无论是将其作为行刑场所或拘押场所，无论是作为自由刑的物质实施，还是生命刑或肉刑的实施地，监狱无不以其关押人、剥夺其自由，并施以严厉的惩戒而处罚犯罪人。其次，监狱的惩罚功能是通过监狱的物质形态及监狱的管理和监狱内部的活动来体现的。将犯人置于阴森、恐怖的监狱中，施以严格的控制和管理以及各种惩戒活动，使之遭受一定的"痛苦"。这种惩罚的效用在于：一是剥夺犯人的人身自由，将其拘于狱内，与社会隔离，在一定程度上否定了犯罪人的社会地位及人的自由意义，除其固有的警示作用外，主要对犯人施予痛苦。这种痛苦是失去自由的痛苦，与社会隔离的痛苦。二是犯罪人因失去自由，承受行刑活动所造成的内心痛苦。可以说惩罚是监狱最基本的功能，没有惩罚就没有刑罚，也就无需监狱的存在。

从特征方面看，监狱最重要的特征即是封闭性。监狱为了达到和保障它对违背统治阶级意志和触犯统治阶级利益的人们进行惩罚的目的和效果，必然构建一处相对独立且封闭的场所，来羁押、囚禁他们并实施刑罚。对中国古代的监狱，虽然我们无法直接从视觉上去感受它，但是从古至今留下的若干证据，如甲骨文中用以表明"监狱"的字词，就形象地说

---

〔1〕 郭明：《学术转型与话语重构——走向监狱学研究的新视域》，中国方正出版社2003年版，第110页。

明了监狱结构的封闭性。封闭性是监狱所具有的无法丧失的重要特征。

从监狱的性质、功能及特征等要素分析来看，在中国监狱历史发展中，无论是奴隶制王朝还是封建制王朝，监狱的存在是不可否认的事实。至此，可以从广义上对监狱下一个定义：监狱是国家机器的有机组成部分，是统治阶级专门设立的，凭借国家强制力为后盾，对违抗统治阶级意志以及触犯统治阶级利益的人们进行监禁、拘束及惩罚的机构或场所。它既包括自由刑（徒刑和拘役）罪犯判决后的执行场所，也包括以下之处所：古代充军、流刑等犯人待解待发的羁押场所和发配劳役的场所；死刑犯暂时收监等候处决的场所；皇室贵族的软禁之地；刑事被告人等嫌疑犯、未决犯的看守场所；民事诉讼被告人以及民事诉讼的干连佐证的管收处所；另外，还有各种拘留处所、感化教养机构以及各种私牢，等等。

从我国最早奴隶制国家的形成至1994年，我国历史上共出现过五种类型的监狱，即奴隶制的监狱、封建制的监狱、半殖民地半封建制的监狱、新民主主义时期人民民主专政的监狱以及新中国的监狱。

1. 奴隶制的监狱（约公元前2100年～公元前475年）。我国监狱随着第一个奴隶制王朝夏朝的建立而产生，奴隶制的监狱是我国监狱的最早形态，经过商、周、春秋时期的发展，有一千余年的历史，形成了我国古代监狱的雏形。

2. 封建制的监狱（公元前475年～1840年）。自封建制社会开始确立的战国时期起，经三国两晋南北朝、隋唐五代、宋辽金元直至明清，我国封建社会走过了早期、中期、后期至晚期的基本历程，封建制的监狱由确立、逐步发展乃至益臻完备。

3. 半殖民地半封建制的监狱（1840年～1949年）。这一时期包括清末政府、北洋军阀政府和国民党政府的监狱。1840年鸦片战争以后，我国进入半殖民地半封建制的社会，因而，它们实行的是半殖民地半封建国家的狱制，代表的是封建地主、官僚买办阶级的根本利益。

4. 新民主主义时期人民民主专政的监狱（1927年～1949年）。1927年始，中国共产党创立了革命根据地，建立了人民民主专政政权，在半殖民地半封建社会中，创建了具有人民民主专政性质的新型监狱。人民民主政权摧毁旧的监狱机构，消除旧监狱制度的不良影响，逐步建立了中国历史上最文明、最先进的监狱制度，从而形成了与一切旧监狱体系根本对立的新民主主义监狱体系。

5. 新中国的监狱（1949年～1994年）。1949年10月1日中华人民共和国成立。新中国的成立，掀开了中国监狱历史的新篇章。中华人民共和国监狱与历史上剥削阶级的监狱有着本质区别，是广大人民群众对危害国家安全的犯罪分子和其他刑事犯罪分子进行惩罚和改造的人民民主专政的机关。新中国的监狱走过了创建、曲折发展和改革创新的历程。

二、中国监狱的起源

研究和探讨中国监狱历史的发展，中国监狱的起源是一个绕不开的重要话题。关于监狱的起源，许多专家及学者都进行了探讨，由于依据于不同的理论和史实，观点不尽一致，分歧还是较大的。

（一）监狱起源的不同观点

1. "皋陶造狱"说。中国历史上曾广泛流传着皋陶造狱的传说。自西汉至明清时期，各地监狱素有尊皋陶为狱神的习俗，为其建庙设像，以示崇敬。"皋陶造狱"最早是西汉元帝时期黄门令史游在《急就篇》中提出来的："皋陶造狱法律存。"隋朝陆法言的《广韵·三烛》有："狱，皋陶所造。"颜师古对《急就篇》中的"狱"进行了界定："狱之言也，取其坚牢也。字从二犬，所以守备也。"《广韵》彭氏注更明确："皋陶造狱，其制为圜，象斗，墙曰圜墙，扉曰圜扉，名曰圜土。"意思是皋陶造的监狱形状如圜，像斗一样，故称圜土。皋陶所造之狱，既有外围构造之字形，又有内守戒备之实，因而认定是我国监狱的起源。

关于皋陶其人传说不少，一些古代文献也有一定的记载。皋陶，又名咎繇，东夷部族的首领。《史记·夏本纪》记载："皋陶生于曲阜。曲阜偃地，故帝因之而以赐姓曰偃。"虞舜时，皋陶被任命为司法长官，执撑狱讼。《尚书·舜典》有："帝曰：皋陶，蛮夷猾夏，寇贼奸宄，汝作士，五刑有服。"《春秋·元命包》云："尧得皋陶，聘为大理，舜时为士师。"《尚书大传》曰："士，理官也。"《正义》曰："士即《周礼》司寇之属。"《尚书大传》云："秋伯之乐，注曰：秋伯、秋官、士也，咎陶掌之。"郑元云："士，察也，主察狱讼之事。"郑康成注曰："理治狱官也。"说明在尧舜时期，皋陶曾担任狱官和法官。[1]后人出于对皋陶的尊崇，还将其处理狱讼加以神化。传说皋陶善理狱讼，遇疑案则令神兽獬豸以角触不直者，以知人善恶，剖明是非。夏禹继位后，皋陶成为重要助手。夏禹还推荐皋陶为自己的继承人，但皋陶未继位之前就去世了。"禹即帝位，以咎陶最贤，荐之于天，将有禅之意。未及禅，会皋陶卒。"[2]

————————

〔1〕 白焕然、佟伟、陈鹏："皋陶造狱·宜岸宜狱·狱——从'皋陶造狱'谈古代'狱'的涵义"，载《中国监狱学刊》2007年第2期。

〔2〕《史记·夏本纪》。

　　无论是史游的《急就篇》，还是陆法言的《广韵·三烛》，都肯定了皋陶是监狱的创立者。但这种"皋陶造狱"的传说只是汉代及后人的推断，"皋陶造狱"未见于先秦典籍。不过，秦汉以前的文献关于皋陶作士、皋陶造律的记载都较普遍。由于皋陶作士、造律，有各种诉讼的出现，在审断之下，必有依法判刑的"罪人"，要与"法律存"相适应执行法律，所以应当有"拘罪之处"。这样，古代人就推论，皋陶不仅作律，还建造了监狱，从而编造出皋陶造狱的故事。

　　皋陶造狱没有揭示出监狱起源的社会原因、历史条件和阶级基础，更何况把监狱的起源归结于个人的创造性活动，显然是不科学的。皋陶造狱作为一则带有神化色彩的传说，不足以成为我国监狱起源的可信的依据。

　　2. 原始社会末期说。该观点认为，原始社会末期，也就是五帝时期，监狱就产生了。[1]其理由和依据是：其一，五帝时期的部族初具国家形态的某些功能。《史记》中有："轩辕之时，神农氏世袭。诸侯相侵伐，暴虐百姓，而神农氏弗能征。于是轩辕乃习用干戈，以征不享，诸侯咸来宾从。"认为氏族使用暴力手段征战诸侯，力图建立氏族社会新秩序的做法，正是上古国家之基本功能的体现。其二，五帝时期部族领域的划分和巡狩制度的建立具备了国家的统治形态。舜时，"肇有十二州，封十有二山"，"茫茫禹迹划九州"。按地域划分部族是原始社会末期社会形态的重要特征之一，也是国家形态特征的初期表现。另外，舜时，创立了巡守制度。其三，官僚制度的创立具备了国家的机构形态。在舜的时候开始设置百官，创建了官僚制度。《史记》载："禹、皋陶、契、后稷、伯夷、夔、龙、倕、益、彭祖自尧时而皆举用，未有分职。于是舜乃至于文祖，谋于四岳，辟四门，明通四方耳目，命十二牧论帝德，行厚德，远佞人，则蛮夷率服。"即舜为帝后，不仅建立了官吏推举制度而且还建立官吏考核制度。官僚机构建立后，政治呈现出以往未见的升平景象。其四，祭祀制度的建立是国家宗教制度的雏形。祭祀制度始于颛顼时期。颛顼"载时以象天，依鬼神以制义，治气以教化，洁诚以祭祀"。帝喾时期，"历日月而迎送之，明鬼神而敬事之"。帝尧时期进一步发展了历法制度，并设立了专门的历法官员。舜时，"在璇玑玉衡，以齐七政，遂类于上帝，禋于六宗，望于山川，辩于群神"。也就是说，尧舜时期已经建立起自己的信仰体系和祭祀制度体系，标志着祭祀制度在原始社会末期已完全创立起来。其

---

〔1〕 杨习梅主编：《中国监狱史》，中国民主法制出版社 2009 年版，第 12 页。闫志明："我国监狱起源的追溯"，载《监狱理论研究》2001 年第 8 期。

五，刑罚制度的创立体现了法制的国家形态。舜帝执政时，已经建立了比较完备的刑罚制度。《尚书·舜典》载："象以典刑，流宥五刑，鞭作官刑，扑作教刑，金作赎刑。眚灾肆赦，怙终贼刑。"象刑、流刑、鞭刑、扑刑、金刑的创立，既开启了刑罚制度的先河，是国家形态的显示，也为夏朝建立国家后监狱制度的设定打下了基础。此外，"又据传说，在尧帝和舜帝时期，就已有'置诸丛棘'、'画地为牢'的拘押不规之人的雏形狱"。

由此分析得出：五帝时期即为中国上古国家的逐渐形成期。从制度上看，它已具备了国家的某些形态，尤其在这一时期建立了以五刑为标志的刑罚制度，那么监狱也就产生了。

由于监狱是国家机器的重要组成部分，是国家物质的附属物，所以，尽管在原始社会末期，国家的某些功能、制度、形态有了局部的体现，但都是不完整的，或者说处于逐步建立和发展的过程当中，国家的形式还处在逐渐的孕育之中。因而，这个时期存在的所谓监狱"丛棘"和"地牢"，在国家正式形成前，很可能是中国古代监狱随着阶级分化和对立的历史现象而处于胚胎期的一种基本形式。

3. 春秋说。该观点认为，中国进入春秋时期，才有了监狱。[1]其认为，夏商周时期的刑罚制度，还处在奴隶制国家的初期阶段，受到野蛮的原始习惯的影响，其刑罚体系是以死刑和肉刑为中心的。所以认为在西周以前，以死刑和肉刑为中心的刑罚体系时期，刑罚是即审即决即时执行的，并不需要送到监狱去执行刑罚，从而决定了不可能产生监狱。即使当时已有关押犯人的场所，但这个场所也还不是执行刑罚的机关和场所，所以并不能称之为"监狱"。

这种按徒刑为中心的刑罚体系的内容来判别监狱的性质和内容的说法，显然是对监狱狭义的理解和定位，具有局限性。

4. 殷商说。该观点认为中国监狱的起源最早应该在商朝的中晚期。[2]其认为中国监狱的起源既不在原始社会末期，也不在夏朝。监狱起源时的最初监狱，必然是已经区别于被当时人们认为是社会生活的一个组成部分的那种关押场禁的另外一种关押拘禁生活，从几千年的监狱演变历史看，这种区别的界限也许就是是否经过诉讼或者一种国家（集团）而非个人的强力行为。所以中国监狱的起源不可能是在历史传说中的国家形态刚刚形成的夏朝和商朝初期。监狱是国家形态发展到一定阶段的产物，而并非与

---

〔1〕　宁汉林、魏克家：《中国刑法简史》，中国检察出版社1997年版。

〔2〕　高文："中国监狱的起源求证"，载《犯罪与改造研究》2003年第11期。

国家形态一同产生。从现有的考古成就和相关的资料研究来看，监狱起源于商朝中晚期。

"殷商说"将监狱起源与国家形态形成联系在一起来求证监狱的产生时期，是有一定道理的，但其忽视了夏朝和商朝初期，随着国家形态的形成，监狱的产生已具备了各种条件和基本因素。

5. 封建社会末期说。该观点认为中国在 18 世纪中叶以前，没有真正意义上的监狱，真正意义的监狱，是在 18 世纪中叶自由刑发达以后，始告诞生，所以自由刑发达的原因，也就是监狱诞生的原因。[1]

其理由和依据是：其一，人权运动的发达。18 世纪是人权运动的世纪，在人权运动怒涛澎湃之下，使各种政法制度，为之一变，自由刑因而发达，近代意义的监狱，也因而诞生。其二，人道观念的发达。人道观念就是仁爱观念，也就是不忍人之心，……人道观念和人权运动，是互为表里的，盖人权运动发达以后，高唱维护人权，尊重个人的价值，"不忍人之心"的人道观念，自然就发达起来。人道观念，对于旧日以杀人生命、伤人身体、流人遐荒的刑罚制度自感不满，而改以自由刑为主要的刑罚，以执行自由刑为其任务的监狱，因而出现。其三，刑事政策的发生。18 世纪中叶已经有初步的刑事政策观念，他们感到定罪科刑，不应只是本能的报应和赎罪，而是有惩戒犯人，威吓他人，借以防止犯罪，防卫社会的政策作用。这种初期的刑事政策观念，亦促使自由刑发达和监狱的诞生。其四，经济思想的发达。随着生产力的发展，人们深知人力之可贵，于是感到旧日的刑罚，不但是不人道的措施，也是不经济的行为。如何把犯罪人囚禁狱中，使之作业，既可收惩罚和威吓之效，又可利用人力，这种经济思想的发达，亦为近代促使自由刑发达和监狱诞生的原因。

由此得出，监狱的产生与人权运动、人道思想、刑事政策观念、经济思想的发达都有着密切的关系。这些因素也就是促使监狱形成的思想基础和社会基础。

把监狱定性为执行自由刑的场所，是对监狱概念狭义的理解。把监狱的产生定位在封建社会末期，与中国监狱产生的客观实际是不相符的。

（二）中国监狱起源于夏朝

考察中国监狱的起源，不仅要认清监狱的概念、监狱的性质、功能和特征，还要觅寻监狱起源的重要理论论据，从马克思主义国家学说观点来

---

〔1〕 林纪东：《监狱学》，台湾三民书局 1959 年版。

分析，我国监狱起源于夏朝。

既然监狱是国家机器的重要组成部分，其和军队、警察、法庭共同组成国家的暴力机构，那么，国家形成了，监狱也随之而产生也就不难理解了。

公元前 21 世纪，由禹传位于启的夏王朝是不是国家呢？恩格斯在《家庭、私有制和国家的起源》一书中指出："国家和旧的氏族组织不同的地方，第一点就是它按地区来划分它的国民"，不再按血缘亲族关系划分社会集团。"第二个不同点，是公共权力的设立。"实际上，夏启继位以后，曾将其统治区划为"九州"。据载，夏人活动的范围，西起今河南西部和山西南部，东至今河南、河北、山东三省交界之处，南接湖北，北入河北。夏朝的统治中心在今河南西部，其势力及影响曾达到黄河南北，直至长江流域。"芒芒禹迹，划为九州，经启九道"〔1〕、"铸九鼎，象九州"〔2〕表明，夏朝开始按地域将居民划分为九个区域，并铸造了"九鼎"作为国家权力的象征。同时，夏朝设置了"公共权力"。从文献记载来看，国家的"公共权力"在夏朝已经具备了，"夏后氏官百"〔3〕，如夏中央有"牧正"掌管畜牧，"车正"掌握造车，有"大理"主掌审判。夏朝除夏王以外，王的下面还设立了管理各种事务的官卿。国家已有军队，由王和军事长官率领出征打仗，这就标志着以夏王为中心的权力机构体系已经建立了。此外，王位世袭制度的确定，是国家起源的一个主要特征。确立王位世袭制，从而废除了"禅让"传贤的原始民主制，使得王位私有合法化了，从此"公天下"为"家天下"所取代。中国历史上第一个奴隶制国家夏朝诞生了。这样，作为国家的附属物的监狱也随之而产生。

监狱与刑制相关联，夏朝建立了一系列的刑罚制度，与刑罚制度相匹配的监狱自然也就形成了。"夏有乱政"，表明夏朝有了各种犯罪，犯罪之人通过审判之后，必有拘罪之处执行刑罚的场所。而夏朝的刑罚制度主要以死刑和肉刑为主，这种"拘罪之处"一般不作为执行刑罚场所，而只是作为待讯、待质、待决的场所。这种场所也是监狱的范围。

此外，不少文献都记载了夏朝不仅有具有代表性的监狱圜土，还有拘禁特殊人物的监狱"夏台"。尤其是圜土，具有一切监狱所具有的性质、功能及特征。夏朝拥有监狱是不容置疑的。

---

〔1〕 《左传·襄公四年》。

〔2〕 《汉书·郊祀志》。

〔3〕 《礼记·明堂位》。

综述可见，不论从国家形态形成来看，还是从刑罚制度的建立以及文献记载来分析，我国监狱起源于夏朝。

三、中国监狱发展的基本特征

夏朝奴隶制国家的建立，宣告了中国历史上经过原始社会末期长期孕育的奴隶制的监狱最终形成。中国监狱的发展，从形态上看，由最初的"丛棘"、"地牢"和"圜土"，至封建社会末期建成规模宏大、结构复杂、建筑完善的监牢；从设立的类型上看，由一开始单一的拘禁、羁押的场所，到后来各封建王朝建成的中央监狱及地方监狱的重要体系；同时，伴随着监狱的产生和逐步发展，奴隶制、封建制国家的监狱形成了完整的狱政思想、丰富的监狱立法以及完善的监狱管理制度。所有这一切都清晰地展现了一个东方文明古国狱制的完整标本，表现出中国监狱发展的民族特色和重要发展规律。

（一）中国监狱历史的发展，历经了一个曲折的逐步完善的演化过程

我国监狱产生于夏朝，但在此之前，就有"皋陶造狱"之说。史载：皋陶又称咎繇，生于曲阜，是少皞氏的支裔。虞舜时，任命其为司法长官。相传皋陶善理狱讼，遇疑案则令神兽判之，以知人善恶，剖明是非。"三王始有狱"，说明我国到夏商周时代监狱已完全产生了。古代奴隶制的监狱，或称"圜土"，或称"囹圄"，或称"犴狱"，因监狱是奴隶主阶级用以统治奴隶的工具，加之经济十分落后，所以奴隶制的刑罚制度受到野蛮的原始习惯的影响，主要以残杀生命和残害身体作为惩罚犯罪的手段。商朝的刑罚在夏朝的基础上有所发展，但生命刑和身体刑为主的五刑制度仍是其刑罚的基本制度。甲骨文中记录的"剢"、"刵"、"杀"、"辟"以及古文献记载的"天刑"、"刖刑"都说明了这样的事实。如《史记·殷本纪》记载，纣王曾把手下大臣九侯处了醢刑（剁成肉酱），将鄂侯处以脯刑（做成肉干），又"囚西伯侯于羑里"。

西周，监狱不再实行单纯的拘禁和惩罚，而将之改变为强制改悔的场所，按违法犯罪性质和程度的不同，采取不同的拘押方式，在刑罚上限制单纯的杀戮而广泛采用强制罪犯劳役的手段。而且，西周已形成了比较完整的狱政思想。西周统治者采用恩威并用的两手政策，是奴隶制国家趋于成熟的重要标志。

历史进入封建社会后，狱政思想也得到进一步充实和发展。在西周统治者狱政思想的基础上，汉朝统治者提出了"德主刑辅"的狱政理论，强调治理国家要以礼义教化为主，刑事惩罚为辅，德与刑兼施，礼与法同用，从而由秦朝那种"广狱而酷罚"施行镇压的一手，变为欺骗和镇压的

两手。经过自春秋战国、秦汉、三国两晋南北朝的治乱交替、兴衰相继的漫长岁月，封建统治者积累了丰富的统治经验，唐太宗李世民更深一层地提出以"仁本、刑末"的政策取代隋末的暴政，在狱政思想上表现为宽仁为本，执行仁恕而慎行的基本原则，达到"狱如明镜"的政治目标。明朝的狱政，上宗唐朝，下启清朝，采取仁恕与重刑相结合的原则是明朝封建狱政管理的基本思想，而重典治狱是明朝区别于前朝的狱政特色。清末，"中学为体，西学为用"的狱政思想逐渐形成，一些地主、资产阶级分子提出在不触动旧有封建制的基础上学习"新学"的主张。他们认为西方治狱不用刑讯是有法制、教化的表现，指出中国用刑治狱，"其惨酷无人理"，若不变化，仅改其末而舍其本，"富强之效日远矣"。"中学为体，西学为用"狱政思想的提出，为后来北洋军阀政府监狱和国民党政府监狱进行狱政改良，吸收外国监狱先进的管理方法和经验提供了依据。

监狱的产生和发展，狱政思想的形成和完善，随之而起的是监狱管理制度的建立。我国自夏朝至春秋战国，因监狱仅作为拘禁人犯的场所，故未能形成监狱的管理制度。直至秦朝，才逐步建立。如对犯人在劳动和生活上的管理，囚粮、囚衣的供应，狱具的使用，对罪犯的惩处，以及对狱吏的要求，都作了具体的规定。两汉监狱的管理制度是在秦的基础上发展起来的。两汉时期，建立了严格的系囚制度、呼囚制度以及颂系制度等。到了唐朝，实行男女异狱，初步实行了分房分居制度，改变了唐代以前一直实行的不分男女老幼的混羁杂居制度，减少了监狱管理中的混乱现象，无疑是狱制上的一大进步。

清代，不仅男女犯人有别，而且对已决犯和未决犯及罪行轻重，也各自予以区别，分别设置了内监、外监和女监。"各监有内监，以禁死囚，有外监，以禁徒流以下，妇人别置一室，曰女监。"

中国历代王朝的监狱，无论从监狱自身的发展和完善来看，还是从监狱演变所引导出的狱政思想、监狱立法和监狱管理制度方面来看，确实历经了一条逐步趋于合理化和文明化的道路。

（二）中国监狱历史的发展，深受政治、经济发展的影响和制约

西周是我国历史上强盛的奴隶制王朝，由于奴隶制政治、经济的高度发展，因而监狱制度产生了很大变化，最突出的表现为狱政思想的初步形成。另外，监狱管理制度的建立也处于萌芽状态，如囚系制、圜土制和嘉石制等。这表明，周朝监狱制度的发展比之于夏、商已取得了长足的进步。

公元 618 年，唐朝建立，标志着中国封建社会的历史进入鼎盛的重要

阶段。由于隋末农民起义沉重地打击了魏晋以来作为反动统治阶级基础的士族豪门势力，促进了阶级关系的某些变化。加之唐初统治者励精图治，使唐代政治、经济得到前所未有的发展，与此一致，封建国家的各种典章制度也得到了进一步完善。因此，其监狱管理制度，如"禁囚制度"、"狱具制度"、"狱囚衣粮及医药制度"、"居作制度"、"录囚制度"等，在历代封建王朝监狱管理的基础上也达到了相当完备的程度。

北宋政权建立后，统治阶级加强了中央集权，采取了一系列维护封建专制统治的措施。随之而起，宋王朝的封建皇权在全国狱政监督管理上突出地有所加强，封建狱制上的绝对君权也趋于完备，监狱愈益变为皇帝实行个人专断的工具。

明清统治时期，封建制度日趋衰落，力求维护封建经济和社会制度的君主专制统治更加强化。明代，封建监狱体系的庞杂，狱制愈益严密，惩罚威吓主义继续加强，宦官厂卫组织干预狱政，都是君主专制极端强化在监狱制度上的突出表现。清代，在明朝君主集权强化的基础上，继续加强皇权，即改革狱政机构，设范立制，以保证满族皇室的封建狱政大权。清末，因外国资本主义侵入，在政治和经济上表现为半殖民地半封建性质，从而，清末的监狱及管理制度亦随之打上了半殖民地半封建的烙印。一方面保留前清腐朽的狱制不变；另一方面屈从外国侵略者的压力，任其攫取领事裁判权，并强制在华设立司法机关和附属监狱，严重破坏了中国的司法主权。

北洋军阀和国民党统治时期的政治与经济，对内维护封建地主、军阀和官僚资产阶级的利益，对外投靠帝国主义，具有买办性质。这就决定了其监狱必然成为反动阶级的国家机器。

（三）中国监狱历史的发展，在各阶级社会中，具有深刻的阶级性质

监狱是构成国家这一特殊公共权力的"物质的附属物"，即和军队、惩罚机关等强制机构一样，属于"国家实质的东西"，监狱是阶级压迫的工具，因而具有阶级性。

奴隶制、封建制国家的监狱，以威吓报复主义为指导，"视囚人为异物"，"待之如禽兽"，因而我国古代称监狱为"恶地"。就秦监狱而言，秦统治者专任刑罚，重用狱吏。秦二世当位，为法益苛，所为"凿顶、抽胁、镬烹、车裂、枭首种种残酷、绝无人道之刑，皆秦为之厉阶"。夫法网愈严密，则愈易触犯，从而出现了"举河以西，不足受天下之徒"的现象。秦朝监狱的人犯，一旦入狱，无论是否有罪，罪重罪轻，几乎都失去了生命保障。从封建皇帝到监狱吏卒，皆可采取种种手法置法定刑于不

顾，在监狱中非法杀人。秦朝的监狱成为封建地主阶级实行严刑酷罚镇压人民的工具。

汉唐宋明的监狱，统治者提出了"德主刑辅"的狱政主张，但不过是统治者为维护其封建统治，采用的政治欺骗手段而已。西汉时，有人报曰长安狱中有天子气，汉武帝听后恐慌万状，竟下令将长安中都官狱即各官府狱中所有人犯，不论其"轻重皆杀之"。唐代武则天时有羽林狱，入狱者，非死不出。宋代还出现了一种"狱空"制度，地方长官为标榜当地政治清平，得皇帝奖励和提升，往往将狱中犯人一概秘密处死。到了明代，由宦官控制下的厂卫特务监狱更是肆虐臣民的魔窟。明熹宗天启年间，杨涟、左光斗等"六君子"，因弹劾奸臣魏忠贤二十四条大罪，被陷害入诏狱，都先后"潜毙"于狱中。

北洋军阀政府和国民党政府统治的监狱，是保护大地主、大军阀和官僚资产阶级反动统治的工具，是镇压共产党人和人民群众最残暴的机构。

（四）我国历史上，因有辽、金、元、清等少数民族的统治和外国侵略者的入侵，并广设监狱，从而使我国监狱历史的发展渗透着深刻的民族性质

元代，是由蒙古族建立的封建王朝。在元朝封建监狱管理制度上就明显实行了民族歧视的"南北异制"。由满族建立的清王朝统治，在狱政管理中更是强调满族贵族的特殊权益。《清律》就明确规定，凡满人，尤其是满族宗室、觉罗贵族和官僚地主皆享有政治、经济、司法以及狱政方面的更大特权。

1840年鸦片战争爆发，外国侵略者凭借武力打开了中国的大门，并不断在中国领土上设置监狱。1844年，英国在香港设立了第一所外国监狱"域多利监狱"。其后，美、法、俄、日等资本主义列强都陆续在中国遍设监狱，严重地践踏了中国的司法主权，监狱也成了外国侵略者镇压中国人民的工具。

外国侵略者在中国土地上设置各类监狱，出现了"外人不受中国之刑章，而华人反就外国之裁判"的奇怪现象，归根结底由其侵略掠夺性质所决定，因而更具有维护其本国利益，迫害中国人民，侵扰中国狱政的民族压迫性质。

四、学习和研究中国监狱史的重要意义

监狱史作为一门新兴的学科，其内容丰富，特点鲜明，与其他学科，如犯罪学、刑罚学、历史学、心理学、教育学、法律学、刑事技术学、建筑学、经济学等有着密切的联系。学习和研究中国监狱史，意义深刻。

1. 学习和研究中国监狱史，是扩大知识面、提高全面文化素质的需要。了解我国监狱四千余年的历史，深刻理解其发展特征，自然开阔我们的视野，使我们认识到，监狱发展到今天并不是凭空而来的，它是随着历史的前进而逐步发展和完善的。同时，学习监狱史，绝不只是停留在单一的形式上，必广泛涉及其他学科的内容，从而扩大阅读范围，触类旁通，丰富自己的阅历。

2. 学习和研究中国监狱史，能极大地增进我们的爱国热情和民族自豪感。系统地学习监狱史后从而了解，我国监狱源于夏朝，它的形成，比西方国家古希腊和罗马监狱的产生早一千多年。尤其肯定的是，在西周时期，就形成了专门对轻微刑事犯的惩处制度——"圜土制"。这是奴隶主统治阶级在"明德慎罚"政治法律观下，倡导慎刑政策的产物，它有力地证明了，早在奴隶社会，统治者已不再把监狱看作是纯粹惩罚罪犯的场所，而把监狱当成教化罪犯的机器。目的在于通过刑罚和教化相结合的手段，将罪犯改造成新人。这可以说是惩治监和感化院的最早起源。了解了祖国如此悠久的、辉煌璀璨的监狱史，能不深感万分的自豪和骄傲吗？

3. 学习和研究中国监狱史，有利于深入理解马克思主义关于监狱历史发展的基本理论，提高自己认识论的水平，以及辩证地认识问题和处理问题的能力。

监狱史的学习，并非是看看书本，读读史料，重要的是应用马克思主义各种科学的观念，来深刻探析和揭示监狱史发展的实质。如"皋陶造狱"说，虽有大量的史料，如《史记》、《尚书》予以解释，但我们用马克思主义历史发展观来分析，监狱的产生有其深刻的历史背景和阶级基础。原始社会生产力低下，既无生产资料的私有制，也没有人剥削人的现象。因此，"那时还没有国家，没有一贯使用暴力和强迫人们服从暴力的特殊机关"，因而，监狱也不可能产生，"皋陶造狱"只不过是传说罢了。又如，用马克思主义哲学具体问题具体分析的观点来看，对监狱史的发展，既要看到其所存在的各种弊端和消极的内容，又要充分肯定监狱史发展的主要成就，如历代封建君主在刑罚上主张"德主刑辅"、"刑以弼教"，就是有利于社会政治、经济发展和社会稳定的重要思想。

4. 学习和研究中国监狱史，还有助于我们系统地了解和认识历代反动统治监狱的黑暗和腐朽，以及一切旧监狱与人民民主专政监狱的本质区别，也有助于进一步认清我国监狱以前的状况，从而更深刻地明确新中国监狱及其制度的无比优越性。

监狱史告诉我们，经济上的缓慢落后，政治上的专制蛮横，刑罚上的野蛮残酷，都是造成历代反动统治监狱黑暗和腐败的根源。掌握在反动统治阶级手中的监狱，是剥夺广大劳动人民自由及镇压人民的暴力工具。如国民党统治的监狱，就是维护地主和买办官僚资产阶级反动统治，镇压和束缚广大人民群众的重要机器。而革命根据地的监狱，即在中国共产党领导下的人民民主专政的监狱，是几千年监狱史的一次最深刻的革命，是无产阶级领导人民大众用以镇压地主豪绅和官僚买办的工具。它把管理、教育和劳动改造三者有机地结合起来，对罪犯实行改造教育的方针，成为历史上最先进的监狱。

明确社会主义制度下，新中国监狱所展示的无可比拟的优越性，必将激发我们对人民民主专政性质的监狱工作的热爱，树立高度的责任感和事业心，在实际工作中自觉抵制和肃清一切旧监狱管理方法和方式的不利影响，进一步做好本职工作。

学习中国监狱史，其作用及意义重大。那么，如何学好中国监狱史呢？必须坚持以马列主义为指导思想，用阶级分析的方法、历史分析的方法、比较研究的方法、史论结合的方法，去认真学习、积极思考，进一步认识监狱历史的发展过程，深刻理解其实质和特征，并掌握监狱史及其相关学科的知识，努力提高我们的文化素养，为做好监狱工作做出更大的贡献。

第一章　夏商周春秋时期的监狱
（约公元前 21 世纪～公元前 476 年）

学习目的与要求

　　了解夏商周春秋时期监狱的产生和发展；掌握西周的狱政思想、监狱管理制度的实施及其启示。

 第一节　夏朝奴隶制监狱的产生

一、皋陶造狱及其启示

（一）皋陶造狱的传说

　　皋陶，是我国监狱史上一个极为特殊的人物，他虽然生活在原始社会末期，却和我国的监狱历史有着密切的关系。

　　皋陶，又称咎陶、咎繇，生于曲阜，是当时活动在甸东部的较为强大的部落——东夷族的首领，生活在距今四千多年前的舜、禹时期，曾受命于舜任"士"。《史记·夏本纪》引《帝王纪》："皋陶生于曲阜，曲阜偃地，故帝王因之赐姓曰偃。"又《尚书·舜典》记载："帝曰皋陶，蛮夷让于禹"，皋陶仍得到重用，并被禹推举为自己的接班人。但是，皋陶先于禹去世。

　　皋陶作为士官，肩负着对外征战、对内惩罚的双重职责，既要征讨和惩治"蛮夷"，又要惩罚和处治"寇贼"。这说明原始社会末期，部落中由于私有制和阶级的萌生，内外矛盾交织且日益激化。

　　随着夏部落对外用兵的节节胜利，战俘处置问题日益突显出来。马克思在《摩尔〈古代社会〉一书摘要》中指出："关于战俘的处理经过了和野蛮期的三个阶段相适应的三个连贯的阶段，野蛮的第一个时期——俘虏多处以火刑，第二个时期——作为供献神灵的牺牲，第三个时期——转变为奴隶。"

　　《诗·鲁颂·泮水》中有关于将战将献首比作皋陶献囚的描写，说明夏部落在战争中将俘虏作为战利品加以炫耀，而不加以杀害的史实。为数众多的俘虏既要使之从事劳动，又要确保其不致逃逸，则关押战俘的场所便成为当务之急。

此外，战争中对军纪的维护和对违纪军人及其族属的处置也需要一个可供关押的场所，对于部落内部因争夺剩余产品和私有财产，伴随源源不断地涌现出来的"德衰"和"乱政"的社会现象而出现的"杀人越货"的"寇贼"，其处分和惩治也不可能全部实现"刑狱既决"，仍可能有相当多的待决、待质的当事人需要羁押于各种场所。所有这一切，都呼唤着一种类似于当今的监狱机构的产生。

中国历史上有皋陶造狱的传说。皋陶造狱传说的文字记述，最早见于汉代的《急就篇》，据其所记："皋陶造狱法律存也。"《广韵》一书也说："狱，皋陶所造。"在民间，素有尊皋陶为狱神的习俗，古代监狱中也常设有狱神庙，其供奉的即是皋陶的造像。传说皋陶善理诉讼，遇疑难案件时便让所豢养的神兽獬豸以角触不直者，并以此判善恶，辨是非。

皋陶所处的时代，已经是我国由原始社会进入奴隶社会的转折时期，即我国社会的原始氏族制度逐步解体，奴隶制国家逐步形成的时期，这时，私有制业已成熟，阶级也已出现，因此作为国家的物质附属物——监狱——随之逐步形成和产生也是顺乎自然的。皋陶，这个集中了夏部落军事和司法权力于一身的代表人物，将监狱的创始权归依在他的身上，也就很顺乎自然了。

（二）皋陶造狱的启示

国家是社会发展到一定阶段的产物。皋陶生活在我国原始社会末期，这个时期，私有制、阶级业已趋于成熟，作为国家的象征——公共权力机关也由部落的办事机构转化而来，且日趋完善。这一时期，社会的生产力有了长足的发展，生活资料有了剩余，私人占有剩余产品的现象逐步得到确认和日益趋向巩固，贫富之间的差别越来越趋于明显，阶级和阶级斗争现象日趋激烈，标志着社会已经发展到一定的阶段，国家便呼之欲出了。夏禹正是在这样的阶段，利用这一阶段所提供的各种条件，顺应历史，创立了中国历史上第一个奴隶制国家。

皋陶造狱的传说还告诉我们，监狱也不是从来就有的，它也和国家与法律一样，也是在社会发展到一定阶段，随着私有制、阶级和国家的孕育产生而产生的。皋陶造狱的传说印证了马克思主义关于私有制、国家的学说。原始公社在私有制的冲击下逐步解体、消亡，国家则在氏族的消亡过程中逐步孕育形成。作为国家的物质附属物——监狱——便和国家的孕育和形成同步进行，出现监狱的原始形态或发挥监狱的原始职能，也就成为顺理成章的事情。

皋陶造狱的传说还能使我们对监狱的性质有更深刻的认识。原始社会末期的所谓狱，应该说，不完全是我们现代意义上的监狱，更有类似于今日战俘营、集中营、看守所、拘留所的性质，其主要职能多是防止逃逸。从现有的历史资料上看，这个时期的"囚人"的逃跑是很普遍的，为了防止逃跑，依靠自然条件修筑功能单一的场所以防止被羁押的人逃跑。汉字"狱"，就充分将这一意思融入造字过程中，"二犬所以守也"。

二、夏朝奴隶制监狱的产生及其概况

约于公元前 21 世纪，我国历史上的第一个国家，通过原始社会末期禅让制的最后一位首领禹传位于其子启，终于完成了社会制度的转变，变原始公社式的大同社会为家天下。夏启成为中国历史上第一个国王。

夏王朝是在频繁的对外征战，尽力扩大和占据良好的生存空间的基础上建立起来的。如"禹攻有扈"、"禹伐其工"、"禹征有苗"、"禹伐曹、魏、屈骜、有扈、以行其教"。这些战争，征服了周边的部落、融和了华夏氏族，使禹得以"辟土为王"，对于夏王朝的建立有直接的意义。另一方面，将被征服部落成员大量转化为奴隶，如《国语·周语下》有"黎苗……子孙为隶、不夷为民"的记载，从而促成了奴隶社会的形成。

夏王朝的建立，使原来的部落联盟关系转变为隶属关系，但其本身脱胎于氏族社会，因此，这种隶属关系中不可避免地仍然保留着许多部落联盟的特性。虽然"贡金九牧，铸鼎象物"[1]，但作为国家机构的组建方面，仍然保留着浓厚的血缘性和联盟性。由于年代久远，有关夏朝的监狱的资料极为稀少，人们只能从现有的古籍中的文字进行相互印证。通过研究，我们发现，和夏王朝的国家机构具有的特性一样，它的监狱也具有这一时代的特性。

第一，原始性。这主要反映在它的性能上。虽然镇压被统治阶级的反抗这一本质特性是充分的，但从夏王朝的刑判上可以看出一直没有出现徒刑的概念。正因如此，夏朝的监狱不具备现代监狱的性能，却仍然在很大程度上保留了原始社会末期的"狱"的功能，仅作为拘禁和羁押奴隶的场所。另外，反映在它的形态上，没有也不可能有完备的硬件条件，简陋是这一时期监狱最普遍的特点。

---

〔1〕《左传·宣公三年》。

第二，残酷性。原始社会末期的野蛮特征，仍然滞留在这一时期的监狱之中，统治阶级只把奴隶视为会说话的工具，任意摧残、体罚甚或杀害，奴隶在监狱中完全丧失作为人的一切权利。

第三，多样性。所谓多样性，既包含着监狱的种类、隶属和管理，也包含着监狱的物质形态及其构造。夏朝是在征服周边部落的基础上立国的，王朝中央与周边各部落方国间是一种松散的邦联关系。各部落方国享有充分独立的权力，这种关系反映在监狱的种类上，就有王朝直属监狱和方国直属监狱的区别。另外，王族又常常将奴隶作为财富分赏给奴隶主，为了关押这些奴隶，奴隶主又常常要设立家族型的监狱。由于隶属的区别，管理自然也不尽一致。虽然至今尚无夏朝监狱方面的文物印证，但仅据此推断，当时在监狱管理制度方面，也是极为混乱和极不完善的。正因为如此，夏朝监狱的物质形态也就必然呈现出多样性的特点。这其中既有随着王朝的统治需要逐步兴建的正规的监狱，也有因地制宜、因陋就简随需随建的简易型监狱。

夏朝的司法官员在中央称为"大理"，地方上叫"士"或"理"，之下还有"正"、"史"。夏初的监狱是原始的，"丛棘"可能是夏朝监狱的早期形态，其原始性可见一斑。《今本竹书纪年》有关于"夏帝芬三十六年作圜土"的记载。"芬"是夏启后的第七代夏王，此时夏朝国力强盛，不断对外领土扩张，战争中俘获的奴隶增多。由于连年用兵，内部的阶级反抗也随之激烈，因此兴建修筑监狱之风是可信的。

"圜土"是夏商周三代监狱的通称。除圜土之外，夏都城之内的"夏台"曾作为囚禁商族首领汤的软禁之地，因此，夏朝的监狱也称为"夏台"。《左传·昭公四年》记载："夏启有均台"，所以，夏朝的监狱也叫均台。夏台在今河南省禹县，均台在今河南省阳翟县境内。虽然名称不一，称谓各异，但是从夏代起监狱就在原始社会末期的"狱"的基础上正式形成、出现，并为夏王朝的统治阶级充任镇压、防范的职能，在夏王朝的发展中发挥了重要的作用，已是不争的事实。

夏朝末年，由于奴隶与奴隶主、平民与贵族，以及夏王朝中央与周边部落方国之间的矛盾日益尖锐，出现了"自孔甲以来，而诸侯多畔，夏桀不务德而武伤百姓，百姓弗堪"[1]的严重形势。但是夏桀不思改进，反而更加"残贼海内，赋敛无度，万民甚苦"，"万民悲愤交加，欲与王朝同归

---

〔1〕《史记·夏本纪》。

于尽"。这时，处于夏王朝东部的商族，利用夏王朝的阶级矛盾不断激化的时机，用武力推翻了夏的统治。约在公元前 16 世纪左右，夏朝灭亡。

第二节　商朝的监狱

夏和商都是我国古代最发达的部落。商在灭夏之前，已经跨进奴隶制社会，灭夏之后，建立了商朝。

商朝立国以后，吸取了夏朝统治的经验和教训，着力发展经济，不断强化国家机器，充实和完善法律制度，国力日渐强盛，形成一个疆域辽阔、拥有"邦畿千里"的奴隶制大国，其统治区域由今黄河两岸扩大到山东、河北及山西的一部分。商朝在延续五百年的统治中，不断巩固和发展国家制度，从而推动了监狱制度的发展。

一、商朝的狱政思想

什么是狱政思想？对狱政思想的认识和理解，必须首先厘清"狱政"与"监狱"在内容上的差别与不同。在这里狱政思想中所指的"狱政"，已不是所谓的"监狱行政"，不是简单的"监狱依法行使法定职权所进行的狱内各项事务的管理活动"的狱政管理，而具有更广泛的内涵，应该说是具有全面意义上的监狱管理，应包括建造监狱、建立监狱法规、制度、配备监狱管理人员、管理人犯、执行刑罚等。由此得出：狱政思想，是统治者在法律思想的深刻影响下，进行监狱统治所形成的治狱思想，是监狱立法和监狱管理制度制定和实施的重要依据，是监狱管理的主要指导思想。

商朝在其统治区域内，修筑了大量的监狱，用以镇压奴隶和平民的反抗，它的狱政思想，主要体现在"代天行罚"的原始宗教思想和"苦役惩罚"思想两个方面。

（一）"代天行罚"的原始宗教思想

在夏朝的狱制中，充斥着"行天之罚"的观念，即夏王朝的统治者将自己视为"天"，所做的一切都是"天"的意志。到了商代，商朝的统治者干脆把自己打扮成"上帝"的子孙。《诗经·商颂·玄鸟》说："天命玄鸟，降而生商。"声言服从王命就是服从天命，违抗王命就是违抗天命，就要受到惩罚。

以商王为代表的商朝统治集团利用原始的宗教思想，编造了一个有人格、有意志的"上帝"作为主宰一切的神，商王则假托为"上帝"的代表来实行对臣民的统治。他是神意的传达者，又是沟通"神"与"人"的联络者。商王对臣民的一切惩罚和镇压措施，都被涂上神秘的宗教色彩，说成是"代天行罚"。他们把奴隶制的法律披上原始宗教的外衣，以增加其神秘性和威慑力，便于他们实施统治。与法律紧密相关的监狱，也充满了原始的神权色彩。他们装神弄鬼，采用占卜的方法，向神问事，然后由商王煞有介事般地察看和解读兆情，以此来愚弄臣民，使他们得以肆无忌惮地残害被关押的奴隶和罪犯。商朝的刑罚在夏朝刑罚的基础上有所发展，但以生命刑和身体刑为主的五刑制度仍然是商朝刑罚的基本制度。在监狱中，对罪犯和奴隶施以桎梏，束缚被囚者的行动自由，都被说成是"天"或"神"的旨意。特别是在祭祖的活动中，统治者多用监狱中的奴隶和罪犯作为人牲。商王朝在祭祀时，最多一次竟杀掉三千五百多人。

可见，所谓"代天行罚"，无非是商朝统治阶级用神权来为自己的残暴行径进行粉饰，具有极大的欺骗性和虚伪性。

（二）苦役惩罚思想

商代的奴隶制监狱，除了"代天行罚"的神权思想之外，还有以苦役形式对罪犯和奴隶加强惩罚的刑罚思想和狱政思想。

商汤灭夏之后，国力日强。《诗经·商颂·殷武》描述："商邑翼翼，四方之极"，疆土非常辽阔。商朝的统治者仍不满足，不断向外征伐，使统治区域不断扩展。商代的农业生产已发展到较高的水平，手工业生产也得到了发展。特别是青铜冶炼技术和青铜器制造工艺都已达到相当高的水平。所有这一切，都需要大量的劳动力。因此，经济和生产的发展，客观上促使商代的统治者苦役惩罚思想的形成，战争中源源不断的战俘又为苦役惩罚提供了充足的人力资源。

商代统治者十分重视对罪犯和奴隶的苦役惩罚。流传于商代的关于箕子、傅说（说音 yuè）被囚并从事苦役的故事，就充分说明了这一点。箕子原是纣王的大臣，因向纣王进谏而被纣王降为囚奴。《尚书·周书·武成》疏谓："论语云箕子为奴，是纣囚之又为奴役之。"并说，作奴的人，要受到囚禁，而且还要被强迫从事劳动，箕子就是犯罪的官吏被拘系而从事劳役的囚奴。武丁时代的大臣傅说，是从罪隶中被擢拔起来的。《墨子·尚贤下》记载了傅说为囚时的情景："昔者傅说，居北海之州，圜土之上，衣褐戴索，庸筑于傅险之城。"叙述了傅说为囚时，衣衫褴褛，系着绳索，在监狱内进行着卑贱而繁重的劳役。这些记述充分说明了商代监狱内已经实施了强制劳动，实行苦役惩罚的狱政制度。

苦役惩罚，在实施中让罪隶身戴刑具或系上绳索，说明了奴隶制监狱在管理上的野蛮和落后。但用苦役惩罚来代替以往的重杀戮，和肉刑罚制度相比，又是刑罚制度的一种进步。这一狱政思想，对周代盛行的圜土制以及后来历代监狱中所实行的强迫罪犯从事劳役，使罪犯改过自新的制度等来说，也是一个好的开端。

二、商朝监狱的设置情况

商朝社会的阶级矛盾和社会矛盾是非常尖锐的。因此，监狱作为统治阶级进行暴力镇压的工具，在商朝国家机器中占有十分重要的位置。

商朝的监狱就其来源和性质来划分，大致可分为三类：

第一类为沿用夏朝的监狱。这类监狱除了仍然作为待讯、待质、待决的场所外，也关进了大批的奴隶和罪隶。

第二类为新建的监狱。如甲骨卜辞"辛卯日……小臣……其作圉……于东对。王占曰：大（吉）"。为了需要，只要占卜吉利，即刻着手兴建。

第三类为建于外服边塞地区专门针对外族俘虏的监狱，这类监狱主要关押在征伐活动中俘获的奴隶。

从河南省安阳县的殷墟中出土的甲骨文字考证，商朝的监狱形式多样，数量很多，分布的地域也很广。监狱中囚禁了大量的奴隶和罪犯，这充分说明了当时阶级斗争的激烈情况和程度。

甲骨文还为商朝监狱的黑暗和残酷提供了有力的证据。为了防止奴隶和罪犯逃跑，被囚禁的人还必须带上称为弄拳的狱具。拳是梏手的器械，男囚两手梏在身后，女囚两手梏在胸前，以限制囚人的行动自由。有的文字还形象地表意出囚人不只着拳，有的还要带上项械，并被监狱管理人员用械器无情击打。商代监狱中普遍实行的苦役制度，要求囚人在被桎梏的情况下完成繁重的劳役，其悲惨景况可想而知。所有这些，都在一定程度上反映了奴隶制监狱的黑暗和恐怖。

三、商朝监狱奴隶的反抗斗争

商朝的监狱，保留了夏代监狱残暴、血腥的特征，且有所发展。商朝的统治者为了强化自己的统治地位，往往用神权和宗教来掩盖自己的政治目的，假手于"神意"来体现自己的意志，因此。他们把对"上帝"、鬼神和祖先的祭祀列为国家的头等大事。在神权的名义之下，每每有重大的祭祀活动，便要从监狱中抽取奴隶作为人牲，用以供奉，随意加以杀害。殷墟甲骨卜辞中有关于人祭的记载俯拾皆是，数目惊人，往往一次可以用三百、五百以至千人。此外，殷墟甲爻辞中有许多"王屮圉"的记载，"屮"系祭祀的名称，"圉"指被关押在狱中的女奴隶。这说明，商王在监狱中提取奴隶作为人牲用于祭祀的现象相当普遍。1976 年安阳殷墟祭祀坑部分发掘，发现埋有奴隶一千一百七十八人，其中最多的一次竟埋葬用于人牲的奴隶三百三十九人。[1]

监狱中的奴隶，在"凿地为窑"式的地牢和阴暗、潮湿的土洞之中，有的身着多重桎梏，受到种种非人的待遇，为了求生，他们冒死逃亡，甚至集体越狱。多数监狱中的奴隶，在忍无可忍之下，举行暴动。商王朝的统治，在不断的奴隶暴动、起义以及内外矛盾逐步激化的过程中被动摇了。

在这种情况下，商王朝为了保住自己的统治，仍然穷兵黩武，连年对外用兵，不断征发和调用监狱中的奴隶充做兵员，实施对外扩张。自武丁以后，奴隶反抗奴隶主、平民反抗贵族的斗争日益激烈。商朝末年，纣王昏淫无道，"以酒为池，悬肉为林"，大肆搜刮民间财富，"厚赋税以实鹿台之钱，而盈巨桥之粟"，加紧对奴隶的奴役和迫害，进一步激化了阶级矛盾。商王朝的政权处在风雨飘摇之中。这时，位于商朝西北方向的周族，利用商王朝与周边方国的矛盾，联合各方国乘商纣王远伐东夷，国内空虚之际，大举攻商。商迫不得已，连连征发大批东夷奴隶，编成军队进行抵御，结果发生了大规模的奴隶阵前起义，给商王朝以致命的打击。商王朝终于在奴隶的呐喊声中灭亡了。

第三节　西周的监狱

周原是商王朝西部的一个属国，在武王灭商以前，已经完成了由原始公社制向奴隶制转化的过程，成为商西部许多小国的共主和威胁商王朝的一个重要的政治力量。

公元前 1027 年，周武王击败商纣王统帅的军队，攻占商都，商朝灭亡，周朝建立。

周自建都镐京起，至犬戎入侵，周平王被迫东迁洛邑止（公元前 770 年），历史上称为西周。

为了巩固自己的统治，西周统治者采取了一系列措施。首先，实施"封建"制度，即"封邦建国"、"封土建君"，其目的是"封建亲戚，以

---

〔1〕　薛梅卿主编：《中国监狱史》，群众出版社 1986 年版，第 12 页。

蕃屏周"。如果说，商朝的分封带有一定的权宜性和盲目性的话，那么周的分封则是一种理性的政治建制。通过分封，周王的子弟一般都得到一块封地，周王自称天子，为天下大宗，受分封者为诸侯，诸侯对天子称小宗，诸侯庶子分封为卿、大夫，于是，在宗法血缘的基础上，形成了家国相通，亲贤合一的独特的政治体系。据荀子说，周公"兼制天下，立七十一国，姬独居五十三人"。继周公分封之后，康王、厉王、宣王相继分封，形成了天下共主、屏卫宗周的宏大景象。其次，制定周礼，以确定周天子的权力地位，用道德来规范中央与各诸侯封国的关系，使"礼乐征伐自天子出"，权力高度集中化。最后，强化和完善宗法，即等级制度，从宗法的角度确认周天子至高无上的统治地位，加之周王朝在吸取商朝灭亡的经验教训的基础上，注意发展生产，大规模组织奴隶劳动，兴修水利，发展手工业，促进商品流通，等等，使周王朝迅速发展成为我国历史上著名的强盛的奴隶制国家。

一、西周的狱政思想

周初，统治者总结了商朝"重刑辟"招致亡国的历史教训，为了巩固奴隶制国家的统治，提出了"明德慎罚"的政治主张，所谓明德，就是提倡尚德、敬德；所谓慎罚，就是要求刑罚得中，不"乱罚无罪，杀无辜"。明德慎罚的思想及其制度化、法律化，是奴隶主贵族长期统治的经验总结。主张明德慎罚，并非是周王朝的统治者要削弱刑罚的适用，而是为了更有效、更准确地施用刑罚，力图使刑德互补，共为用之，达到德明刑中，社会安定的目的。

周朝在狱政思想上，除了仍然坚持商以前的神权法思想和苦役惩罚思想之外，又融入了明德慎罚的狱政观。

"明德慎罚"的基本内容：其一，要刑罚适中，不可滥杀无辜；其二，慎重决断，不可草率行刑，所谓"要囚，服念五、六日，至于旬时，丕蔽要囚"[1]；其三，尊重事实，按照律文问罪；其四，反对株连。"明德慎罚"的实施，稳定了社会秩序，推动了刑罚制度、诉讼制度的发展，同时也推动了监狱及其管理制度的发展。

商朝后期，刑罚残酷，特别是商纣王，其残暴统治无以复加。史书记载，商朝刑罚既繁琐，又残酷。如《韩非子·内储说上》记载："殷之法，弃灰于公道者断其手。"卜辞上还记载了用刀锯断足的刖刑，每次行刑的

---

〔1〕《尚书·康诰》。

人数，少则以十计，有时多至百人。传说商纣王还有炮烙和脯、醢之刑。这些惨无人道的暴行，终于激起了广大奴隶和平民的不满和反抗，并使社会矛盾激化，在众叛亲离之中亡国亡身。有鉴于此，周灭商后，在刑罚制度和狱政制度上作了较开明的改革。

西周统治者，已不再把监狱看作是单纯惩罚和奴役罪犯的场所，而同时将其变成了"收教"罪犯"幽闭思衍"，改过自新的再生之地。西周时期的圜土之制就是最好的说明。罪犯在监狱中的待遇，也有了明显地改善。除了必须完成"任之以事"的劳役之外，则"凡圜土刑人也，不亏体；其罚人也，不亏财"[1]。

但是，西周的"明德慎罚"思想，随着国内阶级斗争的发展而逐渐变质。到了西周后期，阶级矛盾日益尖锐，统治者终于撕下了伪善面纱，露出了本来面目。周厉王时，为了维护自己的统治地位，竟然恣意滥杀无辜。《国语·周语》所记的"厉王止谤"的史实充分说明了这一点。周厉王为了杜绝人民诽谤朝政，任命了一批"监谤"之人混迹于人群之中，刺探民情。只要听到有人议论朝政或有不满之词，这些人便向厉王告密，"以告，则杀之"。可见，"明德慎罚"仅仅是奴隶主阶级为实施统治而惯用的"刽子手和牧师"伎俩中的一手而已，同样具有虚伪性和欺骗性。

二、西周监狱的设置情况

西周建国以后，认真总结夏、商两朝的统治经验，于是备修典章，注重法律，推行政、礼合一，主张"明德慎罚"。因此，在监狱的设置及管理上，较夏、商两朝有了明显的进步。

周朝对监狱的管理已经制度化，并设有专职官吏进行管理。如司圜掌管监狱，掌囚掌管罪犯，分工明确，职责分明。

西周的监狱称"囹圄"。《风俗通》云："狱，周曰囹圄。"《释名》对囹圄的注释为："狱，又谓囹圄。囹，领也，圄，御也。言领录囚徒禁御也"，且要达到使人"幽闭思衍，改恶从善"的目的。说明在当时的监狱管理上，有了使人思衍改进，以求自新的目的。

由于西周在刑罚制度上追求慎行，不可乱罚或乱杀无辜，要求对罪犯的判决持慎重态度，不得任行即决。对于那些在"慎刑"过程中待审、待决或待质的重刑犯人，在诉讼期限内，则由囹圄进行惩治和关押，并由掌囚施以"掌守"，"以待弊罪"。[2]从中可以看出，囹圄中主要关押的是统

---

[1]《周礼·秋官·司圜》。
[2]《周礼·秋官·掌囚》。

治者深恶痛绝的严重影响其统治秩序的等待"弊罪"的违法犯罪分子,即应当处以五刑以上的"盗贼"。

西周的监狱也叫"圜土"。这是一种特殊形式的监狱。《周礼》贾公彦疏:"古者五刑不入圜土",即对于应处以五刑的罪犯不在圜土中拘禁。收押于圜土中的"刑人",是尚未达到应处五刑的程度较轻的"罢民",以及"以有过失而宥之"的轻微犯罪分子。所谓"罢民"(罢音 pí),是反映"民不愍作劳,有似于罢"的流民,"罢民"一般是指生性懒惰,不事农耕的人。在西周时期,由于分封制所带来的土地和授民决定了统治者的权力和利益的基础的机制,决定了授民不得流离他乡。奴隶制法律规定"民不迁,农不移,工贾不变"。因此,对于那些"无授无节"、四处流浪的罢民,"则唯圜土之内(纳)之"。通过在圜土中进行强制劳役而加以改造,期满后再放回"中国"(指乡里),接受三年的监督考验,确定改造好后再恢复国人(平民)的资格。这在监狱发展史上,不能不说是一个较大的进步。

西周的监狱也有叫"灵台"和"稽留"的,地方上的监狱则叫"犴狱",把监狱分成等级、逐级进行管理,这也说明了西周的狱制在商朝狱制的基础上进一步发展和完善了。

三、西周监狱的管理制度

孔子在《论语·八佾》中高度评价周朝制度时说:"周监于二代,郁郁乎文哉,吾从周。"作为儒家思想的杰出代表,推崇西周的制度,表明西周的典章制度具有代表性,并拥有对后世的影响力。在西周较完备的典章制度中,应首推监狱管理制度的完善。

(一)囚系制

它是指对犯人系之入狱,严加看管,加戴戒具,实行有效的拘押。其目的是为了"内情不得外出,外情不得内入,使人知幽闭困苦之状,以顿挫其顽心"。西周的系囚制度在执行过程中是相当周密和严格的。首先,西周统治者明确规定,囚系的对象是犯有五刑重罪的犯人,要将其与一般刑事罪犯区分开来,进行关押和囚禁。因而从监狱的牢固安全程度到监管守卫都引起了足够的重视,并提供良好的条件保障。其次,囚系的犯人必须加戴戒具。为防止重犯逃跑,或散禁造成对监狱安全的威胁,监狱规定,将入监的犯人戴上戒具。而且根据犯人罪行的轻重以及身份地位的不同而区别对待。所谓"凡囚者上罪梏拲而桎,中罪桎梏,下罪桎。王之同族拲,有爵者桎,以待弊罪"。根据《说文》的解释,梏乃"手械也",即"两手同械也",桎为"足械也"。桎、梏、拲皆为束缚囚犯手脚的戒具。最后,囚系的犯人,由专人看守,受到严密的监视。《周礼·秋官》

就记载了西周有"掌囚"的官职，"掌囚掌守盗贼"。《周礼》贾公彦疏也有说明，"古者五刑不入圜土，故使身居三木，掌囚守之"。这告诉我们，西周不仅有"掌囚"这样的狱官，而且规定了他们的职责和任务，即监视和看管犯人。

（二）圜土制

西周时期形成的特定的对轻微刑事犯的惩处制度。圜土即监狱。《周礼·地官·比长》郑玄注："圜土者，狱城也。狱必圜，规主仁，以仁心求其情，古之治狱，闵以出之。"《尔雅·释名·释宫室》有："狱又谓圜，言筑土表墙，其形圜也。"又有："圜土谓狱城也。"那么，圜土到底关押什么样的人犯，又是如何进行管理的呢？

《周礼》及其他历史文献对圜土制度作了详尽的说明。所谓"以圜土聚教罢民，凡害人者，寘之圜土而施职事焉，以明刑耻之。其能改过，反于中国，不齿三年。其不能改而出圜土者杀"。又有"司圜掌收教罢民，凡害人者弗使冠饰，而加明刑焉，任之以事而收教之。能改者，上罪三年而舍，中罪二年而舍，下罪一年而舍。其不能改而出圜土者杀，虽出三年不齿"。另有"司救掌万民之衺恶过失而诛让之，以礼防禁而救之……其有过失者，三让而罚，三罚而归圜土"。"若无授无节，则唯圜土纳之。""凡圜土之刑人也，不亏体。其罚人也不亏财。"

从上述史料可以看出，圜土所关押的犯人是特定的对象。他们不同于处五刑的罪犯，即不刑戮其肢体，也不属于用罚金以赎五刑的范围，是尚未达到五刑程度的轻微刑事犯。其中罢民是主要对象。所谓罢民，即"无授无节"，不能证明自己身份的无业游民、流浪汉、乞丐一类的人。在西周统治者看来，这一类的人对社会安全构成威胁，需要收教进行改造教育。当然，也包括"过失犯"在内，诸如酗酒、好斗、用兵器误伤他人的人。圜土收教的犯人，并不仅是关押收监而已，而是"施职事"、"任之以事"，"以所能役使之"，即白天根据在押者的技能强迫其劳役，夜晚关进圜土。一般不戴戒具，但不许他们戴帽或佩戴其他饰物，而且将其所犯的罪状公之于众，加以羞辱。圜土制还规定犯人关押的时间，按罪行性质轻重的程度，分为一到三年不等。圜土对犯人的管理也是非常严格的。首先由各种监狱官吏掌管监狱；其次规定对不知道悔改而逃离圜土者则予处死。另外，该制度还强调了犯人服满刑期出狱后，在三年内不得列为平民。这些规定，对关押在圜土中的犯人触动是较大的。他们必须按照制度规定的内容，按期服役，经过劳动改造洗脱罪行，出狱后，争取取得平民资格。

（三）嘉石制

嘉石制是一种比圜土更轻的处罚制度，相当于行政处罚。《周礼·秋官·大司寇》载："凡万民之有罪过而未丽于法，而害于州里者，桎梏而坐诸嘉石，役诸司空。重罪，旬有三日坐，期役。其次，九日坐，九月役。其次七日坐，七月役。其次五日坐，五月役。其下罪三日坐，三月役。使州里任之，则宥而舍之。"《周礼·地官·司救》有："司救掌万民之衺恶过失而诛让之，以礼防禁而救之，凡民之有衺恶者三让而罚，三罚而士加明刑，耻诸嘉石，役诸司空。"

"有罪过而未丽于法"，显然是指有过错但又不属于要关进圜土的罢民，由于他们"语言无忌"、"侮谩长老"，从而被罚坐嘉石。罚坐嘉石按其罪过分为五等。被罚的人要戴上桎梏坐在大石之上，"思其文理以改悔"。期满以后，将在司空监督下从事劳役，时间从三个月到一年不等，役满后即被释放。很显然，嘉石制采用的是一种相当于行政处罚的手段，有拘坐、劳役，也有刑期，是中国历史上早期较完整的拘役形式。

早在三千多年前的西周奴隶制王朝，在监狱管理中即形成了较完备的囚系制、圜土制和嘉石制，展现了一个东方文明古国狱制进化的标本。尤其是在收管和羁押轻微刑事犯惩处方面，可以说是惩治监、感化院的最早模型，其"幽闭思衍"的宗旨和"明刑耻之"的方法，也是中国式的教育改造感化主义的渊源，在中国乃至世界监狱发展史上皆占有重要的地位。西周监狱管理制度的创建，具有深远的意义。[1]

1. 西周监管制度的建立，是奴隶制政治、经济发展的产物。没有稳定的政治局面，没有奴隶制经济的发展，就不可能建立一系列的监狱管理制度。在政治上，周初统治者在军事上征服了广大地区后，派遣自己的亲姻兄弟或异族贵族勋戚，或臣服的异族首领，带着武装家臣和俘虏，到指定地点去进行统治，把那里的土地和人民赐给他们，建立西周的属国，统辖当地的部落和人民。这就是西周的大分封，史称"封藩建卫"。"封藩建卫"是在土地王有的前提下，利用宗法血缘纽带，"封建亲戚，以藩屏周"。各方诸侯都以周天子为天下共主，实行层层分封，形成了宗法制度统治的奴隶制大国。分封制在当时是进步的，由于层层分封所确立的天子、诸侯、卿大夫之间有着严格的隶属关系，因而在这个基础上形成的王权要比夏商集中，这对巩固和扩大西周王朝起了积极的作用。正所谓"普

〔1〕　万安中："论西周监狱管理制度及其启示"，载《当代法学》2004 年第 5 期。

天之下，莫非王土；率土之滨，莫非王臣"。很显然，安定团结，周天子天下"共主"的局面从而形成。在经济上，西周的农业、工商业都有较大的发展。早在灭商前，周人就利用渭水流域的有利条件发展农业，并达到一定的水平。建国后，农业生产得到进一步发展。《周颂·良耜》云："其镈斯赵（削），以薅荼蓼，荼蓼朽止（哉），黍稷茂止（哉）。"工业发展主要是指手工业作坊规模较大，分工较细，号称"百工"。另外商业方面也得到了不同程度的发展。可以肯定，没有政治制度和稳定的局面，没有稳固的统治作为前提，没有经济发展作为基础，西周统治者就不可能制定较完善的各项典章制度，也没有监狱制度的产生。

2. 西周监管制度的建立，是"明德慎罚"狱政思想的具体体现。西周建立以后，统治者不仅继承了"天命"、"天罚"的思想武器作为实行统治的依据和手段，而且总结夏商灭亡的统治经验教训，提出了"以德配天"、"明德慎罚"的政治法律观，倡导"明德慎罚"的狱政理论。在《尚书·周书·吕刑》中，西周的统治者曾告诫"四方司政典狱"之官："非尔惟天作牧？今尔何监？非时伯夷播刑之迪！""其今尔何惩？时苗民匪察于狱之丽，苗民天辞于罚，及绝厥世。"即要求典狱官代天牧民，做到刑罚适中，要以苗族的首领蚩尤为教训，以免因单纯凭借刑罚威狱而招致亡族灭种的后果。

正是在这种慎刑思想的支配下，西周的诉讼制度有了很大的变化，同时也促进了监狱制度的建立。圜土制和嘉石制的产生，表明西周统治者在监狱管理中，主要是通过刑罚与教化相结合的手段，用奴隶制宗法社会的伦理道德观念的渗透，达到"惟民其毕弃咎"。西周统治者已不再把监狱看成是单纯惩办罪犯的场所，而是把监狱看作是按奴隶主阶级的标准来教化罪犯的机器。这是奴隶主阶级司法经验不断丰富，狱政思想不断发展的结果，也是我国古代监狱制度发展的重要标志。

3. 西周监管制度的建立，是西周社会文明及进步的重要表现。西周统治倡导"明德"，明德就是崇尚德教，彰明德治，提倡教化，以德教民。在这种法律思想指导下，西周确定了以礼治国这一统治原则和方式。为了以礼导民，确保统治，西周统治者以周族原有的习惯法，吸收夏、商两代已有的礼仪制度，加以整理、增补和修订，制定出一套比较完备的典礼制度和各种礼节仪式。西周礼的内容非常庞杂。所谓"经礼三百"、"曲礼三千"、"礼仪三百"、"威仪三千"，虽有夸张的成分，但周礼确实涉及政治、军事、宗教、婚姻、家庭、伦理道德等各个方面，特别是上层建筑的各个领域，几乎都要受到礼的约束和支配。那么，作为上层建筑重要组成部分的监狱，在监狱管理中必然与周礼存在着密切的关联。作为监狱，本来是囚禁和关押犯罪之人，但西周统治者在执行圜土制和嘉石制时，认为"罢民"，即无业游民、流浪汉和乞丐一类的人，也是犯罪的渊薮，是社会安全的威胁力量，必须收押并进行劳动改造。由于在周礼中特别强调"亲亲"和"尊尊"，重视长幼尊卑，因而连说话不文明礼貌、出言不逊的人，对老人长辈无礼的人，也要受到严厉地处罚。这两种监管制度的实施，一方面表明西周统治者重视监狱统治；另一方面则体现出西周时期十分关注社会良好风气的养成，重视社会治安的整顿。这是社会文明、道德文明及社会进步的重要表现。

4. 西周监管制度的建立，在监狱管理中强调感化教育，实行劳动改造罪犯，是教育感化主义的渊源，为后世徒刑的产生和发展奠定了基础，体现了西周奴隶制狱制的先进性。夏、商时期，监狱是奴隶主阶级运用法律的强制手段来实现其统治的工具，其刑罚制度，受到野蛮原始习惯的影响，主要以残杀生命和残害身体作为惩罚犯罪的手段。夏商的监狱，不仅肆意禁锢犯人和奴隶，而且随意进行屠杀。至西周，统治者建立新的监狱机构，制定新的监狱制度，已不再任意羁押或杀害囚犯，认为可以通过感化教育来达到让犯人改过自新，重新做人的目标。这种思想在其后的封建各朝代中，并没有得到真正重视。直到清朝末年，沈家本进行监狱改良，才进一步提出"以感化为归宿"的感化主义，但只停留在文字表达等形式上。真正实施感化教育只是到了新民主主义时期革命根据地监狱建立以后，则把管理、教育、劳动改造三者结合起来，对罪犯实行教育改造的方针，成为历史上最文明的监狱。一方面，西周在监狱中强制犯人劳役，束缚自由，加以耻辱，应该说是徒刑产生的最早时期。徒刑的产生一方面体现了统治者的"德治"、"仁治"政策的实现；另一方面，利用犯人劳役，可以带来一定的经济效益，对促进奴隶制经济的发展是十分有利的。这种徒刑执行方式，为后来各封建王朝所沿用，并不断发展和完善，具有特别重要的作用。

第四节 春秋时期的监狱

西周结束，历史进入春秋时代。"春秋"自公元前 770 年周平王东迁洛邑始，止于公元前 476 年，历时近三个世纪。这个时代，是我国历史上一个大变迁的时代。在这个时代中，我国奴隶制度逐步瓦解并向封建制度转化。此时，周天子的势力和威望不断下降，最终成为企图争霸的强大诸侯"挟持"下的一面旗帜，只具有一种象征的意义。各诸侯国则在新的生产关系的孕育和形成的过程中，极力实施改革，国力日趋强盛，如晋之"作爰田"、"作州兵"，鲁之"初税苗"，郑之"作丘赋"，楚之"量入修赋"，等等。为了保护新生地主贵族的利益，各诸侯国进行法律改革，"铸刑鼎"，公布成文法。一时间，"制事典、正法罪、辟狱刑……以为常法"[1]成为一种时尚和风气。也正是在这种情况下，春秋时期的狱制呈现着自身的特点。

一、春秋时期监狱的设置情况

春秋时期的监狱，受到当时历史条件和环境的影响，呈现着复杂多变的特点。

1. 周王室在初始阶段分封时，将殷商及其周边的方国逐一分封给宗室成员和臣服的部落首领或方国的国君。被分封的地域中，原有的习俗、制度在周王室的应允下，被有限度地保留或加以改造而延续了下来。如周公旦指示封于殷墟的康叔和封于奄国的伯禽，要"启以商政，疆以周索"，指示封于夏墟的唐叔，要"启以夏政，疆以戎索"，[2]也就是允许封国区别国情而援法用刑。《周礼·秋官·大司寇》也明确指出，"刑新国，用轻刑；刑乱国，用重刑；刑平国，用中刑"。这种区别用刑的思想和机制，显然会影响到各诸侯国在狱制上的区别和差异，以致造成春秋时期各诸侯国之间在监狱设置及管理上难以统一的现象。

2. 春秋时期，各诸侯国之间已成割据之势，与周王室的权力衰落的景况相反，反而在地方经济日益发展的基础之上强大起来，成为雄踞一方的独立王国。这种相对封闭的独立王国，为适应其统治，也会对监狱提出一些独特的要求，造成这一时期狱制不尽一致。

3. 监狱必须适应战争的需要，为战争服务，这是春秋时期监狱最突出的特点。在各诸侯国犬牙交错般反复无穷的战争之中，国力民力耗费巨大，常常激起民众的反抗，国内阶级矛盾加剧，监狱的职能得到强化。但这种争霸的战争又具有兼并和掠夺的性质，因此，战败国的土地、民众往往成为战胜国的战利品而加以处置。如晋赵鞅在征战前誓师时说："克敌者，上大夫受县，下大夫受郡，土田十万，庶人工商遂，人臣隶圉免。"

---

〔1〕《左传·文公六年》。
〔2〕《左传·定公四年》。

这里明显可以看出，每攻克一地，则奴隶囚人均可释放获得自由，则旧有的狱制便荡然无存。

4. 各诸侯国在发展过程中，原国君的专制权力往往转移到强盛起来的卿大夫手中，甚至"陪臣执国命"，以至原有的"礼、乐、刑、政"难以维续。据《史记》统计，"春秋之中，弑君三十六，亡国五十三，诸侯奔走不得保其社稷者不可胜数"。在这种"城头变幻大王旗"的极度混乱局面之中，监狱的职能、建制、管理都必然要受到严重的冲击。

5. 由于新兴的地主阶级为了巩固和发展已经获得的利益，在他们掌握政权之后，便极力强化官僚制度，以取代曾经压制过他们的落后愚昧的占卜和祭祀的宗教官吏，又由于社会处于转型动荡时期，社会秩序极度混乱，致使各国司法行政官吏——司寇的职能和地位明显地突出和提高。如孔子任鲁国司寇仅三天就诛杀了少正卯。这种强化镇压手段，强化司法机制和官吏的做法，也必然要影响到监狱的管理机制。

综上所述，春秋时期的监狱，在形、制上呈现出复杂多变的特点，与其时代相适应，具有浓厚的军事色彩。这个时期的监狱，据史书记载，常常人满为患。如《晏子内篇》说："（齐）景公籍重而狱多，拘者满圄，怨者满朝。"《尉缭子》载："今夫决狱，小圄不下十数，中圄不下百数，大圄不下千数。"统治者大量扩建监狱设置，甚至将"深室"、"楼台"、"山丘"、"石室"等凡是能防止人犯逃跑的处所都临时辟为监狱。这些记载，充分反映出这个时期监狱的特点，反映出社会大动荡时期监狱发展的基本规律。

二、春秋时期的狱制特征

春秋初期，西周的律、典仍在各诸侯国发挥着一定的调节作用。中期以后，随着诸侯国间的争霸和兼并战争的延续，以保护封建私有制为中心的改革渐次展开，各国自郑铸刑书始，相继制定并公布成文法，彻底否定了奴隶制社会中统治者"临时制刑，不预设法"的至高无上的权力，改变了"刑不可知，则威不可测"的刑罚神秘观念，用新的法律来保护新的生产关系，从而推动了封建政治制度的发展，同时也带来了狱制的变化。

春秋时期的监狱，往往成为各诸侯国战争机器的组成部分，这时的狱制呈现着浓厚的军事色彩，成为关押敌对国俘虏的主要场所。从所能查阅到的古籍中，不难找出将敌国军人、将领乃至国君投入监狱的记载。

也正是由于战争连绵不断，各诸侯国对内横征暴敛，以充军需，加重了对民众的盘剥，国内民众苦痛不已，统治者为防民变，普遍加强了镇压的力度。监狱又成了镇压民众不满和反抗的有力武器，统治者严刑酷法，将大量的人无端投入监狱。如秦国，开始使用族刑。《史记·秦本纪》说："文公……二十年（公元前746年），法初有三族之罪。"于是，罪犯人数迅猛增加，不得不新修大量的监狱。镇压被统治阶级和统治阶级内部不同政治力量的反抗，也成为这个时期的监狱不可或缺的职能。

春秋时期的监狱，称圄圉、称圜土，也称狴犴。狴犴是一种传说中的猛兽，形状似虎，威猛有力，被人用作狱门的装饰物，因此，监狱也被称作狴犴。

春秋时期，由于各诸侯国发展不平衡，典章制度及官吏的设置也不尽统一，因此，呈现着刑狱多制的特点。主狱官吏的称谓，也因国而异，不尽统一。鲁国称"司寇"，晋则称"士弱"，郑国则称为"尉氏"，等等。但无论国之大小与强弱，在设置监狱和治狱官吏配置以及最有效、最有力地发挥监狱的镇压职能这一点上，都是十分重视和一致的。

复习与思考

1. 皋陶造狱带来的启示是什么？
2. 简述西周的狱政思想。
3. 试述西周监狱管理制度及其特征。

第二章　战国秦汉魏晋南北朝时期的监狱
（公元前 475 年～公元 589 年）

学习目的与要求

了解战国秦汉魏晋南北朝时期的两种不同的狱政思想；掌握战国至南北朝时期各代的监狱管理制度。

从公元前 475 年封建制最初确立的战国时期起，经秦汉至三国两晋南北朝是我国封建社会的早期阶段。在这治乱交替，兴衰相继，政治和经济逐步发展的千余年中，我国的封建法律制度和封建监狱制度，历经了一个由产生到发展，并不断完善的曲折的演化过程。这个阶段，以秦朝的法家狱政思想，两汉奉行的儒家狱政思想最为典型和突出。尤其在两汉时期，统治者提出"宽缓刑狱"的思想，建立了一套严密的监狱管理制度，基本实现了封建狱制的完备。[1]

第一节　战国至南北朝各代的狱政思想

狱政思想，作为监狱管理的指导思想和原则，受各个时期的政治制度和法制思想的深刻影响。不同时期，由于国家执行政治制度的不同，以及崇尚法律制度的迥然相异，会产生完全不同的内容。

一、战国秦朝统治集团的法家狱政思想

从公元前 475 年"七雄并峙"局面的形成，至秦始皇尽灭六国，是我国历史上的战国时代。战国时期，奴隶制度基本瓦解，封建制度初步确立。为变革旧的生产关系和上层建筑，各国普遍开展了以改革旧的政治法律制度，建立新的封建政治法律制度为中心的变法运动。

在制定新的封建法律制度中，各国变法运动的倡导者主要是一些法家

---

〔1〕 万安中："关于封建狱制完备时期的探析"，载《劳改劳教理论研究》1994 年第 4 期。

代表：如魏国的李悝"集诸国刑典"，制作《法经》六篇。《法经》以"王者之政莫急于盗贼"为指导思想，充分体现了法家轻罪重罚的法制原则。秦国的商鞅也提出了一套系统的"法治"理论，以为"去奸之本，莫深于严刑"，"禁奸止过，莫若重刑"，"行罚重其轻者，轻者不至，重者不来，此谓以刑去刑"。[1]纯粹是一种血腥的法与刑的暴力政策。

七国统治者以法家代表"法治"的理论作为制定刑法的基准，再加上我国战国时期的狱制还处在初期，不仅不甚完备，而且深受旧狱制的影响，这就导致了各国统治者，必然把封建国家的重要机器——监狱，看成是镇压和惩罚民众的主要工具，也必然制定出残刻无比的赤裸裸的酷法严刑，使早期封建制的刑法思想在监狱统治上得到充分体现。

秦始皇灭六国，建立统一的君主专制的封建国家后，继续奉行法家学说。在立法原则上，秦始皇不仅继承了商鞅所确立的"重刑轻罪"的内容，而且将韩非的所谓的"法"、"术"、"势"三者相结合的法家理论，全部照搬过来。认为威势可以禁暴，而厚德则不足以止乱。只有实行轻罪重判，才可以使"小过不生，大罪不至"[2]，"设重刑而奸尽止"[3]。

秦始皇迷信法律，还与其信崇五德始终之说有关。他认为秦之水德代替周之火德，而水主阴，阴主刑杀，故"急法刻削，毋仁恩和义"[4]，以合五德之数。所以，在秦朝统治的几十年中，统治者专任刑罚，"重以贪暴之吏"[5]，以推行"繁法而严刑"的刑罚思想，在狱政上表现为"广狱而酷罚"，即广设监狱，对各种"罪犯"施以赤裸裸的残酷镇压。《盐铁论》中说，秦代的法律比秋天的荼草还要繁多，刑罚比凝结的油脂还要稠密，从实际情况来看，也并非是夸张之词。

在封建社会的狱制和刑罚史上，秦王朝是惟一纯粹以严刑峻法加强监狱统治的封建王朝，极具有典型性和特殊性。事实上，秦王朝为加强专制统治，镇压人民的反抗，"贱仁义之士，贵治狱之吏"，"以杀人众者为忠臣"最大限度地发挥了刑罚和监狱的专政职能。但立法严苛，刑尚残酷，人们摇手触禁，动辄陷刑，最终只能导致"自君卿以下至于众庶，人怀自危之心"[6]这样众叛亲离的严重恶果。

---

〔1〕《韩非子·内储说上》。
〔2〕《韩非子·外储说上七术》。
〔3〕《韩非子·六反》。
〔4〕《史记·秦始皇本纪》。
〔5〕《汉书·食货志》。
〔6〕《史记·秦始皇本纪》。

二、两汉魏晋南北朝时期的儒家狱政思想

从公元前206年汉高祖刘邦开创刘汉王朝，至公元220年的四百年间，是我国历史上的两汉时期，前为西汉，后为东汉。两汉王朝在我国历史上占有极为重要的地位，其在政治制度和法律制度变化和发展上，不仅起着承前启后的重大作用，而且一改过去封建王朝那种纯粹以法治国的统治政策，把儒家思想接收过来，作为治理国家、制定政治和法律制度的指导思想。[1]与之相适应，两汉时期的狱政制度也发生了根本的变化。

鉴于秦王朝覆灭是由于推行重刑之故，汉初统治者悉除秦之苛法，采取了"顺民之情与之休息"和宽省刑法的统治政策。一些地主阶级的政治家，也提出了所谓的"更化"，即改变统治方法的问题。陆贾首先提出"文武并用，长久之术也"；贾谊明确主张"法先王，行仁义"；汉武帝时期的董仲舒则进一步提出了"德主刑辅"的立法思想，即主要是靠教化，靠"德"，不能单靠刑罚的威力，靠"刑"来统治民众。所以他竭力宣扬"奉天法古"，强调以纲常礼教作为调整人们行为和社会各种关系的主要准则，实际上倡导德刑并用，礼法合流。即由法家镇压的一手变为儒家的"仁义"和"镇压"的两手，在狱政上着染了浓厚的儒家色彩，表现为"宽缓刑狱"的思想。

汉朝统治者吸取秦朝推行"乱政虐刑"而败亡的历史教训，提出了德与刑兼施、礼与法并用这一"宽缓刑狱"的狱政思想，在监狱立法上也得到了具体的体现。虽然由于"诸法合体"的传统影响，汉朝没有形成独立的监狱立法体系，但是，我们可以从汉王朝最高统治者发布的许多诏令中，来了解狱法立法的一些内容。诸如对刑徒实行宽宥的"恤刑"政策，在狱政制度中优待长吏政策，以及秋冬行刑制度等。

恤刑即慎刑。意谓用刑不可不慎，以免造成假案冤狱。汉皇帝诏令中的恤刑，不仅包含着对狱案要刑罚得中，不滥不失，而且针对已决的案犯，也本着"德治"、"仁治"的精神原则，体恤和哀矜囚徒。优礼长吏政策，即在监狱管理中，官僚贵族及一般官吏系狱，依法享有一般庶人所享受不到的特殊优待。秋冬理狱，春夏缓刑，主要是根据董仲舒的"阴阳五行"和"天人感应"学说制定的行刑政策。认为春夏万物生长之时不可执行死刑，刑杀应在秋冬，以顺应天意。春生秋杀规定得最为系统和具体的还是《礼记·月令》："仲春之月，……命有司，省囹圄，去桎梏，毋肆

---

[1] 万安中："我国狱政思想及其发展特征初探"，载《学术研究》2002年第5期。

掠，止狱讼。"就是说春季要停止狱讼、刑讯和处决。"季秋之月……乃趣刑狱，毋留有罪。"到了秋季，则对有罪者立即论决，不得滞留。秋冬行刑制的实施，一方面，给统治阶级实行暴力刑杀涂上了一层迷信的色彩，有利于刑制的实施，以欺骗手段减少反抗；另一方面，在客观上使很多狱案的审理判决避免在春夏农忙时进行，有利于农业生产。当然，秋冬理狱、春夏缓刑并不束缚统治者的手脚，封建国家对认为是危险的重要罪犯一向是及时杀戮的。

从公元220年到公元581年，继东汉末年封建统治阶级激烈的兼并战争之后，中国封建社会进入分裂、对峙的三国两晋南北朝时期。

在封建狱制上，魏晋南北朝时期的各代王朝，基本上沿袭了两汉时期的儒家传统，使我国狱制进一步儒家化和封建化。因而，议狱缓死，平缓刑狱成了各代王朝狱政的基本指导思想。

 第二节　战国至南北朝时期的监狱设置与狱官

监狱，作为上层建筑和国家机器的重要组成部分，其设置是随着所有制的改变而改变，随着阶级矛盾的不可调和而逐步扩充和强化的。我国进入封建社会后，监狱的性质也随之发生了重大的变化。其时，监狱的设置和矛头主要指向敢于反抗封建统治的广大农民阶级和其他劳动者，公开实行复仇主义和威吓主义。

随着监狱设置的逐步完备，监狱官吏的设置也随之得到了加强。但是，由于我国古代司法与行政不分，审判与行刑合一，这样，行政官员兼有司法官之职，而司法官又兼有执行刑罚之权，所以监狱官吏多由行政官员兼任。一些专任狱吏也往往受到上级司法和行政官员的双重支配。

一、战国时期的监狱设置与狱官

战国时期，七国普遍注重法治。而且，各国把"事断于法"以及"重刑轻罪"作为执法的主要原则，加上战国又是封建诸侯割据、各自为政、战争不断的时代，因而，对内镇压人民的反抗，对外加强对战俘的拘押和惩罚，监狱便成为各国加强封建统治的重要武器，所以七国普遍设狱。史载楚国的贵族春申君黄歇，曾兴造吴狱。另楚平王曾囚伍子胥的父亲伍奢，楚怀王又将张仪下狱。在燕国，燕惠王将邹衍系狱。在赵国，赵君囚尹史于狱。韩国的狱吏段乔囚人于狱。这些说明楚、燕、赵、韩等国都设

有监狱。至于秦国，设狱更为繁多。秦国不但在一般的地方设狱拘囚，而且在宫中也设置监狱。据载秦穆公曾经将兄子三人囚于内宫。"内宫，疑宫中之狱也。"[1]

战国时期的狱名称图圄。其狱官，除由各国君主和左右高级的行政官员来担任其职外，还有专职掌管刑狱的官吏"司圜"、"司空"、"掌囚"、"掌戮"[2]等。如"掌囚"即是看守未决与已决的罪犯的监狱官吏。

二、秦朝的监狱设置与狱官

秦朝中央集权的封建专制主义国家的确立，促进了监狱制度的相应发展，而监狱的设立，从中央到地方已形成了完整的体系。

（一）中央监狱

秦朝在都城咸阳设有中央监狱，廷尉即管理中央监狱的最高典狱官。据史载，秦始皇死后，秦二世听信赵高的谗言，将丞相李斯交给赵高治罪。赵高诬陷李斯与其长子李由犯了谋反罪，将李斯父子抓进咸阳狱。其后，又对李斯严刑逼供，"榜掠千余"，打得李斯皮开肉绽，体无完肤。李斯痛不欲生，只好屈招。最后，赵高又施诡计，得二世诏，将李斯腰斩。滑稽的是，至秦王子婴时，赵高也被囚于咸阳狱，后遭屠戮，并夷三族。

（二）地方监狱

秦统一后，在全国范围内推行郡县制。各郡县除郡守、县令或县长兼管司法外，郡守下设断狱都尉，县令或县长下设治狱掾专管治理狱案。其下又设令史，令史下面又有若干牢隶臣。牢隶臣是一种官奴隶，其受狱掾和令史的指挥，处理狱案的某些具体事务，同时也兼管牢狱。

可见，至少从秦推行郡县制始，各郡县已普遍立狱。史料《能书录》谓："秦狱吏程邈善大篆，得罪始皇，囚于云阳狱。"云阳乃县名。这说明云阳县就设有监狱。

（三）劳役监

从战国时兴起的刑徒制和劳役监，到秦朝有了进一步的发展。由于各种巨大工程和边防任务，诸如修宫殿、筑长城、戍五岭，多由刑徒来承担，因而大量的囚徒被分期分批输送至服役的场所，而这种罚狱场所便是劳役监，也都是秦朝的监狱。

---

[1]《七国考·秦刑法》。
[2] 中国社会科学院法学研究所、法制史研究室：《中国警察制度简论》，群众出版社1985年版，第10～13页。

（四）特种监狱

秦朝除上述所列的一般监狱外，还有专门关押麻风病人的特殊监狱。《睡虎地秦墓竹简·法律答问》记载："甲有完城旦罪，今甲疠，问何以论？当迁疠迁所处之。或曰当迁疠迁所定杀。"又有："城旦、鬼薪疠，何论？当迁疠迁所。"所谓疠就是麻风病，要送到指定的地方拘禁或杀死。这个专门囚禁和处死麻风病人的地方就是一种专门监狱。

如班固所言，"赭衣塞路，囹圄成市，天下愁怨"，确为秦朝监狱林立的真实写照。

三、两汉时期的监狱设置与狱官

我国监狱，由汉始正式称"狱"。同秦朝一样，汉朝监狱也分为中央监狱和地方监狱两大部分。

（一）中央监狱

西汉时的中央监狱主要设在京都长安。那么，京都长安究竟有多少所监狱，众说不一。但可以肯定，长安监狱应包括廷尉狱、中都官狱和长安县狱三个部分。中都官狱是武帝设置的特别监狱，据考有二十六所，这样，加上廷尉狱和长安县狱，长安至少有二十八所监狱。不过长安县狱只是设在京都的地方监狱，所以在长安的中央监狱应该是二十七所。在可考的监狱中，中央监狱按囚禁的对象可分以下两类：[1]

1. 奉帝诏令拘押王公、将相大臣、后妃以及宫内女官的监狱。如廷尉诏狱、司空诏狱、若卢诏狱、上林诏狱、掖廷秘狱、郡邸狱、都船诏狱、寺户狱、太子家令狱等。

2. 临时囚禁犯人的地方也即监狱，如保宫、暴室、请室、内官、导官等。

除上述所列之外，共工狱、别火狱、京兆狱、北军狱、东市狱、西市狱及振贲狱等都属于中央监狱。

（二）地方监狱

西汉时行郡县制，因而除京都长安有狱外，各郡县普遍设狱。《汉书·刑法志》载：西汉时，"天下狱两千余所"。著名的有长安县狱、县道官狱、定襄狱、河南府狱等。如定襄狱，是设在定襄郡的监狱。史载该郡太守是一酷吏，曾在一天之内在该狱中滥杀了四百多人，残酷至极。

（三）特种监狱

西汉时的特别监狱主要有狱市和军狱。狱市，是西汉初年，齐相曹参

---

〔1〕 沈家本：《历代刑法考》第四卷，中华书局1985年版，第1967～1970页。

在齐国推行的一种特别监狱。狱市以清静而治为指导思想，在监狱管理中推行善体感格，即通过感化教育来引导囚犯改悔思过，改邪归正。军狱，即专门囚禁军人犯罪的特别监狱。军人犯罪，皆由军狱拘禁，并由补军司空、营军司空和军中司空的军中狱官来治罪。

公元 25 年 6 月，光武帝刘秀于洛阳称帝，是为东汉。光武帝生长在民间，深知前汉后期刑重狱多带来的严重后果。所以，他即位后，为缓和矛盾，标榜政治清明，一面大赦天下，一面改革旧的狱制。变革狱制，主要是裁废西汉武帝时期所设的二十六所中都官狱，在中央即京都洛阳仅留下廷尉诏狱和洛阳诏狱，大大改变了前汉时期狱繁吏多的局面，体现东汉初年"平缓行狱"的治狱精神。不过，至和帝年间，由于讼狱渐多，洛阳狱已收容不下囚徒。于是，在和帝九年（公元 97 年）十二月复置若卢诏狱，东汉末年，又设置了黄门北寺和都内诸狱。此外，东汉还有阴狱的设置，据载，阴狱为董卓所设，是一种不寻常的监狱。东汉实行郡县制，故各郡县也设有监狱。

两汉时期的监狱多，狱官也多。廷尉是全国最高的司法官和典狱官。廷尉的地位极高，他们所戴的帽子是一种特别的法冠——獬豸冠，象征着他们断狱公正，神圣不可侵犯。廷尉的主要任务是负责诏狱，即负责办理皇帝命令审理的案件和管理奉皇帝诏令拘系犯人的监狱，同时也负责审理地方上送来的疑难案件。廷尉不能决断的就上报皇帝裁决。中央监狱除廷尉外，还有御史中丞和尚书令也握有司法权和典狱权。另外，在京都的各个中都官狱皆置有令长，其属官有丞、狱史等。

地方上的狱官除由地方行政官府尹、刺史、郡守、县令等兼任外，还专设仁恕掾、曹掾史、书佐、承尉、县狱掾史、贼曹、司空[1]等一系列狱官。

汉初的狱吏，因统治者"惩恶亡秦之政"，执行重德轻刑、宽缓行狱的政策，并废除了一些严刑苛法，所以还能断狱从轻，不求细苛。但至中后期，监狱吏卒即置法定刑于不顾，在监狱中极其横暴，任意侮辱、虐待和残害犯人，令人不寒而栗。周勃乃汉朝的开国元勋，曾同刘邦一同起义，南北征战，战功赫赫，后拜为丞相。不料，至文帝时，有人告周勃谋反，周勃被逮捕入狱。周勃虽出将入相，但在监狱中却不断地受到侮辱和欺凌。后来他用重金收买了狱吏，狱吏才给他出主意，终于经公主和薄太

〔1〕 沈家本：《历代刑法考》第四卷，中华书局 1985 年版，第 1967～1970 页。

后作证和说情，才平反出狱。周勃出狱曾感慨道："吾尝将百万军，安知狱吏之贵也。"[1]汉代著名的史学家和文学家司马迁因"李陵之祸"被捕入狱。后来，他在《报任安书》中怀着极其悲愤的心情写道："在狱中，身被枷锁，时常惨遭毒刑，整日被关在幽暗的监室里。这时见到狱吏徒隶则心颤身抖，叩头不止。人到了这步田地谁也不会强颜说没有受辱了。"封建狱卒对身为国相的周勃都敢如此戏弄凌辱，一般的百姓在他们眼中算何等之物就不用说了；司马迁为当朝太史，在狱中尚且如此，可见狱吏是如何嚣张蛮横了。狱吏"上下相驱"、"以刻为明"，且"皆欲人死"，充分暴露了封建监狱统治的极端残暴和黑暗性。

四、魏晋南北朝时期的监狱设置与狱官

魏晋南北朝时期的监狱设置，仍沿袭汉制，分设中央和地方监狱。但中央所属监狱已不再像西汉时那样繁杂，一般设立两所，个别朝代多至四所。如晋朝设置廷尉狱和洛阳狱。太康五年（公元284年）又增置了由黄沙治书侍御史属下的黄沙狱。此狱设置为时不长，于太康中即撤销，但却开创了御史置狱即监察机构之下设狱的先例。南北朝时，南朝齐有廷尉狱和尚方狱。梁、陈则设置廷尉狱和建康狱。廷尉狱称北狱，建康狱称南狱，北魏则设有廷尉和籍坊二狱。不过北朝时，由于受北方少数民族司法习惯的影响，还出现了所谓的"地牢"。

魏晋南北朝，各代地方也普遍设狱。如北魏地方行政机构分州郡县三级，州郡县也各有监狱。又如北齐，就有并州、太原郡、晋阳县等各级监狱的设置。

魏晋南北朝时的狱官，在中央仍为廷尉，其属官设置正监评，以掌狱事。地方上的狱官除地方行政官员兼狱讼和典狱外，还设贼曹助其治狱。此外，各国还分别设置了大量的狱丞、狱长、狱小吏、狱门亭长等专任的监狱官吏。

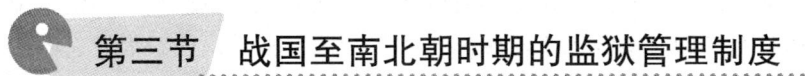

第三节 战国至南北朝时期的监狱管理制度

对于封建统治阶级来说，监狱就是国家机器的重要组成部分，是实行专制统治的有力武器，所以封建统治者为镇压人民的反抗，不仅设置了大

---

[1]《汉书·周勃传》。

量的监狱，还制定了有关监狱统治的各种制度。[1]

一、战国时期的监狱管理制度

战国的建立，监狱制度虽然完成了由奴隶制向封建制的过渡和转变，但当时的封建制还处在草创阶段，还没有形成一套专门的封建性质的监狱管理制度。从一些零星的史料中，我们只能了解到当时监狱制度发展的简单概况。

战国时期，随刑徒制的兴起，劳役监随之而发展起来。在劳役监被称为"徒隶"或"胥靡"的大量刑徒，要分担各种不同的劳役。对刑徒有严格的管理制度，他们不仅在专门狱吏司空的监视下进行劳动，而且劳作时要戴上械具，完全被剥夺自由。

战国时对监狱的安全管理十分重视。《法经·杂律》有："越城一人则诛，自十人以上夷其乡及族，曰城禁。"即对越狱的犯人要处以非诛即夷的严厉惩罚。

二、秦朝的监狱管理制度

秦朝不仅普遍设狱，而且已形成了一套较为完善的监狱管理制度。这包括桎梏制度、安全管理制度、生活管理制度、劳役管理制度和狱吏责任制度等。

桎梏制度，是指对拘押的人犯按案情轻重施用刑具的制度。秦朝的狱具主要有：法绳，也即绳索。《史记·李斯传》载："李斯拘执束缚，居囹圄中。"束缚即系缚，也就是用绳索拘系犯人的意思。枸椟檩杕，均为狱具。枸椟，如枷之类的木械。檩，即系在囚徒颈上的黑索。杕，指套在囚徒足胫的钳。史载鬼薪白粲等刑徒服役时，必须戴上枸椟檩杕，并在狱吏的监督下进行劳动，可见秦代已广泛使用狱具。

安全管理制度。为防止监狱的囚徒和服役的刑徒逃跑，监狱管理十分严格。这些人犯除受狱吏和狱卒的监管之外，还由轻刑徒管理重刑徒。犯人服役劳作时，要穿上红色囚衣。戴上各种刑具，并受到严密的监视。《法律答问》记载说牢狱有六处看守岗位，各岗位设有"署人"和"更人"。对犯人出入监狱，其限制更是严密。法律明确规定，刑徒外出服役时，不得经过市场，若遇市场，必须绕道行走。但是有地位的人，即使是犯了赎死的重罪，也不同其他犯人一起劳作，只需到官府服杂役，既不监管，也不穿囚服和戴刑具。狱中服刑等级分明，这是封建等级制度在监狱

---

[1] 万安中："论中国古代监狱管理制度的沿革及其特征"，载《广东社会科学》2000年第6期。

管理上的反映。

生活管理制度。对囚粮、囚衣的发放，秦律也有详尽的规定。《秦律十八种》载：隶臣妾如服役官府，隶臣每月发粮二石（秦一石一百二十斤，约合今六十斤），隶妾一石半，如不服役不得发给。小城旦或隶臣劳作的每月发粮一石半，不能劳动的，每月发粮一石。小隶妾或劳作的，每月发粮一石二斗半（一斗约合今二升），不能劳作的每月发粮一石。如果是劳动强度大，还多给粮食，如城旦筑墙或相同劳动强度的，早饭半斗，晚饭三分之一斗，有病的，酌情发给，由狱吏主管。

对发放囚衣的规定，《秦律十八种》有：罪犯在服役期间，分别供给夏衣和冬衣。夏衣从四月到六月发放，冬衣从九月到十一月发放，过期不发。不过领发者在领取冬衣时需交纳一百一十钱，领取夏衣时交纳五十五钱。

应当指出，对于各类犯罪，秦政府根据其劳动强度按月发给粮食，按季节供给衣服，这绝不是封建统治者对罪犯施以"仁政"，而是提供一定的物质条件，驱使服役的罪犯为之创造更多的财富，巩固其统治的经济基础。

劳动管理制度，即关于囚徒进行劳役，对其消极怠工或反抗予以惩处方面的制度。秦律规定，凡身高五尺二寸（合今天的一点二米）以上的刑徒，均要参加服役。从事手工业的刑徒，要定期进行评比。凡完不成定额或被评为下等者，每人笞打一百。又如刑徒所造的大车属于劣等货，就要责罚管理刑徒的司空啬夫一盾，而刑徒每人要笞打五十。除对刑徒施以笞打外，还要减少刑徒口粮半斗。此外，秦律关于不同身份的囚徒，对于他们服役的处所、劳动的强度、穿戴囚衣和戒具的情况以及服役时的自由程度有着显著的区别，都有详细的规定。

狱吏责任制度。为加强对囚犯的看管，提高狱吏的责任心，秦朝对违法的官吏有严格的规定。秦律对法官断狱的责任按其情节区分为"纵囚"、"不直"和"失刑"三种。所谓纵囚，是指本应论罪而故意减轻案情将其释放；所谓不直，是指有意将重罪判轻，或者将轻罪重判；所为失刑，是指非故意造成重罪轻判或轻罪重判的行为。对"不直"或"失刑罪"的处罚，《史记·秦始皇本纪》载："三十四年，适治狱吏不直者，筑长城及南越地。"筑长城，是罚做劳役；去南越戍守和开发五岭，实际上都是流放。

此外，秦律对玩忽职守或肆意裁罚囚徒的狱吏也予以惩处。如在押送囚徒的过程中囚徒逃跑了，那么就要处狱吏以砍去左足和城旦徒刑的刑罚。大夫鞭打刑徒鬼薪，鬼薪逃亡了，那么大夫必须在官府中服役，直到抓获逃犯。另外，若狱吏在捕获囚犯后，故意杀死或杀伤该犯，那么狱吏应判"完为城旦"或判"耐为隶臣"的处罚。

秦朝注重"缘法而治"，强调吏治，归根结底还是为了治民。不过吏治的加强，在一定程度上制约了封建狱吏对囚徒的任意奴役和残害，具有一定的进步意义。

三、两汉时期的监狱管理制度

我国古代的监狱管理制度，到汉朝已达到相当完备的程度，并对后世狱制的进一步发展产生了深远的影响。

（一）系囚制度

系囚制度是指对人犯系之入狱，实行有效的拘押。其包括桎梏制度、门卫制度和点视制度等。

汉代的狱具主要有法绳、桎梏和钳钛。为了防止犯人逃跑规定囚犯一律戴上狱具，穿上囚衣，就是刑徒服役时，也不得解脱戒具，否则要处以重刑。汉朝的门卫制度也特别严格，囚徒入监后，禁止与外人交往，就连家属探视也受到严格的限制。汉朝在监狱管理上，还建立一种呼囚制度，又称晚点名制度，即在夜间清查犯人的人数，了解犯人的基本情况。所以系囚是为了使"内情不得外出，外情不得内入，使人知幽闭困苦之状，以顿挫其顽心"[1]，以便达到更有效地统治和镇压的目的。

（二）悯囚制度

即对狱囚施行宽宥，防止吏卒随意凌虐狱囚，以及保障狱囚基本生活待遇的制度。汉朝的悯囚制度主要有矜老怜幼的恤刑原则，法律上给予犯罪的老幼妇孺残疾者以一定的优待。如景帝后元三年（公元前141年）的诏令："年八十以上，八岁以下，及孕者未乳、师、侏儒、鞠系者、颂系之。"[2]颂系，即宽容的意思。这是规定八十岁以上的老人，八岁以下的幼童以及孕妇未产、乐师、盲人、侏儒等在监其间给以不戴狱具的优待。宣帝元康四年（公元62年）也下诏说："自今以来，诸年八十以上，非诬告、杀伤人，它皆勿坐。"[3]这是对老人犯罪免以刑事处分的优待。汉统治者之所以制定这些矜老恤幼的原则，正如汉宣帝所说的，这些老幼废疾者不会对他们的统治造成多大危害。

在监管制度上，由于妇女本身的特殊情况，所以妇女犯罪在禁监上享

---

〔1〕《明会典》。

〔2〕《汉书·刑法志》。

〔3〕《汉书·宣帝纪》。

有优待。如有诏规定：妇女凡不是自身犯法，虽是从坐，只要不是大逆不道的或朝中的要犯，都不要加以拘系。此外，怀孕的妇女犯罪入狱，可以不戴刑具，产后依法定刑。

在悯囚制度中还有"听妻入狱"和"纵囚还家"的规定。所谓"听妻入狱"，即是对于死囚犯娶妻无子，允许其妻入狱，妊娠有子，再加以行刑的意思。"纵囚还家"是汉代监狱每年伏腊之时及特殊情况下，允许囚犯暂时回家，但必须按照约定期限返回监狱的规定，以示皇帝的"恩赐"和"仁恕"。如东汉光武帝年间，虞延为官金吾府，任细阳令时，每年至伏腊之时，即遣所系囚徒各使回家，囚徒感其恩德，皆应期而归。

（三）录囚制度

所为录囚主要是指封建皇帝和各级官吏定期或不定期地巡视监狱，讯察狱囚，以便平冤纠错，决遣淹滞，酌予原宥，借以标榜仁政，以维护统治阶级的法律秩序。录囚制度起于西汉，《汉书·隽不疑传》有：不疑为京兆尹，"每行县录囚徒还，其毋辄问不疑"，"有所平反，活几何人？"《汉书·何武传》载：武为扬州刺史，每"行部录囚徒"。又《汉书·百官志》载："诸州常以八月巡行所部郡国录囚徒。"以上可见，西汉录囚制度的初期，尚限于州郡刺史太守定期录囚。

自东汉起，皇帝亲录囚徒，使录囚更加成为司法和狱政方面的一项重要制度。史载："光武中兴，留心庶狱，常临朝听讼，躬决疑事。"东汉明帝即位后，光武帝之子楚王英于永平十三年（公元70年），因谋逆罪被废自杀，明帝于是大兴楚狱，株连牵引，将数千人下狱治罪。后侍御史寒郎在考察楚狱中，发现许多被诬的情况，遂上书为无辜者申辩，引起明帝的警觉，于是"车驾自洛阳狱录囚徒，理出千余人"[1]。和帝初年，邓太后讯录时，囚"畏吏不敢言。将去，举头若欲自诉，邓太后察视，举之即呼还问状，具得枉实，即时收洛阳令下狱抵罪"[2]。和帝永元六年（公元94年），也曾"车驾自幸洛阳，录囚徒"[3]，发现狱囚二人被非法拷打，伤溃生虫，因而将司隶校尉周纡降职处分。

两汉的监狱管理制度，可谓外儒而内法，外仁义而内深刻。不过，它在系囚、悯囚和录囚等重要狱制上的发展，为后来各朝狱制的日臻完备奠定了坚实的基础。

〔1〕《后汉书·寒朗传》。
〔2〕《后汉书·邓皇后传》。
〔3〕《汉书·刑法志》。

四、魏晋南北朝时期的监狱管理制度

魏晋南北朝时期各代的监狱管理制度，基本上继承了两汉监狱制度的内容。

在系囚制度中，这个时期的各代王朝都普遍使用狱具。如魏国有钛，晋国有桎、梏、拲，所谓"死罪二械加拲手"，即死罪犯要加戴桎梏拲戒具。南朝时，梁代有械、杻、钳、锁，陈代有械、锁。北朝时，北魏有大枷、高杻、重械和缒石，北齐时有锁、枷、杻、钳、桁，而北周则枷、拲、桎、梏、锁等刑具样样齐全。狱具的广泛使用，增强了对囚徒监管的保险系数。另外，在系囚制度中，防卫制度也特别严格，如西晋的《狱官令》即有"狱屋皆当完固"的明文。

因魏晋南北朝的各代继续执行"平缓刑狱"的政策，所以悯囚制度有了进一步发展。晋朝《狱官令》规定，狱中需"厚其草褥"，"家人饷馈，狱卒为温暖传致。去家远无饷馈者，悉给廪。狱卒作食，寒者与衣，疾者给医药"。南齐时还特别制定了病囚诊治之法。又如南梁在监狱管理上，就有"耐罪囚八十以上，十岁以下及孕者、盲者、侏儒当械者……颂系之"这样的规定。

录囚制度到这个时期也同样得到了发展。南北朝时，梁丹阳尹每月一日到建康，与御史、廷尉、太尉共同录囚，案断枉直。为了理冤录囚，陈代还成立了录冤局，成为录囚的专门机构。另外，皇帝亲录囚徒已形成常行的制度。如晋朝武帝时，帝临听讼观录廷洛阳狱囚，亲平决焉。又《魏书·孝文帝纪》有"太和四年（公元230年），……幸虎圈亲录囚徒"的记载。南北朝时，在录囚制度中还形成了一种特使察囚制度。如梁武帝曾下诏：凡是远处州县，"可遣法官近侍，递录囚徒，如有枉滞，及时奏闻"。即说，对乡县牢狱，可派法官和侍从官员对狱中人犯进行复核，如发现有冤枉和疏漏，及时上奏。又如北魏文成帝时曾遣尚书穆伏真等三十人巡行州郡，听由"阿枉不能自申者"，"诣使告状"。

 第四节　战国至南北朝时期的刑徒及其反暴政斗争

一、各种刑徒的大量产生

战国时期，随着封建法制和狱制的进步，役作刑逐渐代替了肉刑，一部分原来应判肉刑或没为奴隶的囚徒，大多数都转化为服役的刑徒，另加

上各国均深文峻法，被判刑的人越来越多，这样自然就扩大了刑徒的队伍。史载在山西太原县有人作"徒人城"以处徒刑之多。到了秦朝，刑徒的数量更是有增无减。由于秦始皇时的刑罚十分苛重，百姓动辄触刑。一人犯法，罪及三族；一家犯法，邻里连坐，造成了"刑者相半于道"，"举河以西不足以受天下之徒"的现象。具体来说，分布在全国为秦王朝"修宫造殿，北筑长城，南戍五岭"的囚徒，其数量不少于百万。据史载，仅修建骊山陵就动用了刑徒及奴隶约七十万人。

至汉朝，刑徒仍是筑城、造陵、采矿和冶炼的主要队伍，加之汉代的刑制改革，主要是用徒刑来代替肉刑，所以，汉代的刑徒制发展到一个新的阶段。汉朝的刑制改革，其直接原因是缇萦上书。史载文帝年间，齐太仓令淳于意有罪应当处刑，下诏狱。其小女缇萦随父来到长安，上书给文帝说："人犯罪处死之后不能复生，处了肉刑，毁坏的肢体不能再长，要想改过自新，也没有出路。为了赎抵父罪小女愿没为官婢，以赎父罪，使得自新。"文帝读后十分感动，由此引起了汉代历史上长达二十年之久的著名的刑制改革，不过从刑制改革的内容来看，肉刑犯减少了，而刑徒却增加了。另外，汉统治者还通过多次"赦免"，让死囚犯转化为刑徒，所以刑徒的数量急剧增长，劳役监的发展也达到了鼎盛时期。

二、刑徒的种类及其劳役

战国时的刑徒称"徒隶"或"胥靡"，刑徒的种类还比较单一。但到了秦汉以后，就出现了名目繁多的各种刑徒。如秦朝的刑徒主要有城旦、鬼薪白粲、司寇、罚作复作、隶臣妾和侯等。两汉的刑徒，除削减了隶臣妾外，又增加了输作左校、输作右校和输作若卢等几种。后增加的几种刑徒，主要从事宗庙、宫室、陵园、道路等修建的劳役，一般无定期。

刑徒的劳役十分广泛。刑徒服何种劳役，一方面由他们被判处何种刑罚而定；另一方面主要看国家正在兴建什么工程。以秦而论，秦始皇在修建阿房宫、建骊山陵墓时，就使用了大量的刑徒。除从事大型工程兴建之外，广大的刑徒还从事农业及手工业等劳役。秦朝"隶臣田者"就是从事农业生产的刑徒。《后汉书·明帝纪》载：永平八年（公元65年），"诏之公募郡国中都官死罪系囚，减罪一等，勿笞，诣度辽将军营，屯、方、五原之边县；妻子自随，便占著边县；父母同产欲相代者，恣听之"。这是徙边的刑徒，到边地后主要从事农业生产。在手工作坊中，从事手工业生产的刑徒也具相当的规模，如秦律载，秦代的隶臣、下吏、城旦是和工匠在一起生产的。

三、刑徒的反暴政斗争

战国秦汉魏晋南北朝时期的刑徒，是当时社会中最受压迫的阶层。他们不仅在异常艰苦的生活条件下，进行特别繁重的劳役，而且动辄受到严厉的惩罚。所以广大刑徒往往是刑期未尽，而人身先亡。万里长城下的累累白骨，始皇陵侧刑徒墓中许多身首异处的骨骼，汉代官府作坊中"卒徒蒙辜，死者连属"的悲惨情景，都是刑徒所受非人待遇的实证。官逼民反，统治者实行极为残酷的高压政策，必然导致"人与之为怨，家与之为仇"[1]的局面，广大刑徒终于树起了反抗压迫者的大旗。秦朝末年，陈胜、吴广领导的农民起义的九百人队伍中，就有很多是刑徒。另《史记·黥布列传》载，骊山刑徒黥布就同一些徒长、豪杰联合起来，带着一批刑徒，在江中为"盗"。在汉代，刑徒起义更是激烈异常。成帝时，从阳朔三年到永始四年（公元前22年～公元前13年）间，就爆发了四次具有一定规模的刑徒起义，他们纵囚徒，杀酷吏，给统治者以沉重的打击。刑徒起义，虽然没有造成特别重大的影响，但广大刑徒作为反抗封建统治队伍中的一族，也是推动社会历史向前发展的重要动力。

复习与思考

1. 封建社会前期法家狱政思想与儒家狱政思想内容有什么不同？
2. 试述两汉时期的监狱管理制度。

---

〔1〕《汉书·贾山传》。

第三章 隋唐五代时期的监狱

（公元 581 年～960 年）

学习目的与要求

通过学习，了解和掌握隋唐五代时期的狱政思想、监狱立法、监狱设置和监狱管理制度，并理解时代背景对监狱的影响。

隋朝（公元 581 年～618 年），存世仅三十八年时间，是中国历史上一个统治较短的朝代。但就是这个短暂的朝代，重新统一了割据纷争的中国，并在政治、经济、文化等方面进行了一系列的变革，造就了当时世界上最强大的大隋盛世，奠定了我国封建中兴的基础。在隋朝时期，封建制监狱逐步走向成熟。

 ## 第一节 隋朝的监狱

一、隋朝的狱政思想

隋朝的狱政思想，可推隋文帝的狱政思想为代表。

隋文帝（公元 541 年～604 年），原名杨坚，弘农华阴（今陕西华阴）人。其父杨忠曾随北周宇文泰起事于关西，因功勋卓著，被封为隋国公。杨坚十四岁开始从政，其后又相继升为上柱国、冢宰，袭爵隋国公。公元581 年，杨坚废掉北周静帝，夺取了北周政权，建立隋朝，改元开皇。隋文帝认为，北周之所以灭亡，就在于北周末年"刑政苛酷，群情崩骇，莫有固志"，所以，在他在位期间，为了缓和阶级矛盾，维持社会稳定，巩固中央集权和国家的统一，在立法与司法方面积极变革，平缓刑狱。在隋初的监狱管理制度制定及其实践过程中，体现了"崇尚惠政"、"慎狱恤刑"的狱政思想。

1. 慎重施行死刑。据《资治通鉴·隋纪》记载，隋文帝下令"诸州死罪，不得辄决，悉移大理按复，事尽；然后上省奏裁"。而对死刑的判决，他则持更加慎重的态度，特地颁布了一系列的法令。公元596年，他下令凡死罪必须经过三次奏请核准之后才可执行。

2. 刑罚趋向文明。隋文帝废除了自北周以来一些较残酷的死刑和肉刑，而代以较文明的笞、杖、徒、流刑和死刑（包括绞、斩刑两种），此五刑俗称"封建制五刑"，一直为后世所沿袭。且隋五刑皆可实施赎刑。

3. 规制讯囚法式。隋文帝改革了前朝沿袭下来的众多残酷的讯囚法制，规定"讯囚不得过二百"，并在法律上对狱具的规格作了统一的规定，"枷杖大小，咸为之程品"，并规定"行杖者不得易人"，[1] 使讯囚有制。

4. 防止淹狱、冤狱。隋文帝诏令地方官员严肃法令，不得乱捕滥押。并"每季亲录囚徒"，审察狱情，防止淹狱、冤狱。

在隋文帝"崇尚惠政"、"慎狱恤刑"的狱政思想的规制下，部分司法官吏注意把囹圄空虚作为自己的理政目标，从而使得隋朝初期的监狱比之前朝有了较大改善。不过，隋文帝"崇尚惠政、慎狱恤刑"的政策并没有始终如一。隋文帝"性猜忌，素不悦学"，[2] 到了晚年，刚愎自用，独断专行，法外用刑，"逮于暮年，持法尤峻，喜怒不常，过于杀戮"[3]。自己带头破坏自己建立的法令制度，使其统治日趋衰落。

而隋炀帝继位后，为了维持摇摇欲坠的统治，对人民施用残酷的镇压手段，严刑峻法、乱捕滥押、法外施刑，直接导致隋王朝走向了灭亡。

二、隋朝的监狱立法

隋朝的监狱立法，主要散存于隋朝所立诸法中。而隋朝的立法成就主要有两部：《开皇律》和《大业律》。后者为隋炀帝在位时所制定，由于统治年代短暂、社会混乱，此法颁布后并未产生实际效果。《开皇律》系隋文帝开皇元年（公元581年）所制，同年颁行。开皇三年（公元583年），隋文帝又鉴于当时"律尚严密"、"人多陷罪"的局面，令大臣苏威、牛弘等更定新律，即后世所称的《开皇律》。此律共计条文五百条，分十二卷，史誉"刑网简要，疏而不失"，在法制史上享有较高的地位。其中，涉及监狱立法的内容主要有：

1. 在篇章体例上，《开皇律》分为十二篇，名称依次为名例、卫禁、职制、户婚、厩库、擅兴、贼盗、斗讼、诈伪、杂律、捕亡、断狱。其中，捕亡、断狱两篇涉及监狱的诸多法律条文。

---

〔1〕《隋书·刑法志》。
〔2〕《隋书·刑法志》。
〔3〕《隋书·高帝纪》。

2. 在刑罚制度上，《开皇律》重新确定了刑罚体制，把刑罚主要分为死刑、流刑、徒刑、杖刑、笞刑等五类，奠定了"封建制五刑"体系，并一直为后世沿袭。其中，死刑分绞刑、斩刑两种；流刑分一千里、一千五百里、二千里三等；徒刑分一年、一年半、两年、两年半、三年五等；杖刑分六十至一百五等；笞刑分十至五十五等。这样就废除了自北周以来一些较残酷的死刑和肉刑，而代以较文明的笞、杖、徒、流刑和绞刑、斩刑，这是监狱刑罚体制的一大进步，也是人类文明进步的反映。

3. 规定了讯囚制度和刑具规格。《开皇律》的制律宗旨就是"除苛惨之法，务在宽平"，隋文帝鉴于前朝讯囚的制度和刑具都没有明确的法律规定，讯囚方法残酷，刑具杂多，或大棒，或重杖，或车辐，或荆棘，或鞭笞，讯囚致死较多，所以规定，"讯囚不得过二百，枷杖大小，咸为之程品，行杖者不得易人"[1]。

4. 确定了"十恶"重罪。《开皇律》吸收了北齐的"重罪十条"，加以修改，制定了十恶重罪，曰谋反、谋大逆、谋叛、恶逆、不道、大不敬、不孝、不睦、不义、内乱。此十罪为触犯封建皇权和国家统治之最重罪，一律处以死刑，不得宽赦，此后为封建各代所承袭。

三、隋朝的监狱管理

隋朝借鉴前朝尤其是北朝的监狱管理体制，并结合当时实际，形成了一套相当成熟的监狱管理体系和制度。

（一）监狱管理机构

隋朝的监狱管理机构分中央和地方两级，各级监狱归上级管辖。在中央，司法机构分刑部和大理寺。

刑部，设在尚书省之下，掌管刑事，设尚书一人，侍郎一人，下设都官郎、宪部郎、比部郎、司门郎四曹，各配置曹郎二人，都司郎一人。刑部主要是司法行政部门，并不直接设监狱。

大理寺是另一中央司法机关，主管审判和刑狱，直接设有监狱，它是隋朝的中央监狱。下置正、监、评各一人，司直十人，律博士八人，明法二十人，狱掾八人。狱掾即主掌监狱的官员。

同时京师长安也设狱，长安狱带有中央监狱的性质。

隋朝初年，地方行政设州、郡、县三级；开皇三年，改为州、县两级；隋炀帝大业三年，又改为郡、县两级。各级均下设监狱，地方行政长

---

〔1〕《隋书·刑法志》。

官既是行政主管，又是地方的最高司法官吏。各级一般设有专门的监狱管理人员。

（二）监狱管理制度

1. 系囚制度。隋朝有严格的系囚制度，犯人逮捕入狱后，不论罪刑是否已定，都要先拘禁在监牢里，而且为了防止囚徒逃跑，犯人一般要着囚衣、戴戒具，并实施点名制度。

2. 颂系制度。对老、幼、病、残、孕等囚徒，按律不戴戒具和不严刑拷囚。对于讯囚，制定了严格的制度并统一了刑具规格，对于违反讯囚和戒具制度的官员给予严惩。同时，隋文帝诏令天下州县牧宰要严肃执法，认真审案，"百姓或有愆犯，必须尽理推导，审如罪状分明，方可禁身科断，不得才闻小过，遽系圜扉"[1]，防止乱捕滥押。各地方官员也纷纷以图圄空虚作为自己的理政目标，改善狱政。薛胄，隋任州刺史，"及到官，系囚数百，胄剖断旬日便了，图圄空虚"[2]。牟州刺史辛公义，平时受理新案，"事若不尽"，"终不还阁"。[3]他认为，"刺史无德可以导人，尚令百姓系于图圄，室有禁人在狱而心自安乎？"同书还记载，平乡令刘旷，"在职七年，风教大洽，狱中无系囚，争讼绝息，图圄尽生草，庭可张罗"，从中可见隋初官员对狱政的重视。

3. 录囚制度。录囚的方式主要是皇帝亲省和大臣录囚两种。据《隋书·高祖纪》记载，文帝有过六次"亲录囚徒"。"帝每季亲录囚徒。常以秋分之前，省阅诸州申奏罪状。"[4]

在隋文帝狱政思想的影响下，大臣也比较重视录囚。如《杨汪传》记载：杨汪"守大理寺卿。汪视事二日，帝将亲省囚徒其时系囚二百余人，汪通宵究查，诘朝而奏，曲尽事情，一无遗误，帝甚嘉之"。

第二节 唐朝的狱政思想和监狱立法

唐朝（公元618年～907年）历时近三百年，四方经略，声威远播，是我国历史上一个辉煌而影响巨大的朝代，也是中国封建法制和中国古代

---

〔1〕《隋书·刑法志》。
〔2〕《隋书·薛胄传》。
〔3〕《隋书·循吏传》。
〔4〕《隋书·刑法志》。

监狱走向成熟的时期。其狱政思想、监狱立法、监狱机构设置及管理制度对于后世乃至今天仍有借鉴的价值。

一、唐朝的狱政思想

受政治局势的影响，在唐朝的不同时代，出现了两种相对的狱政思想，即宽仁治狱的思想和以威治狱的思想。

（一）宽仁治狱的思想

宽仁治狱的思想是唐太宗李世民在监狱管理中治狱思想上的集中概括。

李世民（公元599年～649年），史称唐太宗，唐高祖李渊的次子，公元626年继承皇位，是唐朝历史上的第二任皇帝，也是中国历史上盛有作为的一位皇帝。在其协助父亲李渊夺取天下的斗争中，他充分看到并吸取了隋朝灭亡的教训，即位后推崇儒家的治国之道，提出了"仁本、刑末"的思想。宽仁治狱是他的治国思想在狱政上的具体体现。

据《太平御览》记载，贞观某年，唐太宗"行次虚石县，指狱而谓皇太子曰：……滥系无辜则政道缺，久濡有罪则怨气生。圜土之中仰视青天，有同悬镜。而锁械肤体郁结其中，循诸己者可以知人。传曰，其怒乎。由此言之，不可不慎"。这是唐太宗当时对皇太子说的一段话。在这段话里，反映了唐太宗对监狱管理的三重思想：一则，不能"滥系无辜"，即要避免缺失政道和防止"冤囚"；二则，不能"久濡有罪"，即要避免狱囚生怨和防止"淹囚"；三则，不能随意"锁械肤体"，即不能随意用刑和滥施刑具。唐太宗曾引孟子的话对身边的大臣说："暴其民，甚则身弑国亡，不甚，则身危国削。"直接把暴政作为导致国家灭亡的危险根源。而在监狱管理中的滥刑酷罚，也可能会导致人民的反抗。所以他认为，在治狱中，应该实行仁恕而慎刑的基本原则。所谓"仁恕"，是指在治狱中对犯人要有仁爱和宽恕之心；所谓"慎刑"，则是指在用刑前和用刑中要有慎重和宽缓之意。治狱不可乱捕滥系，或胡乱用刑，以达到"狱如明镜"的治狱效果。当然，这种效果的追求，主要还是出于统治阶级为了稳定社会，收服民心，以维护和巩固其久远统治的需要。而唐朝的前期统治者在这种治狱思想的统领下，在监狱建设和管理方面做了大量实际而有意义的工作，极大地推动了封建制监狱的发展。如唐朝男女异狱的实行、决狱程限的规定、拷囚制度的建立、颁系法令的颁布、悯囚制度的健全以及录（虑）囚制度的进一步发展，等等，这些都是唐朝统治集团在监狱制度中贯彻仁恕慎刑思想的直接体现。虽然宽仁治狱与滥施淫威、严刑峻法比较而言，仅具有相对的意义，而且有很大的局限性和欺骗性，但在唐朝前期尤其是在贞观时期的司法实践中，还是得到了很好的贯彻和体现。如贞观初年，青州地方发生"逆谋"事件，当地官员"追捕支党，俘囚满狱"。时任殿中侍御史官职的崔仁师，受唐太宗诏令前往按察此案，崔仁师"至州，悉去械，仍与饮食汤沐以宽慰之，唯坐其魁首十余人，余皆原免"[1]。完全体现了唐朝统治者所提出的宽仁治狱的思想，也使其获得了"崔公仁恕"的美名。

"仁政"和"德主刑辅"的思想本来是儒家先哲所提倡的政治主张在狱政方面的具体运用，也是对有道明君的具体要求。正所谓"圣王仁及图圄"。唐太宗继承并发展了儒家的这个"思想"，在司法实践中提倡宽仁治狱的思想，符合当时社会统治的主流文化，也符合统治阶级的长远和根本利益，这也一直为自汉以来的历代封建王朝所推崇。同时，唐太宗在一定程度上也受到了法家文化的影响，为避免隋王朝"宪章遐弃"以至"百姓怨嗟，天下大溃"的历史教训，在摒弃"严刑峻法"的前提下，崇尚实行法治，强调立法、守法和公正执法，要求法纪严整，赏罚分明，并进一步加强了中央集权统治。在这种思想的影响下，以唐太宗为代表的唐初统治集团总结并继承了历代封建统治的经验，在监狱管理中，以法律的形式建立了一套适应自己需要和符合当时社会现实的较完备的组织结构和制度，使唐朝的监狱制度走向了成熟，并对后世产生了深远的影响。

（二）以威治狱的思想

这是武则天在位时期，其统治思想在监狱管理中的具体反映。

武则天（公元624年~705年），山西并州文水人。十四岁时被唐太宗选入宫中立为"才人"，赐号"武媚"。太宗死后，入感业寺为尼。唐高宗即位后，重被招入宫中，封为"昭仪"。此后她利用王皇后和萧妃之间的矛盾，巩固了自己在宫中的地位，进号为"宸妃"。永徽六年（公元655年），武则天被立为皇后，因高宗患病而参与政事，"自此内辅国政数十年，威势与帝无异"。当时群臣称其为"二圣"。高宗死后，武则天以皇太后临朝称制，并于载初元年（公元689年）"革唐命，取国号为周"，自立为皇帝，成为我国历史上惟一的女皇帝。武则天称帝十五年，实际执政整整五十年。在她在位期间，顶住了外部强大的封建反对势力和西域吐蕃的入侵，进一步巩固了贞观时期所取得的成就，起到了"贞观之治"和"开元盛世"间的承上启下的作用，促进了中国封建制国家的统一和强盛，继

---

〔1〕《旧唐书·崔仁师传》。

续推动中国向前发展。

但由于武则天是中国历史上首登皇位的女性，自然就为传统的伦理观念所不容，在政治、思想上面对着强大的反对派乃至武装政敌，更为唐朝宗室和拥戴李氏统治的唐朝旧臣的力量所不容。而且当时，社会矛盾也逐渐凸显，农民起义，外敌入侵，统治集团内部矛盾也不断激化。所以她为了解决内忧外患和巩固自己取得的皇位，一方面不断扩大武氏家族政治势力，培植自己的亲信；另一方面削弱和打击唐朝宗室和拥戴李氏统治的唐朝旧臣的力量，并加强对朝内外反对者的镇压和控制。因此，在武则天统治的半个世纪里，长期推行"以威制天下"的政策。尤其是在徐敬业、骆宾王等在扬州起兵被击败平定之后，武则天更是"专任刑杀以为威断"，推行更为严厉、残酷的镇压措施，对朝中反对派采用极刑和贬官，来对付反抗她的统治的官吏和民众。在监狱方面，这种思想也就成了她当政时期的狱政思想。

武则天为了监控和镇压反对和非议她的统治的官员和人们，在其统治之初，采取了高压政策，并大开告密之门，官员、百姓互相监督乃至诽谤，对被告者大肆镇压和摧残。虽然一方面使其统治在表面上得以巩固，但另一方面也导致当时社会诸方告密，酷吏横行，人民惶恐，官员不安，法令制度和监狱刑罚体系遭到了破坏。"诸方告密，囚累百千辈，……天下喁喁，莫知宁所"，尤其是朝廷百官互相倾轧，"遂使奸臣之党，快意相仇，睚眦之嫌，即称有密，一人被告，百人满狱，使者推捕，冠盖如市"。[1]可见告密之多，刑罚之重。一人被告，常常又牵连他人，然后互相揭秘，累及百人之多。"当其时也，囹圄成市，朝廷以目。"[2]在这种告密盛行，刑讯泛滥之世，出现了一大批酷吏，诸如索元礼、周兴、来俊臣等人，这些酷吏滥施刑罚、淹狱虐囚，竭尽挖密诬告之能事。据《旧唐书·刑法志》记载：周兴、来俊臣等"相次受制（诏令），推究大狱。乃于都城丽景门内，别置推事使院，时人谓之'新开狱'"。还有，"俊臣每鞫（审理）囚，无问轻重，多以醋灌鼻。禁地牢中，或盛之于瓮，以火圜远炙之。兼绝其粮饷。至有抽衣絮以啖之者"。并且强令把囚犯寝处粪秽中，备诸苦毒，摧残身心。而每有皇帝诏令宽宥囚徒，来俊臣就先派狱卒，先杀尽重罪犯，然后宣示故意"迟到"的诏书。可见当时监狱之黑暗。而武则天为了达到高压的效果，不得不在一段时期内重用这些酷吏，"大开诏狱，重设严刑，

〔1〕《旧唐书·刑法志》。
〔2〕《唐会要·酷吏》。

冀以惩奸，观于天下"[1]。从而使唐太宗贞观年间以来的封建法制遭到严重的破坏，监狱制度混乱不堪。但在武则天初期统治见效、政权逐渐巩固之后，这些横行的酷吏和混乱的法制又影响了国家的统治和民心所向，所以到了后期，武则天又不得不惩办酷吏，处死了索元礼、来俊臣等人，以缓和形势，安抚民心，表示"以雪苍生之愤"，来推卸自己罪责。

所以，以威治狱的思想是当时社会的产物，虽然在一定程度维护了武则天的统治，但对于法制和监狱而言，带来的是混乱和黑暗。

二、唐朝的监狱立法

唐朝的法律形式有律、令、格、式。"律以正刑定罪，令以设范立制，格以禁违止邪，式以轨物程事。"唐朝作为一个较成熟的封建社会时期，立法众多，法制体系也较完备。但这时，依然还没有独立成册的监狱法典，监狱法令只能见之于其他相关的法律典章之中。而唐朝的诸多法律典章也基本规定了有关监狱设置和管理的条文。唐朝的法律典章，主要有高祖李渊时期制定的《武德律》，太宗李世民时期制定的《贞观律》，以及唐高宗永徽年间制定的集封建法制之大成的《永徽律疏》，即流传至今的《唐律疏议》。唐律沿袭隋律，分十二篇，其中"捕亡"篇是追捕逃亡罪犯，加强监狱管理的法律；"断狱"篇是对于违反审判制度和监狱管理制度的刑事规范。这是直接涉及监狱法令的制度。此外，在《武德律》和《贞观律》颁行的同时，又有《武德令》和《贞观令》，共二十七目，其中二十四目为"狱官令"，对唐朝的监狱制度作了详密的规定，是唐朝监狱执法重要而直接的指导性法令。在《唐律疏议》中，基本保存了《武德律》、《贞观律》中"捕亡"、"断狱"两篇的内容和"狱官令"中有关监狱的法律条文，是唐朝时期监狱管理方面最重要的法令，也是后朝研究封建制监狱的重要文献史料。

（一）"捕亡"

捕，指捕系；亡，指逃亡。它是关于捕捉逃亡的罪犯以及士兵、役丁逃亡者的违法犯罪的规定。《唐律疏议》记："若有逃亡，恐其滋蔓，故须捕系。"其间包括规定老百姓不能擅自离开本籍，或以出走逃避赋役，否则都在捕系之列。唐朝捕人权基本属于官府，但在一定条件下，也允许私捕。如被贼盗伤害之家就可以自己捕捉贼盗送交官府。在捕亡中，如果出现捕者受伤或力量不足等情况，还可以要求其他人们追捕和协助。"诸被

----

〔1〕《旧唐书·刑法志》。

人殴击折伤以上，若盗及强奸，虽傍人皆得捕系，以送官司。"而有能力协助者故意不协助的，则要受刑罚。"诸追捕罪人而力不能制，告道路行人，其行人力能助之而不助者，杖八十；势不得助者，勿论。"同时对捕系的手段、过程和责任都作了明确的规定，诸如"诸捕罪人而罪人持杖拒悍，其捕者格杀之及走逐而杀，若迫窘而自杀者，皆勿论"等。

（二）"断狱"

断狱，是指对罪犯从捕获、审判，直至判决执行全过程进行管理、监督。内容主要包括两方面：一方面是关于违反监狱管理制度的犯罪规定；另一方面是关于违反审判制度的犯罪规定，包括有关系囚、拷囚、悯囚、狱吏责任等诸方面的规定。诸如"诸囚应禁不禁，应枷、锁、杻而不枷、锁、杻及脱去者，杖罪笞三十，徒罪以上递加一等；回易所著者，各减一等"等。这些规定对防止狱中滥施刑罚、冤狱、淹狱、虐囚等具有一定的作用，同时加强了对狱吏责任、犯错狱吏应承担责任和予以惩罚的规定。

第三节　唐朝的监狱设置

唐朝的监狱包括中央监狱和地方监狱。

一、中央监狱

唐朝的中央司法机构由刑部、大理寺、御史台三者组成。中央监狱主要是大理寺狱和御史台狱。此外，带有中央监狱性质的还有刑部都官司拘押所、内宫幽禁场所、内侍省狱、将作监、少府监、财政三司狱、诸寺狱、诸卫狱及军狱等。[1]

（一）大理寺和大理寺狱

大理寺是唐朝中央的最高审判机关，它的主要职责是负责审理中央百官犯罪及京师徒刑以上案件，但是流刑、徒刑案件判决后须经刑部复核，死刑案件判决后须报皇帝批准；同时负责审核由刑部移送的地方死刑案件及疑难案件。如安史之乱以后，"西京文武官陆大钧等陷贼来归，……收付大理、京兆府狱系之"；"陈希烈、张土自、郭纳、独孤郎等七人，于大理寺狱赐自尽"。[2]大理寺审判的案件一般采取直接面审的形式，因此沿

---

〔1〕　王宏治："唐中央狱制考"，载中国政法大学监狱史学研究中心、天津监狱管理局编：《中国监狱文化的传统与现代文明》，法律出版社 2006 年版。

〔2〕　《旧唐书·刑法志》。

袭南北朝、隋以来的传统，设大理寺狱，作为拘押人犯的场所，是为中央监狱。据《新唐书·刑法志》载："其诸司有罪及金吾捕者，又有大理狱。"它主要关押中央诸司犯罪的官吏和京城地区徒刑以上的重要案犯，而逮捕之事一般由负责京城巡警的左右金吾卫执行。大理寺设狱丞四人，掌管本寺监狱事务。《唐六典·大理寺》记："狱丞四人，从九品下。狱丞掌率狱吏，知囚徒。"又《旧唐书·职官志》载：狱丞"率狱吏，检校囚徒，及枷杖之事"。在唐朝统治稳定和治安较好的时期，大理寺狱中关押的人并不多。唐太宗贞观四年（公元630年），"是岁，断死刑二十九人，几致刑措"；贞观六年（公元632年），太宗曾"亲录囚徒，归死罪者二百九十人于家，令明年秋末就刑，其后应期毕至，诏悉原之"[1]。"高宗即位，遵贞观故事，务在恤刑。尝问大理卿唐临在狱系囚之数，临对曰：'见囚五十余人，惟二人合死。'"[2]但武则天执政期间，为镇压反对者和控制言论，推行"以威制天下"，常因"一人被告，百人满狱，使者推捕，冠盖如市"[3]。大理寺"囚累千百辈"。唐玄宗执政以后，平反冤狱，励精图治，大理寺狱重新出现了狱囚数很少的情况。开元二十五年（公元738年），大理寺判处死刑重罪者只有五十八人。但作为中央监狱，大理寺狱甚是森严。大理寺院，"由来相传杀气太盛，乌雀不栖……"[4]大理寺狱作为唐朝的中央监狱，自始至终一直设立，变化不大。

（二）御史台和御史台狱

御史台是唐朝的中央监察机关。它的主要职责是负责监察全国的各级官吏，主要的监察方式是弹劾。但有时也按照皇帝的诏令，对犯罪官吏进行鞫审，从而直接参与审判活动。唐朝初期，御史台此类活动并非常任事务，所以御史台没有设置监狱，要关押囚犯时，就使用大理寺狱，"其鞫案禁系，则委之大理"。这是因为唐朝为了加强中央集权，维护国家司法权的集中统一，所以唐朝京城除大理寺和长安府、县常设监狱外，"其余台省寺监卫皆不置狱"[5]。即唐朝中央一般只允许各级审判机关设置监狱，而限制其他的任何职权机构涉足司法审判权力。御史台作为中央监察机关，也在限制之列。至贞观末年，御史大夫李乾右认为，"以罪人于大

---

〔1〕《旧唐书·太宗本纪》。

〔2〕《旧唐书·刑法志》。

〔3〕《旧唐书·刑法志》。

〔4〕《旧唐书·刑法志》。

〔5〕《唐六典》卷六。

理寺隔街来往，致有泄漏狱情"，即囚犯都关押在大理寺狱，押出来审讯容易泄露狱情。于是为了审讯之便和保障统治阶级利益，便在御史台中设置了监狱，关押人犯。如载初元年（公元689年），"武承嗣使酷吏周兴诬告上金（泽王，高宗第三子）、素节（许王，高宗第四子）谋反，召至都，系于御史台"[1]。御史台狱成为唐朝的另一个中央监狱，并分东、西两狱。

但御史台狱的设置，在唐朝曾有变化。武后时期，御史台分为左右两台，称为肃政台。"左肃政台专知在京百司，更置右肃政台，专知按察诸州。"[2]当时武则天以洛阳为政治中心，改东都洛阳为"神都"，在洛阳配置了一套与长安完全一样的官僚班子。东都也设有左右肃政台，专理制狱。当时制狱置于丽景门内，而丽景门又称"新开门"，所以此狱也称为"新开狱"。此外，又令索元礼"于洛阳牧院推案制狱"，牧院狱成为御史台所属的另一座监狱。唐玄宗之后，此两狱撤销。

唐玄宗执政时期，开元十四年（公元726年），时任御史大夫的崔隐甫针对贞观年别置台狱"有所鞫讯，便辄系之。由是自中丞、侍御史以下，各自禁人，牢扉常满"的情况，上奏皇帝，以为不便，"遂掘去之"，[3]奏请罢撤御史台狱。但御史台仍以"寄禁"之院关押罪犯，实际上台狱并未撤销。宰相张说遭到弹劾，就"于御史台鞫之"。在唐宪宗即位之后，御史台狱又得以恢复，一直延续至后世。

（三）刑部和都官司拘押所

刑部是中央尚书省六部之一，是中央行政中枢机关的重要组成部分，也是最高的司法行政机关和管理全国监狱事务的最高职能机关。它的主要职能是主管全国的司法行政事务，并负责案复大理寺判决流刑以下及州、县判决徒刑以上的案件。在唐太宗贞观年间定制，刑部每月都要向皇帝奏报一次京城地区禁囚的状况，因此，在京诸司——无论是大理寺或京兆府都要在每月二十五日以前，将本管囚犯的犯由和关押时间申报刑部。刑部虽然有时涉及审判，但主要还是在重大审判时与大理寺、御史台官员组成"三司"共审，例如参加"三司推事"，推鞫重大案件；参加"三司受事"，受理冤案申诉（称）等。但其并不是一级审判机构，本身不设监狱。刑部下设刑部、都官、比部、司门四司，其中都官司分管狱政。都官司以都官郎中（高宗龙朔年间改为司仆大夫，后又恢复）、员外郎为主官，下

〔1〕《旧唐书·高宗中宗诸子传》。
〔2〕《唐六典》卷一三。
〔3〕《旧唐书·崔隐甫传》。

设主事、令史、书令史、掌固等职，负责登录囚俘及配没者的名册，监督监狱管理制度的执行情况，提供狱囚必需的衣粮药疗等条件，依法受理狱囚的申诉，以及因家人犯罪被罚没为官奴婢的名籍，等等。因奴婢而发生争执引起的诉讼，也由都官司审理。都官司在审理"竞婢"案件时，可将当事人"留身"，即拘押。"贞观七年（公元633年），蜀王妃父杨誉在省竞婢，都官郎中薛仁方留身勘问，未及予夺。"[1]可见，刑部都官司也有拘押人犯的场所。

（四）内宫幽禁场所

为了维护皇族尊严和利益，唐朝皇室内部无论太子诸王、后妃公主因争宠夺嫡，卷入政治斗争的漩涡，或因违反法度，损害皇族根本利益，得罪于皇帝者等案件，一般不经过普通的司法程序，而是"刑于家法"，重者处死，轻者关进内宫的幽禁场所。这种幽禁场所虽不同于一般监狱，场所也不固定，但是它限制了关押者的自由，带有监狱的性质。从其地位和设置场所来看，可以将其纳入中央监狱的体系。

在《旧唐书》中，对这种关押场所也多有记载。高宗调露二年（公元680年），章怀太子李贤因反对武则天临朝称制，被废为庶人，"幽于别所"；永徽六年（公元655年）十月，高宗"废后及萧良姊皆为庶人，囚之别院"；唐代宗章宝应元年（公元762年），当时肃宗大病，张皇后谋废立，太子李豫（代宗）"收捕越王系及内官朱光辉、马英俊等禁锢之，幽皇后于别殿"。此外，这些关押场所也和其他监狱一样森严，被关押者的生活也很悲惨。"则天时以章怀太子迁谪，臣幽闭宫中十余年，每岁被敕杖数顿，见瘢痕甚厚"[2]；王皇后和萧妃"初囚，高宗念之，间行至其所，见其室封闭极严，惟开一窍通食器出入"[3]。这是唐朝皇族统治集团内部斗争残酷性的附属物和集中体现。

（五）内侍省狱

内侍省是宦官机构，其下常设掖庭局、奚官局，掌管犯罪罚没为官奴婢的妇女和皇族的女成员。"凡反逆相坐，没其家为官奴婢，……妇人工巧者，入于掖庭。"[4]高宗咸亨年间"义阳、宣城二公主以母得罪，幽于

〔1〕《贞观政要·论纳谏》。

〔2〕《旧唐书·高宗中宗诸子传》。

〔3〕《旧唐书·后妃传》。

〔4〕《唐六典》卷六。

掖庭"[1]。中宗和思皇后赵氏，"中宗为英王时，纳后为妃，既而妃母公主得罪，妃亦坐废，幽死于内侍省"[2]。中宗之妃上官昭容即上官婉儿，因牵涉徐敬业一案，"时在襁褓，随母配入掖庭"[3]。可见，掖庭狱是内侍省所辖的专门监禁女犯及未成年子女的监狱。奚官局"掌奚隶工役"，也是犯罪妇女的服役场所。据《唐六典·内侍省》注："《周礼》酒人、浆人、笾人、醢人、醯人、盐人、幂人、女祝、内司服、缝人、守祧，并奄官所职业，皆有女奴、奚隶焉。"可见，奚官自古就是犯罪妇女的服役场所。

中唐之后，宦官擅权，干预司法，内侍省狱不仅是管理犯罪罚没者的场所，也成为关押犯罪官员的监狱。安史之乱间，"玄宗幸蜀，诸王、妃、主以幸不及者，多隐于贼，后被拘于东都掖庭"。宪宗年间，于由页之子肢解家奴案，先"于内侍省狱鞫问"，后"出付台狱"。

（六）将作监与少府监

将作监与少府监是执行徒刑的场所。"其应徒则皆配居作，在京送将作监，妇人送少府监缝作。"[4]而将作监不仅囚禁已决犯，甚至还幽禁王子。太宗贞观年间，第四子濮王泰因为与太子承乾争位，帝"幽泰于将作监"[5]。

此外，财政三司、诸寺、诸卫及军队等也设有监狱，带有中央监狱性质。

二、地方监狱

唐朝的地方监狱主要包括京城地区的京兆、河南府监狱，长安、万年、河南、洛阳四京县的监狱，以及其他州、县监狱。地方司法与行政合一，监狱体制一般与地方行政区划的体制相适应。

唐朝的行政地方体制为州（府）、县两级，"凡州、县有狱"[6]。而据贞观十三年（公元639年）统计，全国有州（府）三百五十八，县一千五百五十一；开元八年（公元720年）统计，有州府三百二十八，县一千五百七十三。据此估计，唐朝的州（府）县各级地方监狱的总数在二千所左右。

---

〔1〕《旧唐书·高宗中宗诸子传》。
〔2〕《旧唐书·后妃传》。
〔3〕《旧唐书·后妃传》。
〔4〕《唐六典》卷六。
〔5〕《旧唐书·太宗诸子传》。
〔6〕《新唐书·刑法志》。

由于京都地区对朝廷的重要性，当时京都地区的监狱，分别在西京设京兆府、东京设河南府，这两府都设置了监狱，即京兆狱、河南狱，"而京兆、河南狱治京师"。中央百官犯罪，也常常系于京兆府，因此，京兆府监狱实际上具有中央监狱和地方监狱的双重性质。此外，京兆、河南府所管辖的长安、万年、河南、洛阳四县称为京县，"咸置狱"。京府、京县的监狱不仅由府尹、县令管辖，而且直接受中央政府的监督。

唐朝地方各个州县也分别设置了监狱，主要囚禁本地区罪犯。各州刺史（府尹）和各县县令（长）都掌理司法和狱政。

唐朝严格地组织了一支庞大的狱吏队伍，据《唐六典》规定的官吏编制，京兆、河南两府，在府尹、法曹参军事之下，各设典狱十八人；京兆、河南府所管辖的长安、万年、河南、洛阳等京县，在县令、司法佐、史以下，设典狱十四人；各州，在刺史、司法参军之下，上州设典狱十四人，中州十二人，下州八人；各州所属的县分为上、中、下县，在县令、司法佐、史以下，上县设典狱十人，中县八人，下县六人。这样总计，唐朝的地方狱吏约在一万五千人左右。

可见，唐朝在监狱的立法、设置，监狱管理机构的管辖、建立和狱吏的组织结构、编制方面，都已在法律上作了明确的规定，封建制的监狱体系至此基本成熟。

 ## 第四节　唐朝的监狱管理制度

一、系囚制度

唐朝普通监狱所囚禁的对象主要是待讯待质的人犯和已经判决而待执行的罪犯。即依据唐律规定："不限有罪无罪，但据状应禁者"，都要被实施囚禁。唐朝的刑罚体制上，基本沿袭了隋朝的定制，依次是笞、杖、徒、流、死五种刑罚。根据规定，轻微犯罪的笞刑犯在判决和执行刑罚前后，一般不予囚禁。上述"已经判决而待执行的罪犯"主要是指杖刑以上的罪犯，即死刑犯在秋后行刑之前，流刑犯在遣送配所以前，徒刑犯在发送居作场所以前，杖刑犯在立决以前。这些罪犯和待讯待质的人犯属于普通监狱监禁的对象，应该严格实施关押。狱吏违反此规定，要受重罚。依唐律《断狱律》规定，"诸囚应禁不禁，……杖罪笞三十，徒罪以上递加一等"；"若不应禁者而禁者，……杖六十"。

在唐朝法律中，对于系囚主要有以下诸方面的规定：

（一）异狱制度

据《新唐书·百官志·狱丞》记载：唐时"囚徒贵贱、男女异狱"。即对于囚徒论高低贵贱而实行分管分押和对男女囚犯实行分开关押。前者是唐朝狱制对封建等级特权制度的因袭，而后者无疑是我国狱制上的一个进步，改变了我国早期监狱里，系囚无严格限制而混羁杂居的落后混乱状况，初步实行了分房分居的制度，直接推动了我国封建制狱制的发展，也是唐朝监狱文明程度提高的标志。

（二）暂释制度

历史文献上有唐朝暂行释放狱囚的记载。《旧唐书·唐临传》载：高祖武德年间，唐临出任万泉县丞时，正当春暮时雨、农田播种之时，于是他召集县狱中轻刑犯十数人，令其归家耕种，并约定到期回归系所，"囚等皆感恩贷，至时，毕集诣狱"。唐太宗贞观六年（公元 632 年），"见应死者，悯之，纵使归家，期以秋来就死，乃敕天下死囚，皆纵遣，使至期来诣京师"。次年"天下死囚凡三百九十人，无人督帅，皆如期自诣朝堂，无一人亡匿者，上皆赦之"[1]。《新唐书·玄宗纪》载："开元十六年（公元 728 年）正月庚申，许徒（刑）以下囚保任营农。"这是唐初和开元年间，唐朝的政治形势比较稳定，统治集团运用这样的手段，显示农本刑末，标榜国泰民安的升平景象，也是宽仁治狱思想的具体反映。它是在特定条件下系囚制度中的特殊规定，并非定制。且当时也没有假释一类的制度，但其具有暂行释放和取保释放的性质。

（三）打击监狱犯罪

唐朝封建统治者为了稳定社会统治，确保监狱的安全，以发挥其镇压的作用，在法律上对破坏和危及系囚制度的犯罪行为，进行严厉的打击。

对于囚犯的越狱脱逃行为，唐律规定：强行越狱者，即"诸被囚禁，拒抗官司而走者，流二千里；伤人者，加役流；杀人者斩，从者绞"；偷越者，即"私窃逃亡以徒亡论"。加役流是唐朝仅次于死刑的刑罚，即流三千里，役作三年。"以徒亡论"，即以徒役限内逃亡论罪，按日计刑，一日笞四十。据《唐律疏议》的补充解释，"若判案禁者，虽本无罪，亦同囚例"，如有越狱行为与有罪狱囚同等论罪。

对于劫囚和窃囚行为，更为《唐律》所不容，被列为极其严重的贼盗

---

〔1〕《资治通鉴》卷一九四。

犯罪，要用重刑处置。《唐律疏议》规定："诸劫囚者，流三千里，伤人及劫死囚者，绞；杀人者，皆斩。"即以威胁或暴力手段强行劫夺狱囚则构成劫囚罪，而不论其得逞与否；因劫囚而杀人的，不分首犯、从犯，依律规定皆处斩刑。唐律"劫囚条"又规定："若窃囚而亡者，与囚同罪，窃而未得，减二等，以故杀伤人者，从劫囚法。"即私窃囚犯，造成逃亡的，窃囚者与被窃囚犯同罪，如窃死罪囚判死刑，窃流徒囚判流徒刑；窃囚不成而"未离禁处"即"窃而未得，减二等判刑"。因窃囚而杀伤，即构成强劫，以劫囚罪重处。

此外，唐朝法律还详密规定了其他危害监狱安全的犯罪。如唐律规定："诸以金刃及他物，可以自杀及解脱，而与囚者，杖一百；若囚以故逃亡及自伤、伤人者，徒一年；自杀、杀人者，徒二年；若囚本犯流罪以上，因得逃亡，虽无伤杀，也准此。"即向狱囚提供锥、刀、绳、锯之类，即使并未造成后果，处杖刑一百；造成"囚以故逃亡及自伤、伤人者"，处徒刑一年；"自杀、杀人者"，处徒刑二年。再如"诸死罪囚辞究竟，而囚之亲故为囚所遣，雇请人杀之及杀之者，各依本杀罪减二等。囚若不遣雇请，及辞未穷竟而杀，各以斗杀罪论，至死者加役流"。即死罪囚的近亲或故友受死罪囚所托，自行或雇请人杀囚，使其逃避刑罚的制裁，该亲故及受雇请人要"依本杀罪减二等"判罪。若非囚所遣请而杀囚，以斗杀论处，导致死囚死亡的，判处加役流。

（四）规定狱吏责任

唐律规定，狱官狱吏对监狱的安全负有重大的法律责任。如"主守不觉失囚，减囚罪三等；即不满半年徒者，一人笞三十，三人加一等，罪止杖一百。监当官司，又减三等。故纵者，各与同罪"。即主守狱吏造成失囚的，不管故意或过失，都要判罪，而故意者，与所失之囚同罪。失囚者，听其一百日内追捕。在期限内能自行捕得及他人捕得，若是囚已死及自首，可以免除其罪，限外捕得，囚已死或自首，各又追减一等；监当之官，各减主守三等。还有关于"纵囚"的规定：凡监当之官（检校监督囚犯者）、主守者（专当守囚的人、典狱之类）故纵囚犯逃亡"即以其罪罪之"，也就是"纵死囚得死罪，纵流徒囚得流徒罪之类"。唐律还规定，"诸主守受囚财物，导令翻异，及与通传言语，有所增减者，以枉法论"，即受财一尺杖九十，一匹加一等，十五匹加役流，三十匹绞。另外还有有关狱吏值班失职的惩罚规定："诸宿卫人在直而亡者，一日杖一百，二日加一等。即从驾行而亡者，加一等"等。

二、狱具制度

唐朝建立以后，为了促进监狱法治，限制监狱滥施狱具、戒具、凌虐罪囚的现象，在法律上加强了对狱具制度的规定。

（一）对于狱具规格的规定

唐律规定："杻、校、钳、锁皆有长短广狭之制，量囚轻重用之。"即对狱具的种类及规格用法律形式加以统一，狱具的施用则依狱囚的罪行大小而有所区别。唐朝的法定狱具主要有枷、杻、校、钳、锁等。枷是一种束颈的狱具，一般规定长五尺以上，六尺以下，阔一尺四寸以上，一尺六寸以下，径头三寸以上四寸以下；杻，是一种木制的手械；钳，原是以铁束颈的刑具，清代法律大臣沈家本说："后世之枷即古之钳也，但铁木及大小长短之不同耳"，可见钳与枷通用；锁，即索链。据唐朝《狱官令》规定："禁囚，死罪枷、杻，妇人及流以下去杻，杖罪散禁。"即斩、绞等死刑犯在关押期间，要用枷、杻加以双重的束缚；流刑、徒刑犯以及女犯则戴枷而不用杻。杖罪者散禁，即不施用戒具而囚禁之。又据《唐六典》载，"诸流徒罪及作者皆著钳，若无钳者著盘枷"。可见流、徒犯在配决后罚作苦役时仍要戴上钳或盘枷等戒具，以防止逃亡。这增加了罪犯的痛苦，但同时也是罪犯区别于一般工匠的标志。

（二）对于颂系的规定

颂系，是指对狱囚散禁而不著狱具。《唐六典》记载："杖笞与公坐徒及年八十、十岁、废疾、怀孕、侏儒之类皆讼系面待断。"其中"讼系"即颂系。认为犯笞杖轻罪，或因公务而犯徒罪者，以及老、幼、废疾、孕妇之类的案犯，都是危险性较小的案犯，不会危及监狱的安全。为了标榜宽容仁厚之意，对这些人在审断前不必施加戒具，在狱中也实行散禁。

（三）对于违反狱具施用制度责任的规定

唐律中严格规定，对于违反狱具施用制度的行为，无论由重入轻或由轻入重，监狱官吏都要承担责任，予以惩处。根据唐律的规定，狱囚"应枷、锁、杻而不枷、锁、杻及脱去者，杖罪笞三十，徒罪以上递加一等；回易所著者，各减一等"。即狱吏擅自脱去徒、流、死刑犯的戒具，按杖罪笞三十、徒刑笞四十、流刑笞五十、死刑杖六十逐等递加的原则对狱吏进行惩处。"回易所著者"，即狱吏随意改变戒具的，以徒刑笞三十、流刑笞四十、死刑笞五十，比之应施狱具而不施狱具处罚数"各减一等"的原则实施惩处。另外还有"如不应禁而禁及不应枷、锁、杻而枷、锁、杻者，杖六十"的规定。即狱吏不依法令，对不应施加戒具的狱囚随意施加戒具，"各杖六十"等。

三、狱囚衣粮及医药制度

（一）对于狱囚衣粮的规定

由于唐朝采取的是犯罪事发地就地审讯和拘押的原则，所以狱囚的粮饷，一般由狱囚家属自理。这样既可减轻封建国家监狱的负担，也可防止穷人以囚粮为生计的企图。而至于犯人被囚地离家较远，粮饷难以及时供给的，则采取官府先垫支的办法，由官府先予供给，待告知家属并到达后，再由其家人补还或按价付钱。这在"狱官令"中有明确规定："囚去家悬远绝饷者，官给衣粮，家人至日，依数征纳"，在家属到达以前，主司有责任及时报请供粮。

（二）对于病囚的规定

唐律规定，狱囚患病的，监狱要给予医治。据"狱官令"载："囚有疾病，主司陈牒，请给医药救疗。"但病囚需经唐朝监狱管理部门的确认，其有严格的手续，由主司陈牒上报，长官亲自查验，确实后才经获准。这是为了防止狱囚伪托重病，狱情内外交通情况的发生。"狱官令"又载："病重者，脱去枷、锁、杻，仍听家人内一人入禁看待。其有死者，若有他故，随状推断。"即对于病重查实的囚犯要予以脱去狱具，并准许其家属入狱探视。因为法外原因死亡的，还要报请上级，另作处理。对犯罪入狱的官吏则另行优待，"更置浆饮，月一沐之，疾病给医，重者释械，其家属一人入侍候"。这是保护特权等级利益的需要。而对于违反病囚管理规定的狱吏则予以重裁，"诸囚应请给衣食医药而不请给，及应听家人入视而不听，应脱去枷、锁、杻而不脱去者，杖六十；以故致死者，徒一年。即减窃囚食，笞五十；以故致死者，绞"。

（三）有关"悯囚"制度的规定

唐朝的统治集团以"宽仁"为标榜，又比较重视以法治国，因此，对悯囚之制作了更严格和周密的规定。据《唐令拾遗》载："诸狱皆厚铺席荐，夏月置浆水，其囚没月一沐。"凡违反悯囚制度的犯罪行为同样要予以严厉的惩处。

四、居作制度

居作之制，主要是指被判处徒刑和流刑的罪犯，在服刑期间，还要强制居监和劳役。

（一）关于居作的年限的规定

唐朝的徒刑以三年为限，分为一年、一年半、二年、二年半、三年五等。据唐"狱官令"："犯徒应配居作。"居作（强制劳役）时间与徒刑期限应该是相等的，即徒刑时间与刑期一样。流刑的居作时间则有所不同。

根据唐律规定，流刑分为三等：流二千里、二千五百里、三千里。隋朝时，流刑居作期分二年半、三年不等。唐高祖武德二年（公元 619 年），改流罪居作二年半至三年者一律为一年。《唐律疏议》"犯流应配"条也规定，"三流俱役一年"，即流刑三等（二千里、二千五百里、三千里）都居作一年。

在唐太宗贞观年间又增加了"加役流"刑罚。据《旧唐书·刑法志》载：太宗即位将免死罪断趾法废除，改为加役流三千里，居作二年。据注及疏议解释：加役流者要流三千里，居役三年。

（二）关于居作场所和制度的规定

被判处徒、流刑罪犯均须在指定场所居作。据《新唐书·刑法志》载："居作者着钳若校，京师隶将作，女子隶少府缝作。旬给假一日，腊寒食二日，毋出役院。病者释钳、校，给假，疾差陪役，凡役男子入于蔬圃，女子入于厨膳。"又"狱官令"规定："犯徒应配居作，在京送将作监，在外州者供当处官役。"这就规定了唐朝居作的场所，流刑犯及外州徒刑犯供当地官役，在京男性徒犯入将作监劳役，女性徒犯入少府劳役。将作监是京城宫殿、宗庙、城郭、官廨、楼台、桥道的营造机构。少府（监）掌"百工伎巧之事"，下设五署，其中之一为织染署。在将作监与少府监内，刑徒与工匠的处境是不同的，刑徒戴着钳或校（木枷）等戒具，担负着最沉重的劳动，而且根本不能离开役院。如果有病可卸去戒具，得到治疗，但病愈以后仍要补上因病耽误的劳役时间。唐朝的将作监、少府监和州县官役的场所，当然不能笼统称之为监狱，因为其中还有其他工匠的存在，但是对于流、徒犯来说，正如《唐律疏议》载，"徒囚在役，身婴枷锁，或有援人，亦同被囚禁之色"，可见这些居作场所明显带有监狱的性质。

（三）对违反居作制度的惩处规定

唐朝法律为保障居作制度的实行，规定了对各种违反居作制度、期间犯罪行为进行严惩的条款。《唐律疏议》载："诸徒、流应送配所，而稽留不送者，一日笞三十，三日加一等；过杖一百，十日加一等，罪止徒二年。"据《疏议》的解释，徒罪送配所以判决的时间为限；流刑按"狱官令"规定以文书到达日期分季执行，如有违反，以"稽留不送"的罪名科刑。又规定：掌领囚徒服役的官吏如"应役而不役"，或"徒囚因病给假，病愈合役，不令陪（赔）役者"，"过三日笞三十，三日加一等，过杖一百，十日加一等，罪止徒二年"。唐律还规定，凡流徒囚"役限内亡者，一日笞四十，三日加一等，过杖一百，五十加一等"。监当、主守故纵役囚，"各与同罪"，与故纵狱囚相同。如因不觉而失囚，主守者"减囚罪三等"，监当官司"又减三等"等。

这些制度由于时代的局限性，虽然苛刻，但对于后世监狱居作制度的发展起到了一定的促进作用。

五、录囚制度

唐朝作为一个法制成熟和标榜宽仁的封建王朝，对录囚制度予以了高度重视，使得这种制度在此时期获得了很大的发展。具体而言，唐朝的录囚制度主要分为两种方式：皇帝亲自录囚和各级官吏录囚。

（一）皇帝亲自录囚重视频繁

这在唐朝已成为常行的制度。历史文献对这方面也多有记载。唐高祖于即位初年，即武德元年（公元618年）九月就开始"亲录囚徒"，而后每年进行，成为一项常行的制度。唐太宗于武德九年（公元626年）八月即位，当年十二月也马上"亲录囚徒"，可见唐初统治者对录囚制度的重视。又据《资治通鉴》载：唐太宗贞观六年（公元632年），"亲录囚徒，悯死罪者三百九十人，纵之还家，期以明年秋即刑"。贞观二十一年（公元647年）正月，太宗"诏以无识之徒，自蹈刑宪者，宜顺阳和，时申恩惠。诸司见禁囚，并宜将过详其轻重。自此以后，每视朝，录禁囚二百人，帝亲自案问"。唐高宗李治时期，皇帝录囚的活动更加频繁，据《旧唐书·高宗纪》记载，先后于永徽元年（公元650年）、四年（公元653年）、显庆三年（公元658年）、龙朔三年（公元663年）、麟德二年（公元665年）、乾封二年（公元667年）、总章三年（公元670年）、咸亨二年（公元671年）"亲录囚徒"或"亲录京城系囚"，达八次之多。龙朔三年（公元663年）二月，高宗下诏："天德施生，阳和在节，言念幽圄，载恻分宵。虽复每有哀矜，犹恐未免枉滥，在京系囚应流死者，每日将二十人过"，"于是亲自临问，多所原宥，不尽者令皇太子录之"。玄宗以后，或时势动乱，或疏于政事，录囚多委任官吏进行，但皇帝亲录囚徒之制并未停废。玄宗开元七年（公元719年）七月"制以亢阳日久，上亲录囚徒，多有原免。诸州委州牧、县宰量事处置"。

（二）各级官吏录囚愈加完备

因为皇帝亲自录囚毕竟是有限的，所以唐朝统治集团也往往采取委任各级官吏协助皇帝省录囚徒的方法，并把录囚作为各级司法官吏和狱官的重要职责，而且规定了严格的期限。如玄宗开元十七年（公元729年）四月"令中书门下分就大理、京兆、万年、长安等狱疏决囚徒"。二十年（公元732年）二月"分命宰相录京城诸狱系囚"。天宝六年（公元747

年）"命宰相、台寺、府县录系囚"。

官吏录囚可分为两种：中央司法官吏录囚和地方官吏录囚。

就中央司法官吏录囚而言，御史台作为中央监察机关，是录囚事务的主要承担者。它也把录囚作为了解司法官吏情况、监督司法活动的重要形式之一。御史台定期前往京都长安及京畿地区诸狱省录囚徒、视察狱情。据《唐通典》记载：唐朝的监察御史"分为左右巡，纠察违失，以承天、朱雀为界，每月一代，将晦，即巡刑部、大理，东西徒坊、金吾及县狱"。同时，御史台还按皇帝的命令到地方监狱分道录囚，如玄宗开元十三年（公元 725 年）"分遣御史中丞蒋钦绪等往十道疏决囚徒"，唐肃宗上元二年（公元 761 年）诏御史台"疏决系囚"，等等。

其他司法机关，也有执行录囚的任务。《新唐书·刑法志》记载：刑部每年正月也派员至各地巡复狱情，对监狱管理制度进行监督检查，"所至，阅狱囚枷校、粮饷、治不如法者"。

各地方州、县的行政长官（兼理司法）是对地方监狱录囚的主要执行者，唐朝对此也有明确规定。唐太宗贞观五年（公元 632 年），依大臣房玄龄等建议，规定"诸狱之长官五日一虑囚"，检查狱内枷校、粮饷等事，防止出现破坏狱制、违反国法的状况，以备上级机关的巡检。这种狱官数日一虑囚的制度，影响十分深远，为宋以后各朝所因袭。各州行政长官（京兆、河南、太原牧及各州都督刺史）则通过录囚监督本州、府的司法情况，从而平反冤狱，疏决淹狱，保证监狱管理各项制度的执行，所以"每岁巡属县，……录囚徒"。

另外，唐朝统治者为了标榜仁政，稳定社会，收服民心，常常通过录囚实行对狱囚的宽赦，因而也进一步扩大了录囚的内容。

第五节　五代时期监狱的基本概况

唐朝自"安史之乱"以后，由兴盛走向衰败。各地藩镇拥兵自重、割据一方，中央政府仅在形式上还保持着统一的格局。而唐末统治阶级黑暗的政治压迫和残酷的经济剥削激起了农民阶级的激烈反抗，以黄巢为首的农民起义军沉重地打击了唐朝的封建统治基础，使得这种形式上统一的格局也被打破，唐代分崩离析，全面解体，陷入了藩镇割据、战乱纷争的局面。在这些割据势力中，叛变农民军的朱温成了最强的力量，先后击败了各路藩镇，灭掉了唐朝，于公元 907 年，自立皇帝，建立了梁国，史称"后梁"。但他并没有取得全国的统一，其他地方势力也纷纷割据一方，建立自己的割据政权。在北方的中原地区，在后梁建后，相继又建立了后唐、后晋、后汉、后周等割据的封建政权，史称"五代"。除此以外，还出现了北汉、吴、吴越、前蜀、楚、闽、南汉、荆南、后蜀、南唐十个割据的封建国家，史称"十国"，中国历史进入了"五代十国"时期，到公元 960 年后周为宋朝取代为止，历时半个多世纪。由于这些王朝都是由割据势力发展而来的，所以兼并战争一直不断，给人民群众带来了深重的灾难。同时由于连绵不断的战争、走马灯式的政权交替，各国统治基础薄弱，所以大多采取严刑峻法来巩固统治，以至各国立法严峻、刑罚残酷、司法黑暗。但同时，这时期有的统治者也注重用法律手段来维护社会秩序，在法律制度建设上也有一定建树。所以，一方面，五代法律制度的混乱黑暗，给监狱制度带来了重大的负面影响；但另一方面，这一时期的法制又有所发展，监狱自身也带有一些独到的特点，对宋代狱制产生了一定的影响。

一、五代时期的监狱设置

五代沿袭唐制，中央司法机关设刑部、大理寺、御史台。大理寺狱和御史台狱为中央监狱。地方各道、州、府也均设监狱。监狱的功能主要在于羁押未决的囚犯和已决待执刑的罪犯。

但由于当时是割据纷争、战争动乱的年代，五代时期的监狱设置和管理又和前朝有所不同，主要表现为这时期监狱的管理制度带有浓厚的军事色彩。地方各道、州、府监狱由各地最高的军事机构统辖，称之为马步司及左右军巡院监狱。军事长官指派牙校负责这些地方监狱以及中央监狱中狱囚的审判和监狱的管理，监狱官吏也多为军事机构指派而来。这些管理监狱的牙校往往利用手中职权勒索、虐待狱囚，"初则滋张节目，作法拘囚，终则诛剥货财"；"胥吏舞文，枝蔓乃众。捶楚之下，或陷无辜。缧绁之中，莫能自理。苟一人拘系，则众人营财"，[1]狱制极为腐败黑暗。

二、五代时期的狱政思想

五代时期，割据政权颇多，各国的狱政思想并不一样，总而言之，主要有以下一些狱政思想：

（一）严刑酷罚

由于五代时期割据混乱，社会动荡。各统治者为了维护自己的统治和

---

〔1〕《旧五代史·刑法志》。

权益，加强对人民的镇压，大多沿用了一些残酷的刑罚如凌迟之刑。"五季多故，以常法为不足。于是始于法外特置凌迟一条。"[1] 在监狱中，国家承认刑讯的合法性。官吏常以监狱为公堂，任情用法，任意刑讯，严刑酷罚，摧残犯人，狱制极为黑暗。

（二）保护特权

五代时期继承了前朝的法律特权原则，并出于当时政治和军事情势的需要，进一步将其扩大。犯罪的王公贵族和官吏在监狱中也照样享有特权，不戴狱具，不施刑讯。

（三）梳理禁囚、防止淹狱

为了巩固统治，稳定民心，防止监狱的黑暗与腐败现象，五代时期的有些君王也制定了一些改善监狱管理的措施，规定了监狱中定期梳理禁囚的制度。《旧五代史·刑法志》载：后唐同光二年（公元924年）六月敕："应御史台、河南府行台、马步司、左右军巡院见禁囚徒，据罪轻重，限时日内并须决遣申奏，仍委四京诸道州府，见禁囚徒，速宜疏决，不得淹停。"同光三年（公元925年）五月敕："三京诸道州府，所禁罪人，如无大过，速令疏决，不得淹滞。"要求地方长官定期巡视监狱，梳理禁囚、防止淹滞。《旧五代史·唐书·明宗纪》又载："后唐天成二年（公元927年）定制：天下系囚，委长吏逐旬亲自引问，质其罪状真虚，然后论之以法。"《旧五代史·刑法志》载：后晋定制，"凡是禁系罪人，五日一度录问"。此外，若遇酷暑、大寒及其他气候或节气变化，也要及时梳理狱囚。

（四）改善系囚环境和条件

据《旧五代史·刑法志》记载：后周时期多次发布敕令，"令狱吏洒扫牢狱，当令虚歇；洗涤枷械，无令蚤虱；供给水浆，无令饥渴"。显德二年（公元955年）又定制："应诸道见禁罪人，……仍令不住供给水浆，扫洒狱内，每五日一度洗涤枷械。"对于病囚要给予医治，并为此专门设立了"病囚院"。

但由于五代十国时期混乱的社会现状，后面这些文明的狱政思想未能得到贯彻。

三、五代时期的狱制变化

由于特殊的历史背景，五代狱制虽然沿袭前朝，但与前朝相比，又有所变化，主要体现为以下三个方面：

---

[1]　《条对状》。

（一）五代监狱由军事机构统辖

五代设置的监狱，除了中央监狱外，为了适应割据战争的需要，在战事激烈的地方道、府内设立了马步司及左右军巡院监狱，由各地最高军事机构统辖，狱囚的审判和监狱的管理由军事长官指定牙校（中级军官）担任，掌狱官吏也由军事机构指派，宋朝王木永指出，"今（宋）之司理参军，五代之马步军都虞侯判官也，以牙校为之"，说明牙校在五代确掌司法治狱等事，这些监狱明显带有军事监狱的性质。这在《旧五代史·刑法志》也有所记载，后唐同光年间（公元923年~926年），曾出现"御史台河南府行台马步司左右军巡院（监狱）……见禁囚徒"的情况。监狱由军事机构管理，连狱中病囚都由军医治疗，不许官医入视。《旧五代史·刑法志》载：后晋高祖天福二年（公元937年）八月，"敕下刑部、大理寺、御史台及三京诸道州府，今后有系囚染疾病者，并令逐处军医看候"。

而由于社会战乱，战事残酷，军士牙校嗜杀成性，五代统治者任用他们掌管审判与狱政，本是为了保持战争的至上性，但也导致了"州镇专杀，而司狱者轻视人命"的现象，狱吏对在押犯人实行野蛮的镇压，从而造成了五代时期冤狱遍野，人民无辜被杀的混乱局面。

（二）牙校狱吏操控狱权

由于战乱，朝廷难以顾及和控制地方监狱，在地方监狱中，牙校狱吏权力至上，置国家法律规定于不顾，以监狱替代公堂，实行任情用法，任意刑讯，摧残犯人，乱杀狱囚，淹囚、虐囚普遍。"五代以来，刑典废弛，州郡掌狱吏不明习律令……率恣意用法。"[1]狱吏"以轻附重"、"禁锢逾时"、"或蒙赦宥，已被诛夷"的情况，在当时比比皆是。《旧五代史·刑法志》记载：后唐常兴二年（公元931年）录事参军崔琮说："诸道狱囚，……不依法拷掠，或不胜苦致毙，翻以病闻。"后晋开运三年（公元946年）左拾遗窦严说："盖缘外地（讯囚），不守通规，肆率情性，或以长钉贯人手足，或以短刃割人肌肤，乃至累朝半生半亡，……"狱吏用短刀零割犯人肌肤，非法刑讯致囚死于非命。另外，在刑讯中，这时期还创制了许多残酷的刑罚。据《旧五代史·汉书·刘铢传》记载：后汉隐帝时期，检校太师"（刘）铢立法深峻"，每杖责遣双杖对下，谓之"合欢杖"；或杖人如其岁数，谓之"随年杖"，刑罚极为残酷。

此外，五代狱吏更以勒索狱囚来营利。掌狱官吏视监狱为钱穴和市

---

〔1〕《续资治通鉴长编》卷二。

场，以勒索狱囚来营利。《辛蜀记》载：眉州刺史申贵在当时就公然指使狱吏"令（关押）贼徒引富民为党，以纳其赂"，并"常指狱门曰：'此吾家钱穴'"。从而以"诛虐聚敛"著称于当时。狱囚有罪无罪、罪重罪轻，全凭贿赂数额的多少而定。富人入狱，只要交纳金钱就可减免其罪，而贫者入狱，无钱交纳，就只能深受缧绁和摧残之苦。大量失去一切保障、难以生活而反抗当朝暴虐统治的穷苦劳动者在被羁押后，只能听凭狱吏折磨勒索，往往因难填狱吏欲壑以致惨死在狱中。其时治狱实际无法无制。对于这点，五代皇帝也是心知肚明，但也颇觉无奈。《旧五代史·刑法志》载：后唐庄宗天成二年（公元927年）二月在诏敕中指出："近日诸道百姓，或诸多违犯，……官吏曲纵胥徒，……初则滋张节目，作法拘囚；终则诛剥货财。"使"无理者转为迁延，有理者却思退缩"。由于战乱，皇帝也无暇顾及监狱的管理，只能任凭狱吏恣意弄权。

（三）专门设立了"病囚院"

据《旧五代史·刑法志》记载：后唐长兴二年（公元931年），濮州录事参军崔琮上奏皇帝，"诸道狱囚，恐不依法拷掠，或不胜苦，致毙，翻以病闻，请置病囚院，兼加医药"。这一建议被皇帝采纳，并下敕："诸道州府各置病囚院，或有病囚，当时差人诊侯治疗，瘥后据所犯轻重决断。如敢故违，致病囚负屈身亡，本官吏并加严断。"即专门设立病囚院医治病囚。这是我国历史上首次关于专门设立病囚院的记载，它是五代时期狱制有所发展的反映，也是我国监狱逐步文明进步的表现。

复习与思考

1. 隋唐时期的狱政思想主要有哪些？
2. 简述"封建制五刑"。
3. 五代时期的狱制主要有哪些变化？

第四章 宋辽金元时期的监狱

（公元 960 年~1368 年）

学习目的与要求

主要掌握宋代由于狱政思想的转变，监狱制度与汉唐时的差异，及因时代变迁而形成的自身特点；了解少数民族政权辽、金、元的监狱制度。

 第一节 宋朝的监狱

一、宋朝的狱政思想

（一）狱政高度集权的思想

宋朝狱政的高度集权，是高度的中央集权所必然导致的。宋初的统治者在总结唐末五代政权更迭频繁的历史教训中得出结论，认为"方镇之重，君弱臣强"是政权不能稳固的原因，也就是说，地方藩镇节度使权力过大，其强势足以威胁到皇权的安危，致使皇帝对国家的控制力大大减弱。所以，在宋太祖赵匡胤及其幕僚看来，国家要长治久安，第一重要的便是加强中央集权，削弱地方权力。宋太祖采纳丞相赵普的建议，对藩镇节度使"稍夺其权，制其钱谷，收其精兵"，以防其拥兵自重与皇帝对抗。同时将军权、行政权、财权和包括狱政权在内的司法权等重要国家权力一并收归中央统一行使。宋徽宗崇宁五年（1106 年）曾明令，"出令制法，轻重予夺在上"[1]，反映了宋统治者对刑狱之权应该由皇帝专属行使的强调和重视。徽宗时狱政高度集权的状态达到顶峰，曾规定如治狱官吏不及时执行皇帝的御笔手诏，将列为"十恶"的"大不敬"罪予以严惩。

（二）布德恤刑的思想

宋统治者除充分利用监狱作为镇压反抗的工具外，还特别强调保障狱

---

[1] 《宋史·刑法志》。

囚的基本生活条件，防止狱卒肆意凌虐囚犯，体现了所谓的"恤刑"与"悯囚"的思想。太平兴国九年（公元984年），宋太宗曾颁布诏令曰："国家钦恤刑事，重惜人命，岂容酷吏恣为深文，掠治无辜致其殒杀，损伤和气，莫甚于斯。"[1]也就是说，国家对待治人以罪的态度是十分慎重的，这种重视要体现在对囚犯生命的保障上，因为"人命关天"。如果昏庸恶毒的治狱官吏随意援引重刑条款，拷打囚犯致死而不受到惩罚，这不仅有违天道，而且是对国家太平祥和气氛的破坏，也没有比这更为严重的了。所以，宋时刑律对惩治掠笞瘐死系囚的恶吏有许多规定。宋神宗时规定如狱吏致狱囚瘐死者，"推吏、狱卒皆杖六十，增一人则加一等，罪止杖一百"[2]，"布德恤刑"的思想一直到南宋仍为统治者们所重视。南宋宋宁宗曾言"……庭无留讼，狴犴空虚。朕以好生为德，期于无刑"。"狴犴"为监狱之意。事实上，南宋社会矛盾尖锐，监狱时常爆满。皇帝希望通过施行仁政、德政，从而实现天下大治，最终消灭犯罪，使监狱不再有犯人的理想，只能是一种空想罢了。但是，不能否认的是，作为一种向人民宣扬的统治思想，"恤刑"与"悯囚"的主张确实起到了一种安抚人心的作用。

二、宋朝的监狱立法

（一）《宋刑统》的制定

建隆四年（公元963年），宋太祖颁布了《宋建隆重详定刑统》，简称《宋刑统》。《宋刑统》颁布后，成为"终宋之世，用之不改"的法典。在基本体例上，几乎完全照搬《唐律》。在内容上，除"折杖法"外，其他篇目、条文数与《唐律》完全相同，甚至连律疏也一并照抄。在有关监狱法律制度方面，《宋刑统》中的"捕亡律"、"断狱律"，是宋代重要的监狱立法，收录了《唐律令》中有关监狱立法及疏议的全部内容。如"断狱律"规定："诸囚应禁而不禁，应枷锁而不枷锁，及脱去者，杖罪笞三十，徒罪以上递加一等。……若不应禁而禁，及不应枷锁而枷锁者，杖六十。"即监狱官吏对在押囚犯应当监禁而不监禁，应当使用械具而不使用械具，以及随便给狱囚去掉械具的，比照罪犯所犯之罪进行处罚。而狱吏对于不应监禁的人实施了监禁，对不应上枷锁的囚犯上了枷锁的，要处以杖六十的处罚。

---

〔1〕《宋大诏令集》卷二〇〇，"司理掠囚致死以私罪罪之诏"。

〔2〕《宋史·刑法志》。

（二）编敕与编例

由于历朝皇帝因为《宋刑统》为祖宗成法，一直不敢做大的改动，因此其中规定不合时宜之处，只能通过编敕与编例的方式来进行修正。编敕是将皇帝针对特定人与事发布的命令，通过一定程序加以发布，并赋予其普遍适用的法律效力的活动。《宋史·刑法志》说："宋法制因唐律、令、格、式，而随时损益则有编敕。"而编例是朝廷对一些有代表性的案件和皇帝特旨及中央官署对下级机关的指挥，编类为例，形成断例，并赋予其法律效力的活动。经常性的编敕与编例，是宋朝立法活动的主要特点之一。编敕与编例中大量的有关监狱制度方面的内容，构成了宋代监狱立法的重要组成部分。例如"断狱律"之"应囚禁枷锁"条所附刑部格敕规定："官人有被告者，不须即收禁，待知的实，然后依常法。"即是说，如果是做官的人被人控告有罪，不要（像普通平民一样）立刻加以拘禁，而是先不关押，待查证属实之后，再依常法进行处理。同时，编敕与编例的大量运用，一方面加强了中央集权，强化了封建专制主义皇权；另一方面，也完善了监狱立法，强化了监狱的镇压职能。

三、宋朝的监狱设置

（一）中央监狱

宋朝中央监狱的设置前后有很大的变化。宋初时，宋太祖为了避免"大理寺用法之失"，一改唐朝时中央监狱设于大理寺的传统，将中央监狱移至御史台，称为台狱。台狱的主要官吏由皇帝亲自任命，直接对皇帝负责，加强了皇权对狱政事务的直接控制。御史台是中央最高监察机关，其职责是"纠察官邪，肃正纲纪"，主要负责审判重大疑难案件及管辖命官和司法官犯罪的案件，即"群臣犯法体，大者多下御史台狱"。太宗时，于皇宫中设审刑院，行使原属大理寺的职权。经刑部复核后的案件，须送审刑院详议，再奏请皇帝批准。大理寺变更为慎刑机关，仅"谳天下奏案而不治狱"，不再行使审判权，也不再设监狱。

据《宋史·刑法志》载，宋神宗时，支持和任用王安石为首的改革派，朝廷认为："国初废大理狱非是"，于是宋神宗于元丰元年（1078年）下令："复大理寺狱，置卿一人，少卿二人，丞四人，……检法官二人，主簿一人。"元丰五年（1082年）又进一步明确："少卿左断刑，右治狱，……而卿总焉。"自此恢复大理寺职权，同时恢复大理寺狱的设置，形成大理寺狱与御史台狱并存的局面。宋神宗死后，以司马光为代表的保守派势力执掌朝政，于元祐三年（1088年）再"罢大理寺狱"，重新废大理寺及其监狱的设置。宋哲宗亲政后，于绍圣三年（1096年）"再复置大理寺右治狱，官属视元丰员，仍增置司直一员"。除按宋神宗时的建制恢复大理寺职能及监狱设置外，宋哲宗时对大理寺及御史台的职权进行了明确的分工，御史台狱承办"诏狱"案犯，即皇帝下诏拘捕治罪的重大犯人。南宋著名抗金将领岳飞就惨死于御史台狱。而大理寺狱负责羁押在京犯罪的官吏，但案情重大者，仍须送"御史台（狱）推究"。[1]至此，历经百年的大理寺狱存废之争，至宋哲宗时终于确定下来。此后，朝廷再未对此进行过更改。但御史台设狱的做法，对宋以后的朝代影响很大，"后金、元、明皆因之"[2]。

（二）京都监狱

宋袭唐制，在京都开封府设置开封府狱。开封府狱权力很大，兼有中央与地方监狱的双重性质。既直接听命于皇帝，可关押诏狱案犯；又主要关押京师案犯。同时，除开封府狱外，两京河南府与应天府设有左右巡院狱。对于它们彼此的职权分工，哲宗时规定，开封府狱及左右巡院狱只羁押所属范围内的案犯，"不许……互勘及地方探报，庶革互送嫌仇之弊"。

（三）地方监狱

宋朝在地方府、州、军、监及县分设监狱，由各地行政机关负责管辖，关押各地罪犯。"诸州军院司理院，下至诸县皆有狱。"[3]由于社会矛盾激化，宋朝廷曾尝试仿古制筑圜土，宋徽宗崇宁三年（1104 年），"从蔡京之请，令诸州筑圜土，以居强盗贷死者。昼则役作，夜则拘之，视罪之轻重，以为久近之限，许出圜土。充军无过者，纵释"。后因其法不便，最终被废除。

（四）宋朝的编管、钉牌制度

宋朝的编管制度是对流配犯及家属适用的一种制度，"凡命官犯重罪，当配隶，则于外州编管"，指的是对朝廷命官犯重罪，应适用刺配流放刑者，及其因犯罪情节严重而要连坐的亲属，强行押送到指定地区，入当地户籍，接受官府监管的一种制度。编管与刺配的实施方法的不同之处在于，对被编管的流配犯不刺面，仅强制其接受当地官府的监管服劳役。编管实际上是朝廷命官在犯罪时享有的一种特权。

钉牌制度指犯人在服刑期满或获释后，仍须"于本家门钉牌，书犯状

〔1〕《宋史·刑法志》。
〔2〕《沈寄簃先生遗书》甲编"狱考"。
〔3〕《宋史·刑法志》。

刑名，……如迁移则申官，随住处钉牌，不申官，杖八十"〔1〕。钉牌制度使刑满释放犯及家属终身都带着耻辱的印记，使其社会地位永远明显低于普通民众，是一种严厉而残酷的制度，不利于犯人改过自新，也不利于社会稳定。

四、宋朝监狱管理制度的发展

（一）"儒臣治狱"的制度化

"儒臣治狱"的思想始于西汉时期，汉武帝在统治政策上实行"罢黜百家，独尊儒术"的主张，将儒家思想规定为治国的基本思想，儒学之士也成为管理国家的栋梁之材，对狱吏的选用也重视任用儒士，即确立和推行"儒臣治狱"的方针。"儒臣治狱"的制度在汉代被确立后，一直被后世所尊崇，并在唐朝时得到了很大的发展。至宋朝时，由于朝廷厉行中央集权，更进一步将"儒臣治狱"制度化、法律化。以至后世的元、明、清各代，在狱政管理方面一直沿用宋时的这一制度。"儒臣治狱"的核心，是在治狱吏的选拔上，必须经过严格的儒学考试，合格后才能任用。在宋朝初建时，宋太祖为改变五代时狱制腐败的状况，于开宝六年（公元 969年）下令，"州府并置司寇参军，以新及第九经、五经及选人资序相当者充"〔2〕。宋太宗太平兴国三年（公元 978 年），改"司寇参军"为"司理参军"，自此之后，"司理参军"成为宋朝狱政官吏的固定名称。宋朝任"司理参军"者，必须经过严格的经书、律书及试判的考核，通过者均熟悉儒家经典，通晓律令，能熟练运用法律。

同时，宋朝还根据狱官的政绩，实行奖惩制度。狱官的政绩，以狱囚有无病死及刑具使用是否依法得当为标准，"岁终比较，死囚最多者，当职官黜责，其最少者褒赏之"〔3〕。但是这一制度的实行，出现了狱吏为求"褒赏"而谎报"狱空"的情况。《宋史·刑法志》载："部内州系囚满狱，长吏辄辄隐落，妄言狱空。"监狱已人满为患，狱吏却上报欺瞒，面对这种情况，皇帝不得不下诏曰："妄奏狱空及隐落囚数，必加深谴，募告者赏之。"

（二）收押制度

1. 防止狱囚瘐死。"瘐死"是指囚犯因受刑、冻馁和疾病折磨而死在监狱里。宋朝神宗时规定，狱吏有致狱囚瘐死者，"推吏、狱卒皆杖六十，

〔1〕《续资治通鉴长编》卷三九八。

〔2〕《宋史·刑法志》。

〔3〕《宋史·刑法志》。

增一人则加一等，罪止杖一百"〔1〕。

2. 对老幼、妇女、废疾实施宽管制度。宋朝根据犯人罪行轻重及年龄大小、废疾、妇女及是否有怀孕等不同情节，在监禁使用狱具时给予优待。《宋刑统》卷第二九引"狱官令"："诸禁囚死罪枷、杻，妇人及流罪以下去杻，其杖罪散禁。年八十及十岁、废疾、怀孕、侏儒之类，虽犯罪亦散禁。"即是说，犯死罪的囚犯要戴枷、杻这两种刑具，但若死囚是妇女，则与判处流刑以下的犯人一样，不用上杻这种刑具；若所犯之罪应处以杖刑，则采用"散禁"这种宽管的关押方式。如果犯人的年龄在十岁以下八十岁以上，或者是身体残废，或者是妇女怀孕，或者是侏儒之类，则虽查实是犯罪人亦采用"散禁"的宽管关押方式。

3. "取保在外"与"责保于外"。宋朝在监狱管理中还有过"取保在外"和"责保于外"的规定。宋太宗雍熙年间，因"诸州所奏狱状有系三百人者，乃令门留、寄禁取保在外"〔2〕。门留指暂行留置受讯问的人；寄禁指别的官署寄托拘禁的人。对于这两种人，在其找到保证人保证其随传随到后，可不予关押。同时，对于轻罪病囚也有类似的待遇。宋真宗咸平元年（公元 998 年），"从黄州守王禹偁之请，诸路置病囚院，徒流以上有疾者处之，余责保于外"〔3〕。即是说，对于被处以徒、流刑以下的有病的犯人，在由保人负责保证后，可暂不予关押，使其可以在外求医。这实际上是一种保外就医制度。

另外，宋朝对于皇亲贵戚的犯罪者，在收押时也有优待。《宋刑统》卷第二九引"狱官令"规定："诸禁囚死罪枷、杻。……应议、请、减者犯流罪以上除免官当并锁禁，……其九品以上无官应赎者，犯徒以上，若除免官当者，枷禁。公罪徒并散禁。"又说"职事官五品以上，散官二品以上犯罪，合禁在京者，皆先奏"。对于命妇也受到与品官同样的优待，需要收禁的也要"据情疑招伏奏闻"。也就是说要先向皇帝请示，再决定该如何处罚。

（三）狱具制度

宋朝时的狱具制度，大体上沿用了唐朝时的体制，狱具主要有械、枷、杻、钳、锁几种。对于刑具的尺寸，也是法有定制的。《宋刑统》卷第二九引"狱官令"说："诸枷长五尺以上，六尺以下，颊长二尺五寸以

〔1〕 《宋史·刑法志》。
〔2〕 《宋史·刑法志》。
〔3〕 《宋史·刑法志》。

上，六寸以下，径三寸。杻长一尺六寸以上，二尺以下，广三寸，厚一寸。钳重八两以上，一斤以下，长一尺以上，一尺五以下。锁长八寸以上，一尺二寸以下。"《宋史·刑法志》载："诸狱具令当职官依式检校，枷以乾木为之，轻重长短，刻识其上。"对于法律没有明确规定，以至司法实践中操作困难的，皇帝也随时以敕令调整。据《文献通考》载："河北提点刑狱陈纲上言杖罪械系者，其枷未有定制，望令特置以十五斤为准，从之。"

宋时法律虽规定了完善的狱具制度，但在实行过程中，却未得到严格遵守。狱吏多擅制残酷狱具，非法残害狱囚。宋朝的这种情况在中国历代监狱史上是非常突出的。《宋史·刑法志》载：宋理宗时，"监司郡守擅作威福，意所欲黥，则入其当黥之由；意所欲杀，则令证其当死之罪。……而又擅置狱具，非法残民。或断薪为杖掊击手足，名曰'掉柴'；或木并施加两胜（胫：脖子），名曰'夹帮'；或缠绳于首，加以木楔，名曰'脑箍'；或反缚跪地，短竖坚木，交辫两股，令狱卒跳跃于上，谓之'超棍'。深痛骨髓，几于殒命"。狱吏的胡作非为，使得宋时监狱暗无天日，法律对囚徒最基本生活待遇的种种规定，成了一纸空文。

（四）生活卫生制度

宋时有比较完善的监狱生活作息及卫生制度。据《文献通考》载，南宋高宗绍兴年间，曾下诏规定"诸狱并一更三点下锁，五更五点开锁"。也就是说，全国的牢狱，每天都在一更三点下锁，五更五点开锁定牢。在生活设施方面，无论是中央或地方监狱，一律要求"置楼牖，设浆，铺席，时具沐浴，食令温暖，寒则给薪炭衣物，暑则五天一洗枷、杻"。对于作为一个监狱应具备的基本条件、监狱应给每一个犯人享受的待遇以及囚具的管理，法律都作了明确的规定。宋太祖开宝二年（公元969年）五月，曾"令长吏督狱掾，五日一检视，洒扫狱户，洗涤枷械。贫不能自存者给饮食，病者给医药"，强调狱吏应履行职责，定期巡查狱囚状况，监督打扫卫生，发现贫病者应给予相应的特殊照顾。宋朝至真宗时，建立了专门接待有病囚犯的病囚院，其目的是使病囚得以及时救治。这些措施，体现了宋统治者一贯宣扬的"布德恤刑"思想，并进一步完善了监狱管理制度。

（五）劳役制度

宋时的劳役制度主要是配隶制度。配隶制度源于五代后晋天福年间。指对于宥恕死罪的囚徒，在被行刺面、决杖之刑后，被流配送往边远地区，强迫充军或服劳役的制度。这一制度在宋初被采用的目的是体现统治者慎刑恤囚的思想，减少死刑的适用范围，避免因杀人太多而激化社会矛盾；但后来由于适用范围不断扩大，其结果却与统治者的愿望相反。明朝人丘濬在其所著《大学衍义补》中说："宋人承五代为刺配之法，既杖其脊，又配其人，而刺其面，是一人之身、一事之犯而兼受三刑也。"又说："（刺配刑使人）虽欲自新，而面上之文已不可去，其亡去为盗、挺起为乱，又何怪哉？宋江以三十六人横行河朔，迄不能制之，是皆刺配之徒所在，而有为之耳目故也"。

宋太宗以后，刺配成为常用的刑罚，至南宋孝宗淳熙编敕时，适用刺配的法律条目竟达到五百七十余条。"诸配隶，（真宗）祥符编敕止四十六条，（仁宗）庆历中，增至七十余条，至于淳熙又增至五百七十条，则四倍于庆历矣。"以至"配法既多，犯者日众，黥配之人，所至充斥"[1]。刺配刑的大量适用，使得被发往流配地服劳役的配隶人数不断增多，流配地之配所、牢城也随之剧增，"每郡牢城其额常溢，殆至十余万"[2]。由于配所关押的苦役犯人数太多，多置的配所、牢城也显得又小又少，在囚禁重犯的配所沙门岛，因囚犯太多而官府所给囚粮又有限额，狱吏竟"过额则取一人投之海中"[3]。

宋初时，死刑减为流配刑的重刑犯多遣送至西北边疆地区服苦役，役所的建设与管理比较松散。后因宋与西北部少数民族战事频繁，配隶多逃往塞外，充当奸细，引外敌入侵，因而宋太祖曾下诏不再将判处徒刑应发往远地服苦役的犯人发配至西北的秦州、灵武、通远军和沿边各郡，而是改配至东南沿海岛屿如登州沙门岛（今山东蓬莱西北海域岛屿）、通州海岛与西南边疆服劳役。登州沙门岛服苦役的流配犯，由"屯兵使者领护"。朝廷在通州海岛上设有两个官办盐场，一个在崇明镇（今上海市崇明县），一个在东州市（今江苏海门东布州），配隶"豪强难制者隶崇明镇"，"懦弱者隶东州市"。[4]通州海岛的配隶宋初由屯兵使者统管监护，后因朝廷管理盐务的需要，而于宋太宗太平兴国五年（公元980年）"始令分隶盐亭役之，而沙门岛如故"[5]。至于普通罪犯须服劳役者，则在本地牢城解决，不再遣送异地。这些变化，使得宋朝配所的设置形成了一个庞大的、

---

〔1〕《宋史·刑法志》。
〔2〕《容斋随笔》。
〔3〕《宋史·马默传》。
〔4〕《宋史·刑法志》。
〔5〕《宋史·刑法志》。

相对完善的体系，并对后世产生了极大影响。

经过不断积累经验，宋朝配隶服劳役的配所确定为本州牢城、邻州牢城，西南边疆远恶州军牢城及东南沿海岛屿。区别于中央和地方监狱主要收押未决犯的目的，配所的管理及设置是为了解决流配犯人的固定服劳役的场所。配隶根据罪行轻重的不同而被遣送至不同的配所。宋时各路下属各州都设有牢城，本州牢城只收押监管一般的被判处徒刑、流刑须服苦役的罪犯；而广南东西路（今广东、广西）所属的各州牢城专门收押犯死罪而改判刺配刑的罪犯；其余路所属的各州牢城则按地理远近和流配等级互相发遣刺配刑罪犯；远恶州军牢城起先设于南部沿海荒凉地区，属广南东西路管辖，主要收押朝廷命官犯死罪宽贷者，犯人送到流放地后要加杖责打，然后再服苦役；东南沿海岛屿上所置配所，由于有海水封闭，逃跑不易，主要监押各地遣送的罪大恶极的流配犯，这是配隶服刑最远的地区。

宋朝劳役监体系的完善，表明其监狱设置相比前朝已有较大发展。尤其是与秦汉隋唐时只令犯人流配而无固定劳役场所的情况相比，在狱政管理方面，不能不说是一个重要进步。

（六）录（虑）囚宽赦制度

1. 录囚制度。宋初因袭唐制，规定地方长官和狱官每五日一录囚。开宝二年（公元969年），宋太祖在亲自录囚的同时，下诏命两京及诸州长官每五日一录囚，"自是每仲夏申敕官员岁以为常"[1]。太宗太平兴国年间，重申"诸州长吏五日一录囚"。雍熙年间，始改为十日一录囚，将狱囚簿账及所犯罪名、系禁日期上报刑部，由刑部进行审查，对"鞫狱违限及可断不断，事小而禁系者"加以"驳奏"。[2]到后来，录囚已成为实行宽赦的重要手段。《宋史·刑法志》载："天子岁时录京师系囚，畿内则遣使，往往杂犯死罪以下降等，杖笞释之，或徒罪也得释。"

2. 宽赦制度。宽赦制度即"赦宥"之制，古已有之。封建统治者为标榜"仁德"、笼络民心，常以各种理由对全国禁囚进行赦免，根据罪犯罪行轻重的不同，赦免其刑罚的全部或局部。汉代至宋代，赦宥适用频繁。至宋代，其名目有大赦、效赦、恩赦与曲赦。赦免仅限于一般犯罪，凡危害国家、社会的重大犯罪，不得赦免。宋初时，社会矛盾尚不尖锐，除谋反、谋大逆、谋叛、恶逆等四种犯罪与官吏贪赃不予以宽宥外，其他罪行在实施赦宥时都能得到不同程度的宽赦。至宋仁宗统治时，由于阶级矛盾

---

〔1〕《宋史·刑法志》。

〔2〕《宋史·刑法志》。

激化，把"贼盗"、杀人放火及伪造符印各项犯罪，与"十恶"重罪并列，一律严惩不贷，不予宽赦。后来，不得赦免的罪还包括"魇魅咒诅"、"造妖书妖言"、"传授妖术"等。

宋朝的录囚制度十分复杂，除暑寒两时定期录囚宽赦外，还时常不定期地实行大赦，或曲赦一路、一州或京城、京畿狱囚，或颁布德音。录囚宽赦制度对于缓和社会矛盾、巩固封建皇权的统治起到了一定的作用。

（七）提点刑狱司制度

宋太宗淳化二年（公元991年），为加强朝廷对地方狱政的管理和控制，"始置诸路提点刑狱司"，也就是在各路设提点刑狱司，作为中央对地方的司法派出机构。提点刑狱司有权监督管理路、州、府的狱政工作，规定"凡管内州府十日一报囚账"。之后由于不满意诸路提点刑狱官的工作，太宗下诏废除提点刑狱司的设置。宋真宗景德四年（1007年），"复置诸路提点刑狱官"，派遣京官充任该职，外出巡回视察所属州府在押囚犯，检举或惩治治狱官吏的违法与失职行为。但是，提点刑狱司制度的最终确立是在宋神宗熙宁二年（1069年），宋神宗改提点刑狱司为提刑司，设提刑官统领，其工作直接对皇帝负责，配备专门办事机构，由通晓律令的检法和干办等数人组成，权限极大，各州府死囚案除申报朝廷外，也须申报提刑司。而提刑司定期巡察州府的狱政工作，并将情况直接报送皇帝。

宋朝提刑司制度兴废至最后完备的过程，是宋朝中央集权在狱政管理方面不断强化的过程，后世的巡按使制度就是在此基础上发展起来的。

五、宋朝狱治的黑暗腐败

宋朝规定的一系列看似完善的监狱法律制度，并没有得到自上而下的认真执行。以至有史料记载的宋朝监狱的黑暗与腐败，在中国的封建王朝的监狱历史上是非常突出的。表现在以下几个方面：

（一）官吏擅自秘密处决押犯

虽然朝廷三令五申严禁秘密杀囚，但由于并无严格查禁，有此恶行的官吏得到认真查办的并不多，因而为非作歹、残害狱囚之风一直盛行。据《监惩录·前编》记载，宋朝官吏笾土"（因）狱小而囚多，勒禁卒，凡徒戍以上百余辈，尽弊之，以病死闻"。一个司法官竟敢因为监狱狭小，囚犯太多，而令其手下将被判处徒刑以上的百余人尽数杀死，然后以这些人是病死为由上报，如此草菅人命，实在耸人听闻。另外，据《林下偶谈》记载，乾德九年（公元976年），晦帅潭即得到丞相赵普所传宋太祖驾崩之秘讯，知道宋太宗即将登基，而皇帝登基大赦天下囚徒乃是通例，所以赶在此之前"竟入狱，取大囚十八人立斩之。才毕而登极赦至"。由此可知，宋时狱囚在狱中，生命无任何保障，司法官擅用私刑，造成狱囚大量死亡。至宋徽宗时，秘密杀囚已是司空见惯的现象。狱治的黑暗导致民怨沸腾，这不能不说是加速宋朝灭亡的一个重要原因。

（二）司法官受贿成风，对无财者酷刑拷讯

宋代狱囚在狱中的命运，往往取决于对狱吏行贿的能力。狱吏"肆行威福，以要馈遗"。对狱囚所上刑具虽有定制，但"泥吏辈受贿则虽重囚亦与释放，安寝"。狱吏甚至对行过贿赂的狱囚假称其有病，"渐为脱免之地"[1]。并且在法律严禁狱囚与外面互通消息的情况下，"有（财）者可使狱吏传状稿，通信息"。而对无钱行贿者"若不得钱，不与躁地，不通饮食"[2]，并视无钱者"犹犬豕，不甚经意，初有小病不加审诘，必待困重方以闻官，甚至死而后告"。同时，不能如狱吏所愿送钱者，多遭其荼毒，犯人被虐待致死者不计其数。"州县残忍，拘锁者竟无限日，不支口食，淹滞囚系死而后已。又以己私摧折手足，拘锁尉砦。亦有豪强略吏，罗织平民而囚杀之。甚至户婚词讼，亦皆收禁。有饮食不充，饥饿而死者；有无力请求，吏卒凌虐而死者；有为两词赂遗而死者。"[3]对于这种情况，狱卒为免受追究，常谎报事实，以病死上报，由于上一级官吏多怠于实察，因而违规的狱吏常得以蒙混过关。即所谓"惧其发觉，先以病申，名曰监医，实则已死；名曰病死，实则杀之"[4]。

（三）无限期关押"未决犯"及"干连佐证"

根据历朝封建刑事法律的规定，对于判处徒刑的犯人，其关押均有一定期限，但对于所谓的"未决犯"，即没有判决的犯罪嫌疑人，或"干连佐证"，即与某一案件有关的证人，其关押却没有期限的限制，有的人被一关数年。这种情况史称"淹滞"，长期未决而被关押的称为"淹囚"。南宋宁宗开禧年间，殿中侍御史徐说："近年以来，州县官吏以狱为市，大辟之干连，强盗之证对，累系充斥，非法刑讯，任意锻炼，极其惨酷。"南宋灭亡前，监察御史程元凤也曾说："今罪无轻重，悉皆送狱，狱无大小，悉皆稽留。"其原因是地方官"或以追索未齐而不问，或以供款未圆而不呈，或以书拟未当而不判"，"狱官视以为常而不顾其迟，吏留以为利而惟恐其速"。加之上下级司法机关之间文牍往来缓慢互相推诿，甚至

---

〔1〕《昼廉绪论·治狱篇》。
〔2〕《续监惩录》上编。
〔3〕《宋史·刑法志》。
〔4〕《宋史·刑法志》。

"辗转迟回有一二年未报下者",结果是"矜贷之报下,而其人已毙于狱中"。[1]

宋人胡太初曾写道:"狴犴,恶地也。人一入其中大者死,小者流,又小者亦杖,宁有白出之理?"宋朝开封府民谚有"刑部比门,总有冤魂"、"刑部比门,人肉馄饨"[2]之说。监狱的黑暗,反映了宋朝封建统治的黑暗与统治者的腐败无能。

第二节　辽金时期的狱政概况

一、辽金时期的狱政思想和监狱立法

（一）辽的狱政思想与监狱立法

公元916年,契丹族首领耶律阿保机统一契丹八部,占领了汉族居住的营平诸州(今河北省东北部)和渤海各地,创建契丹国。耶律阿保机死后,耶律德光即位,改国号为"大辽",耶律德光为辽太宗。

1. 狱政思想。契丹族建国之初,处于奴隶制瓦解、封建制正在建立的过程中。与处于封建制鼎盛时期的中原汉族社会相比,契丹的社会管理制度各方面明显落后于中原汉族。辽的狱政思想与它的其他统治思想一致,强调对汉人与契丹人分别"因俗而治"、"蕃汉异治",即"以国制治契丹,以汉制待汉人"。也就是说,对"渔猎为食,车马为家"的契丹族和其他少数民族,适用契丹习惯法,对"耕稼以食,城郭以居"的汉族人则适用《唐律》。并且设有"北面官"管理契丹人,"南面官"管理汉人,两种官职均由契丹贵族担任。辽在与宋的对峙中,不断学习汉文化,契丹社会也迅速向封建体制转变。至辽世宗时,政权组织结构大体仿唐制,并逐渐完备。辽圣宗太平七年(1027年),制定《条制》,规定契丹人与汉人犯法"一等科之",即适用同样的法律进行处罚。至咸雍六年(1070年),更本着"契丹汉人风俗不同,国法不可异施"的精神对法律进行了重修。总之,契丹的狱政思想与其法制思想一样,经历了从"蕃汉异治"到"国法不可异施"的转变,反映了契丹社会由奴隶制向封建制的转变。

2. 监狱立法。对辽影响较大的立法,是辽兴宗重熙五年(1036年)

---

〔1〕《宋史·刑法志》。

〔2〕《老学庵笔记》。

参照唐律制定的《重熙新定条制》，这是辽的基本法典，共五百四十七条。《重熙新定条制》在辽法制上有重要地位，史称其"庶成定法令，治民者不容高下其手"[1]。确立了死、流、徒、杖四等刑罚。另外，辽道宗咸雍六年（1070年），颁布《咸雍重修条制》，普遍适用于辽治下的汉人与契丹人，经多次重修，条文达一千四百多条。其弊端是"条约既繁，典者不能遍习，愚民莫知所避，犯法者众，吏得因缘为奸"。所以辽道宗大安五年（1089年），下令"复行旧法"，即重新适用《重熙新定条制》。

（二）金的狱政思想与监狱立法

1115年，中国北方少数民族女真族完颜部落首领完颜阿骨打统一女真各部，建立金国。

由于金建国时，女真族还处于原始社会向奴隶社会过渡的过程中，在狱制上大体沿用不成文的习惯法。据《金史·刑志》载："金初法制简易，无轻重贵贱之别，刑赎并行，此可施诸新国，非经世久远之规也。"金在与宋对峙的过程中，受宋先进封建文明的影响，整个社会体制迅速封建化，狱制也相应地封建化。金世宗时，"太宗虽承太祖无变旧风之训"，但"亦稍用辽宋法"。金熙宗时，立法指导思想已是"兼采隋唐之制，参辽宋之法"，并以此为宗旨制定了金的第一部成文法典——《皇统制》。世宗时又在此基础上颁布了《大定重修制条》。章宗时法制进一步完备，制定了《泰和律令敕条格式》，《金史·刑志》称其："实唐律也。"因为它基本上是唐律的内容，只作了少许改动。其中监狱管理方面的制度也较为丰富，并曾对元朝狱政产生过重大影响。

二、辽金时期的监狱设置

（一）辽的监狱设置

由于辽初实行"蕃汉异治"、"因俗而治"，所以官制有南北之分，狱制也有南北之分。中央监狱由南、北两院分管，北院"治宫帐部族属国之政"，即办理契丹及其他少数民族犯罪及其他纠纷的案件；南院"治汉人州县租赋军马之事"，即办理汉人犯罪及民事纠纷的案件。北院设夷离毕院，掌刑狱，即司审判之职，其职能与唐朝之刑部相当；下设敞史，选底官管理狱政。南院下设南面分司官，"平理（汉人）庶狱，采摭民隐"[2]。地方各州、县设置监狱，由地方官总管，地方"冠以节度，分以刺史县

---

[1]《辽史·耶律庶成传论曰》。
[2]《辽史·百官制》。

令，大略采用唐制……"[1]但狱官不固定，"有事，则选材望官为之"。为加强对地方狱政的监督，辽朝廷不时派遣分决诸道滞狱使与按察诸道刑狱使巡察属下州县监狱。

辽还有一些特殊监狱。据《辽史·刑法志》载，"穆宗应历十六年(公元966年)，京师置百尺牢以处系囚。盖其即位未久，惑女巫肖古之言，取人胆合延年药，故杀人颇众。后悟其诈，以鸣镝丛射、骑践杀之"。也就是说，辽穆宗想长生不老，向女巫肖古求取灵丹妙药，女巫说练灵药须用人胆，穆宗听信了她的蛊惑之言，在京师建了一座方圆百尺的牢狱，用来关押囚犯。杀死后取其胆来炼制长生不老之药。为了炼药，穆宗杀人无数。后来终于明白女巫在骗人，因而以乱箭射杀的方式处死了她。

（二）金的监狱设置

金初的监狱按其传统："狱则掘地深广数丈为之。"也就是说，金国囚禁犯人的监狱是地牢。

金的中央司法机关有大理寺、刑部和御史台。大理寺为慎刑机构，刑部是审判机关，御史台为监察机关。据《金史·百官志》载，金的中央监狱设在御史台。御史台执掌天下狱政，设有"验法四员，狱丞二员"，管理御史台狱。

金承辽制，设有五京，五京各置京兆府，京兆府置京兆狱，府设司狱一人，之下又置司吏多人，管理京兆府监狱。金代的地方行政建制分为路、州、县三级，路为中央派出机关，一般不设监狱，但设"提刑司"，监督属下州县的狱政工作。各州设司狱一人，其职责是"提控狱囚"，之下又设司吏一人，公使二人，典狱二人，掌管"防守狱囚（及）门禁启闭之事"。州下各县也设狱，由典狱、狱子等负责管理。

三、辽金时期的监狱管理制度

（一）辽的监狱管理制度

辽统治者在学习汉族封建统治制度的过程中，逐步认识到完善监狱管理制度对国家稳定统治秩序的重要性。辽景宗时，仿唐朝实行"录囚"，并曾躬录囚徒，尽召而释之。辽代的监狱管理在辽圣宗时期取得了很大成效。辽圣宗除"亲为录囚"外，"数遣使诘诸道，审决冤滞"。于是"纲举修举，吏多奉职，人重犯法。故统和中，南京及易、平二州，以狱空闻"。[2]

辽代法定的拷打讯问囚徒之法非常残酷，据《辽史·刑法志》记载，

〔1〕《辽史·百官制》。

〔2〕《辽史·刑法志》。

辽时"拷讯之具，有粗、细杖及鞭、烙法。粗杖之数二十；细杖之数三，自三十至六十。鞭、烙之数，凡烙三十者鞭三百，烙五十者鞭五百。被告诸事应伏而不服者，以此讯之"。由于刑制过于严厉，往往狱吏刑讯未毕而囚徒已死。辽代讯囚之具与拷囚之法由法律明确规定，这在历史上是罕见的。除此之外，掌狱官吏还滥用已被废止的肉刑，"由是投崖、炮掷、钉割、脔杀之刑复兴焉"。至辽末，"朝廷上下，无复纪律"，天祚帝"荒暴尤甚"，监狱管理也因之而更加黑暗。朝纲废弛，国势渐微。不久，在金、宋联军的夹击下，辽灭亡。

（二）金的监狱管理制度

金的监狱管理在金世宗时期最为完备。不仅皇帝亲自录囚，而且对狱吏的选拔、监狱的设置，及病囚亲属的探视，皇帝都经常下诏指示。金世宗于大定十一年（1171 年）下诏"应司狱廨舍须近狱安置，囚禁之事，常亲提控，其狱卒必选年深而信实者轮直"[1]。另据《金史·世宗本纪》载，金世宗于"大定二十七年（1181 年）二月丙申，命罪人在禁有疾，听亲属入视"。

《金史·刑法志》载，"（金章宗）泰和四年（1204 年）七月，上以诸路枷杖多不如法，平章政事守真曰：'枷杖尺寸有制'"，于是"定分寸，铸铜为杖式，颁之天下"。也就是说，金在积累了统治经验的基础上，对狱具的尺寸也有了明确的规定。此后，到宣宗贞祐三年（1215 年）又明令"禁州县置刃于杖取决罪人"[2]。

第三节　元朝的监狱

1206 年，蒙古一部落首领铁木真，统一蒙古族各部落，被公推为"成吉思汗"，即蒙古族的皇帝。在他的领导下，蒙古成为一个强大的军事强国，迅速地崛起，并不断向外扩张，不久便灭了西夏。1234 年，蒙古与南宋结盟灭金，继而转攻南宋。1260 年，忽必烈继承汗位，在占领中原一些地方后，1264 年将都城由上都（今蒙古多伦）迁至中都燕京（今北京）。并于至元八年（1271 年）改国号为"大元"。1279 年，元灭南宋，结束了

---

〔1〕《金史·刑法志》。
〔2〕《金史·刑法志》。

中国自唐末开始的长达三百七十余年的南北分裂割据与对峙局面，实现了中国前所未有的大统一，并为全国狱制的统一奠定了坚实的基础。

一、元朝的狱政思想和监狱立法

成吉思汗时，蒙古部落处于原始社会崩溃、奴隶制建立时期，在狱政思想和监狱立法上沿用的是传统的部落习惯法。对于犯罪者的处罚，常用的仍然是"没身为奴"。而罪囚的待遇也因身份不同而有很大差异。凡蒙古贵族、领主犯罪，"带上板枷"，由成吉思汗的宿卫囚禁于后帐；而对于"不识之众"的平民百姓犯重罪，则"违俺者，可即地斩之"，犯轻罪的，由"扎鲁花赤"（断事官）"执而掊之"，即用柳木击打，并囚禁于地牢。

随着蒙古军事征服疆土的不断扩大，在汉族地主及各族儒士的推动下，蒙古族的社会迅速向封建社会过渡。为了加强统治，元初采用"断理狱讼，循用金律"[1]的办法。金律指的是金国的《泰和律》，也就是稍加修改的唐律。后来，由于"百司断理狱讼，循用金律，颇伤严刻"[2]，也就是说，各级官吏在断案及管理狱囚时，不能视行为情节轻重进行处置，而是经常任意援引金律中对付重刑犯的规定来处理一般的犯罪。所以，元世祖忽必烈"于至元八年（1271 年）十一月乙亥，禁行金泰和律"[3]。同时，令右丞相何荣祖负责制定元朝自己的法律，最终以"公规、治民、御盗、理财等十事辑为一书"，称为《至元新格》，于至元二十八年（1291年）刻版颁行。这是元朝的第一部法典。元仁宗至大四年（1311 年），将"有关于风纪者，类集成书"，定为《风宪宏纲》。但这两部法典早已失传，所以其监狱立法方面的规定也无据可考。元英宗至治三年（1323 年），制定颁布了《大元通制》。这是元朝时期较为重要的一部法典，共有两千五百二十九条，其中监狱方面的法律规定也较为完备。另外，与《大元通制》几乎同时出现的《元典章》（《大元圣政国朝典章》）也是一部非常重要的法律汇编。它至今仍传于世，是研究元朝社会及法律制度的重要史料。《元典章》并非元朝中央政府颁布的法典，而是地方政府所纂集的自元初至元英宗至治二年（1322 年）共五十余年间有关政治、经济等的圣旨条画的汇编。

二、元朝的监狱设置

元的中央司法机关无大理寺之设，执掌司法行政与审判的机关是刑部，其职责范围较唐、宋时要宽得多。中央监狱也设在刑部，由刑部主管

---

〔1〕《元史·刑法志》。

〔2〕《元史·刑法志》。

〔3〕《元史·世祖本纪》。

全国狱政。刑部设司狱司负责狱政管理，司狱司设司狱、狱丞、狱典之职，各由一人承担；还设有部医一职，专门负责处理病囚的医治等有关事务。地方的"司狱司"共设三处：一是大都路兵马都指挥司狱司；二是北城兵马司狱司；三是南城兵马司狱司。

元世祖中统四年（1263年）七月开始，对监狱管理制度作了进一步完善。

在关押制度方面规定：各路、州、府、司、县在关押犯人时，要分别轻重异处，不得掺杂；妇人与男子要分别关押。

在监狱的建设方面规定："牢房窄隘"的，要"别行添盖"；"全无设置牢房"的，要"创行起盖"。

在囚粮的供给上规定：狱囚有亲属的，可食私粮；没有亲属的，由官府供给食米，每人每日一升；如果囚犯亲属很穷，或家属不在当地居住的，亦由官府发粮。

在卫生制度方面规定：暑天要定时洗枷、杻、匣等；冬天发给被絮暖匣。

在病囚的医疗制度上规定：病囚要打分数申报，以使其得到及时医治。原规定初病打二分申报，后改为一分；原规定难治增至七八分，至九分为死症，后改为以五分为死症。另外，病囚的药品，由当地公设药局发给，价金在药局的"营利利息钱内通行准除相应"[1]。

据《元史·布鲁海牙传》载，元朝对地方狱吏的职责也作了明确规定，"南北兵马司每月分番提牢，仍会提控案牍，兼掌囚禁"，"诸郡县佐贰及幕官每月分番提牢，三日一亲临视。其有枉禁及淹延者，即举问，月终则具囚牒次官"。

三、元朝监狱管理制度的特征

（一）民族歧视的"南北异制"

元朝蒙古族统治者治下人民分为四等，蒙古人为第一等；色目人（西夏、回回、西域人）为第二等；汉人（原金治下的汉人、契丹、女真人）为第三等；南人（南宋治下的汉人和西南少数民族）为第四等。所谓"南北异制"，就是元朝对不同等级的人犯法，适用不同的处罚规定，有意制造民族间的不平等，并最终导致民族矛盾激化。

蒙古人犯法，在狱具使用上，有特殊的优待。据《元史·刑法志》

---

〔1〕《元典章·卷四〇·刑部》。

载："诸正蒙古人，除犯死罪，监禁依常法，有司毋得拷掠，仍给饮食。犯真奸盗者，解束带佩囊散收；余犯轻重者，以理对证，有司勿执拘之，逃逸者监收。"也就是说，对蒙古人，除犯死罪要依常法监禁，以及犯罪后还逃跑的要监禁外，其余犯轻罪的，司法机关均不得捉拿和拘捕。对在押蒙古犯，狱官"毋得拷掠，仍日给饮食"[1]。但汉人、南人罪囚"昼则带镣居役，夜则入囚牢房"。

（二）宗教思想的渗透

元朝确认和维护僧道的法定特权，形成与世俗势力并行的宗教司法制度。元代的宗教主要有佛教、道教、答失蛮、也里可温等，其中以藏传佛教喇嘛教势力最大。元世祖至元初年，喇嘛教被奉为元的国教，忽必烈任用西藏名僧八思巴为国师，此后代代相传直至元末。国师统领全国佛教，同时掌管藏族地区的政教事务。他的法旨效力极高，"与（皇帝的）诏敕并行西土"。其下各级僧侣均受特殊保护。

至元二十五年（1288年），元朝成立宣政院，这是中央宗教审判机关。有权决定僧侣囚犯的刑期及收监与否，并不受御史台监督。地方各路增设行宣政院。宣政院与行宣政院均设有监狱，由僧官管辖。元时法律规定："诸僧、道、儒人有争，有司勿问，止令三家所掌会问。"[2]即是说，僧、道、儒之间的一般争议，由他们自行解决，世俗的司法机构无权干预。除非僧侣"犯奸盗、诈伪、致伤人命，及诸重罪"，则应由地方司法官吏审理，但判徒刑以上，须羁押监管的，必须上报宣政院认可。这就保证了僧侣不受普通法律和世俗司法机关管辖的特权。

僧侣享有的宗教特权，使得他们可以以修佛事为名，随意奏请释放在押重囚。《元史·刑法志》载，"西僧为奸利，假祈福之说以释重囚"，即是说僧人为了牟取不正当利益，借为天下祈求福祉之名，要求赦免重刑犯。元贞七年（1301年），中书右丞答剌罕奏曰："僧人修佛事毕，必释重囚，有杀人及妻妾杀夫者，皆提名释之。生者苟免死，死者含冤，于福何有？"僧侣有能力干预国家狱政制度，这使后世史官感慨："赦令历代所同，独以修佛事而释重囚，则惟蒙古有之。"[3]意思是说，本来皇帝赦免罪囚的事是历朝历代都有的，（但是也都有十恶不赦的限制），只有蒙古人会以修佛事为名而释放犯重罪的囚犯。

---

〔1〕《大元通制·职制下》。
〔2〕《元史·刑法志》。
〔3〕《元史·刑法志》。

元代实行宗教与世俗势力并行的特殊监狱管理制度，在中国封建史上是空前绝后的。朝廷对宗教及僧侣异乎寻常的重视，使得人民也借用宗教的形式反抗元朝的残暴统治，元末的白莲教大起义即是很好的例证。

（三）落后的监禁方式和管理方法

元朝脱胎于奴隶制游牧社会，虽因其军事强大而一统天下，并为狱制的统一奠定了基础，但其落后的生产方式及习俗对其政治司法制度产生了恶劣的影响。表现在监禁方式上，元世祖忽必烈建立元朝后，仍沿袭蒙古奴隶制旧习，在都城大都（今北京）设置地牢，用以关押反抗元朝统治的重要罪犯。至元十六年（1279年），南宋时爱国民族英雄文天祥兵败被俘，囚禁于大都地牢（又称土室）。文天祥在其著名遗作《正气歌》序中对地牢的恶劣环境有着生动的描述，他写道："余囚北庭，坐一土室，室宽八尺，深可四寻，单扉低木，白间短窄，污下而幽暗。或圊溷积臭暴尸，或腐鼠恶气杂出；当之者鲜不为厉，而予以孱弱，俯仰其间，于兹二年矣。"

元代戏剧家关汉卿在《窦娥冤》中，以窦娥之口描述了当时的狱治黑暗及狱吏残暴的状况："捱千般拷打，万种凌逼，一杖下，一道血，一层皮"，"官吏无心正法，百姓有口难言"。

元朝有大量的奴隶，或称驱口，他们主要是战争中的俘虏，元法律确认奴隶的子女永为奴隶。同时经常对犯罪者施以籍没妻子儿女为奴的惩罚，更进一步扩大了奴隶的队伍。奴隶的地位"与钱物同"。元初时，"法制未定，奴有罪者，主得专杀"[1]。其后，虽然司法归官，但主人杀奴只判轻微杖刑，并且可以以将奴隶全家放良的方式免罪。但奴隶杀主人却要以"具五刑"或"凌迟"的方式处死。奴隶奸主人妻女，一概处死，而"诸主奸奴妻者不坐"[2]。另外，元朝时，佃户的处境及地位比之宋朝大为退步。宋朝的佃户已取得国家编户地位，有了人身自由。而元朝的佃农却有农奴性质。元代法律规定"杀人者死"，但地主殴打佃农至死则无须抵命，只"杖一百七，征烧埋银"，并且允许佃农代地主入狱受刑。这无疑是司法制度的大倒退。

（四）浓厚的封建专制主义色彩

元朝的司法体系完全由蒙古贵族地主所垄断。中央司法机关和司法监督机关，如宗政府、刑部、御史台、各道提刑按察司和肃政廉访司，其正职官吏均由蒙古人担任，汉人和南人只能为副职。蒙古族官吏犯法必须选

---

〔1〕《元史·布鲁海牙传》。
〔2〕《元史·刑法志》。

择蒙古贵族审理才能定案。同时，地方各路、州、府、县，都设有达鲁花赤一人，作为各该地方政务的最高负责人，凌驾于各路总管和府、州、县尹之上，有权直接鞠勘罪囚。达鲁花赤必须由蒙古人担任，如果蒙古人中没有合适人选，则由出身高贵的色目人担任，而绝不允许汉人和南人出任该职。大宗政府监狱和全国一般监狱，均由蒙古人执掌、控制，这就从组织机构上保障了蒙古人犯罪拘禁期间的特权。

以军事强权立国的元朝，"武功迭兴，文治多阙"，狱政管理带有浓厚的封建军事专制主义色彩。元朝狱政实行"军民有分"的制度。凡地方狱政，由各该地方官府管理；军人、军户事涉狱讼，则主要由管军官鞠治。管军官称为"奥鲁"，权力极大。除"强窃盗贼、伪造宝钞、略卖人口、发冢、放火、犯奸及诸死罪"移送官府收监讯问外，[1]军人、军户犯罪，奥鲁均有权处理。如果犯上述罪者是蒙古军人，则须由奥鲁与地方长吏"相约会问"，最终确定其罪名及拘押期限。

复习与思考

1. 简述布德恤刑思想。
2. 简述宋代监狱设置的情况。
3. 试述元朝狱政管理制度的特征。
4. 比较分析辽、金、元的狱政制度。

---

〔1〕《元史·刑法志》。

第五章　明朝的监狱

（1368 年～1643 年）

学习目的与要求

了解明朝的狱政思想与监狱立法的内容；掌握明朝监狱管理制度的主要内容及发展特征。

第一节　明朝的狱政思想和监狱立法

一、明朝的建立

元末农民起义中，出身卑微的朱元璋，逐渐拥有重兵，成了红巾军的重要领袖之一。1368 年，朱元璋在南京即皇帝位，正式建立起汉族地主阶级的封建政权，国号明，年号洪武。此后，他继续扫荡元朝的残余势力，至 1387 年平定辽东，最后完成了明朝的统一，建立了历史上封建专制主义中央集权制度极度发展的王朝。

明代手工业商品生产有了发展，出现了商品经济，开始使用手工机器生产。明朝中叶，在苏、杭、广州一带东南沿海地区，某些生产部门，如纺织业、冶铁业、采矿业等较发达的手工业中，开始出现雇佣劳动，有的手工作坊主或手工工场主雇工达数十人以至数百人。这些雇工"得业则生，失业则死"，与生产资料完全脱离，专门以出卖劳动力为生。这表明了"中国封建社会内的商品经济的发展，已经孕育着资本主义的萌芽"。它标志着封建社会开始没落，反映了封建的生产关系与生产力的矛盾已日益激化。

随着商品经济的进一步发展，土地兼并的现象也达到了空前惊人的程度。封建的统治阶级——地主、贵族和皇帝拥有最大部分的土地，而农民则很少有或者没有土地。诸王皇帝贵族动辄就占一两万顷，一般地主豪强也都田连郡县。而另一方面，民田不过十五分之一。农民阶级和地主阶级的矛盾空前激化。

随着手工业、商业和城市的发展，市民阶层逐渐兴起，手工业工人受到作坊主、商人和"矿盐税使"的盘剥和搜刮，激起他们的极大怨恨。他们加入了反封建剥削压迫的斗争行列，使明朝的阶级斗争比历代更为复杂。

这一时期，与封建社会末期的经济和阶级斗争形势的变化相适应的、作为上层建筑的政治法律制度，则表现为皇权的高度集中，为了调节控制各种社会关系和矛盾，巩固封建统治秩序，明朝统治者竭力提高皇权，强化国家机器，把封建君主专制中央集权的统治推到了极端强化的地步，狱制也更加完备、严密和腐朽。

二、明朝的狱政思想

（一）主张礼法并用

农民起义领袖出身的朱元璋，深知王朝覆亡的原因在于为政的暴虐和广大人民的力量，为了巩固他艰苦创建的帝王之业，确保明王朝的长治久安，在建国初，就特别注意总结历代封建统治的经验，尤其是吸取元朝败亡的教训，他认为元朝统治以来纲纪礼教废弛，官吏放纵，民不得治，是远离教化，不足取的。他认为唐律是宽猛相济，礼法结合，要求以唐律为蓝本，制定大明律。他认为不可效法秦朝滥用酷刑，以致"囹圄成市，天下怨叛"[1]。他主张平刑缓狱，他说："仁义是养民的膏粱"，"刑罚是惩恶的药石"。为政的要礼法结合，仁义刑罚并用，若舍仁义而专务刑罚，是以药石毒民，非善政之道。

基于这种思想，他主张搞好仁义礼智的教化，使官吏和百姓知廉耻、重礼义，以减少犯罪。对于重大狱案要采取审慎态度，罚当知其罪。朱元璋曾亲自审理武臣死罪及其他重大案犯，为减少淹滞和枉法，他旨意组成会官审录囚徒，以求"情得其真，刑当其罚"。

（二）主张"刑乱国用重典"

朱元璋所处的时代，封建制度已经走向腐朽没落，阶级斗争十分尖锐复杂。明初，一些豪强地主士大夫以及被降服的蒙元贵族采取不合作态度，倭寇经常侵扰东南沿海地区，塞外旧元残余也时时祸害北方边境，元末农民起义所打乱的封建秩序尚未恢复，贪官污吏朝杀暮犯。朱元璋认为这是个"乱世"，主张"刑乱国用重典"，自明开国之始就厉行高度专制集权统治，以重刑治吏治民。

----

〔1〕《明太祖实录》卷六五。

另一方面，朱元璋从元朝灭亡中总结出的一条教训是元以宽纵而失败。他说："奈何胡元以宽而失之，朕收平中国，非猛不可。"[1]

朱元璋这种"刑乱国用重典"的思想也反映在他在对建文帝的一次谈话中。他说："吾治乱世，刑不得不重，汝治平世，刑自当轻，所谓刑罚世轻世重也。"[2]在这种重刑主义思想指导下，明代的主要法典《大明律》和《明大诰》始终贯彻了重刑的原则，监狱的管理也同样适用以上原则，特别是明中后期，宦官干预狱政，厂卫组织操纵监狱，狱政更为黑暗。

以上表明，明朝在采纳唐朝的礼法结合的治狱思想的同时，也受到战国、秦时重刑主义的影响，在中央集权君主专制更加强化的基础上采用重典治狱的原则。

在重典治狱思想的指导下，明朝的刑罚制度更加残酷。明律在五刑（笞、杖、徒、流、死）以外，将宋元创设的充军刑进一步制度化，作为正式的刑名。所谓充军，就是强迫犯人在戍守地服军役。它是明代除死刑外最重的刑罚。充军按遣放里程分为极边、烟瘴（均四千里以外）、边远（三千里）、边卫（二千五百里）、沿海附近（一千里）五等，均加刑杖一百。充军按期限分为"终身"和"永远"两种。"终身"者服役到本人死亡为止；"永远"者则要罚及子孙，直到"勾补尽绝"才能"开豁"。明代充军刑运用得非常广泛，《大明律》中充军罪有四十六条，嘉靖和万历年间颁布的《充军条例》达二百一十三条之多。

明律还将中国古代最残酷的凌迟作为正式的死刑方式。如铲头、投水、射杀、断脚筋、挺棍、烙铁、钉指等法外刑罚。其种类之多、手段之残酷，为历史所罕见。

三、明朝的监狱立法

（一）有关狱制规定的律诰

颁行于洪武三十年（1397年）的《大明律》是明朝的一部重要法典。《大明律》的名例篇确定了狱具和狱囚罪别、量刑、刑罚等制度，如在五刑之外增加了枷号、充军等刑罚，对徒、流、充军等刑罚的执行，囚犯劳役的种类、年限，以及再犯从重的原则等作了规定。

《大明律》刑律篇的捕亡门规定了严禁囚犯逃亡、加强监狱管理的条文，如"应捕人追捕罪人"条中规定"受财故纵者"罪与囚同，规定"罪人拒捕"、"狱囚脱监及反狱在逃"、徒流犯在役限内逃亡从重处刑，官

〔1〕《明史·刑法志》。
〔2〕《明史·刑法志》。

司狱卒也应负刑事责任。断狱门中规定了囚犯的监禁、戒护、衣粮医药、亲人入视制度以及劳役、提审、拷讯、狱结手续等。与唐律相比，明律增加了"淹禁"、"凌虐罪囚"专条以及妇女犯一般罪"不许收禁"的规定。

为了整顿吏治，明太祖在洪武十八年到二十年间（1385年～1387年）亲自编定《大诰》三编和《大诰武臣》共二百三十六条。它汇集了当时用严刑峻法惩治官民犯罪的典型案例，制定了新的法律规范。《大诰》规定对罪犯施行极其残酷的刑罚，如族诛、凌迟、枭首、斩、墨面文身挑筋去指、墨面文身挑筋去膝盖、剁指、断手、刖足，等等。与《大明律》相比，其用刑更为加重，而且监外行刑的名目繁多，加重了明初狱内外囚徒充斥、囹圄成市的后果。

（二）有关监狱的条例诏令

明中叶以后，"例"的地位逐步提高。明孝宗弘治十三年（1500年）删定的《问刑条例》是关于案犯罪名及刑罚具体执行的补充法律。其中载有刑名、刑期及行刑的所在地等内容。

有关罪犯的诏令，明各朝都有颁发。如洪武朝元年（1368年）就有老弱、废疾、轻重各罪犯不许混杂的诏令。关于罪犯罚役的诏令也较多，如洪武八年（1375年）令："杂犯死罪免死，工役终身；徒流罪照年限工役。"十六年（1383年）制定《徒流笞杖罪囚代农民力役赎罪法》；二十三年（1390年）下令死罪犯运米北边；三十年（1397年）制定《囚犯决不待时和秋后处决办法》等。此后明成祖、明宣宗、明英宗各朝也都下过关于囚徒劳役的诏令。

在录囚、赦囚方面，从明太祖开始，陆续有会官审录方面如热审、朝审、大审、春审、寒审、监收候决以及常赦、特赦等谕旨诏令颁布。这方面的条例诏令，有的是在唐宋狱制基础上的发展，有的是明朝自创，基本上为清朝所继承。

第二节　明朝监狱的设置

明朝监狱称"监"。改变了自汉朝到宋元监狱名称一直称"狱"的沿革。

明朝监狱的设置与前有所变化，主要变化在中央监狱方面。

一、中央监狱

明朝在刑部下设提审厅管辖全国监狱，长官是提牢主事。但提牢主事不固定，一月更换一人，没有专人专职。提牢厅管辖的范畴包括狱官狱卒职责，发放囚衣囚粮、病囚医药，修理监房狱具等。

（一）刑部监

明朝中央监狱承袭元朝制度设于刑部。刑部监由刑部司狱司管辖，司狱司设司狱六人，是掌管监牢的专官。刑部监关押地方上报的死刑重犯和京师笞罪以上案犯。

（二）都察院监

明朝改唐宋御史台之制设都察院，为最高的监察机关，都察院下设监狱，关押犯罪的官吏，由司狱官掌管。

（三）军事监狱

明朝的中央军事机构有兵部和五军都督府，分掌调兵权和用兵权，五军（左、右、中、前、后）都督府又设有五军断事官总治五军刑狱。军事监狱关押军官、军人犯罪者。

二、地方监狱

明朝地方监狱与前朝基本相同。明朝中央直辖的顺天府、应天府以及省、府、州、县各级地方都有监狱设置。各级监狱由各级行政长官统辖监督。省设提刑按察使司，由司狱一人掌管监狱。各府也设有管监狱的司狱官，州、县监狱一般由知州、知县掌管，设吏目、典史等监狱官吏。

在地方监狱的建筑结构方面，据史料记载，县监一般都设在县衙内或近旁，监狱周围有墙，门有三层，分内牢房、外牢房以及伙食房、狱卒房、更铺、狱神庙等。山西洪洞县监至今保留得较完整，据传名妓苏三就曾关在该监内监死刑犯女牢房中。

三、厂卫狱

明朝除刑部、大理寺、都察院分别掌管刑狱外，还有锦衣卫、东厂、西厂直接行使侦缉、审判和治狱大权。宪宗成化以前为锦衣卫，以后为东、西厂所控制。

（一）锦衣卫

为了保卫皇权，朱元璋在洪武十五年（1382 年）建置了锦衣卫，掌管皇帝出入仪仗和警卫事宜，是皇帝亲军中最亲信的一卫。随着专制统治的加强，锦衣卫又兼侦缉、刑狱等事，并参与审判录囚等。下设镇抚司主管本卫刑狱，并附有监狱，皇帝诏令逮捕拘禁或要诛戮的犯人，就下镇抚司狱处治，这就是明朝的诏狱，又称锦衣卫狱。洪武二十年（1387 年），锦衣卫因恣意弄权，非法凌虐囚犯，残杀太多，被明太祖取消，成祖时又恢复。到宪宗成化年间，诏狱逐渐由宦官掌握。

（二）东厂、西厂

为使宦官求得消息便利、缉防谋逆、查察奸恶，明成祖于永乐十八年（1420年）在北京东安门之北设东厂。西厂设于宪宗成化十三年（1477年）。东、西厂均掌在宦官手中，成为封建的特务组织，他们所控制的诏狱，主要监禁政治犯，权力凌驾于三法司之上，成为宦官手中迫害异己的工具。

宦官原主要掌管内外奏章，皇帝石朱批，皇帝、皇室的生活供应，以及宫廷洒扫等。由于专制主义中央集权制的加强，朱元璋废除了丞相制度。但皇帝需要一批亲信辅助处理国、军重事，于是宦官逐渐受宠而干政专权，特别是明成祖因争夺皇位得到宦官的援助，更信任宦官。宦官不仅可以出使、监军、刺探臣民隐事，随时向皇帝告密，而且可以问刑定罪，拘系诏狱，具有生死予夺大权。他们作为皇帝的耳目，其活动只听命于皇帝，骄横跋扈，超然于国家纲纪之外。

宦官干预政事，朝廷设有诏狱，是古已有之的。但是皇帝的卫队和侍从控制诏狱，厂卫特务组织直接行使审判和治狱大权，践踏狱法、肆虐臣民，这是明朝独有的，它是明朝专制主义极端强化、皇权恶性膨胀的结果。

（三）厂卫狱的残酷

1. 非法缉捕。明律规定，任意绑缚臣民，私刑拷打者要处杖刑八十到枷号、充军的处罚，但厂卫却可以任意抓人。厂卫派人分赴各地官府及民间到处刺探，访察每日发生的大小事件，对他们认为的违法者随时加以缉拿，可依片纸只字而定罪并株连无辜。他们派出的刺事者称为"挡头"、"干事"和"番子"，这些密探布满各地、无孔不入。人们不敢偶发一言，以免惹祸及身，凡遇厂卫官员，人们便大惊失色。如被缉拿者当场贿之以金，挡头及番子等即离去，如所贿不如意，立即榜笞，并授意牵连有钱之家，如被牵连者予以重金则无事，如不给予或所付不足，挡头便转报将其下狱。

据《明史·刑法志》载：崇祯年间某晚，有四人在一密室饮酒消遣，酒酣之时，其中一人破口大骂太监魏忠贤，其余三人皆不敢出声。骂语未断，东厂密探已到，即将四人抓走，骂魏忠贤者被磔斩，其余三人被罚金。

2. 非法审讯。厂卫组织可以随意抓人，也可以非法审讯，可以参加三法司的"热审"、"大审"等。三法司审理案件或录囚，在大理寺张起黄盖，设三尺高坛，太监坐中间，三法司只能坐左右，三法司对于案件的处理，都要视太监的眼色，如经太监先严刑成案的，三法司不敢擅改一字，使堂堂三法司几同虚设。另外，各级官府会审大狱，厂卫要派人监视，他们可以随意到各官府查讯案件。

3. 非法施刑。厂卫狱杀人至惨而不丽于法。平民或官吏一入诏狱，大多苦辱致死。厂卫狱所用的刑具并不按法规所定，如武宗时宦官刘瑾所用的大枷竟重达一百五十斤，带上数日即死。刘瑾还创制立枷（即站笼），犯人直立木笼内，笼顶就是套在犯人颈上的枷板，受刑者往往几日就站死。另外还有械、镣、棍、拶、夹棍等刑具。这些刑具或单用，或全刑，受刑人血肉溃烂，呼声沸然，宛转求死不得。宦官魏忠贤还设断脊、剁指、刺心、烙铁等酷刑。

厂卫杀死之人不计其数。厂卫官役在狱中的杀人方式：一是对狱囚施以酷刑致死；二是将要杀之狱囚先予隔离，然后秘密杀害。

如熹宗所宠信的宦官魏忠贤，把持朝政，为非作歹，利用厂卫残害异己，左副都御史杨涟等六人弹劾魏忠贤二十四大罪，结果皆下狱，受全刑惨死狱中。杨涟受烙铁刑后面额焦烂，左膝以下筋骨尽脱，后被铁钉贯耳而死；周顺昌受刑后大骂魏忠贤，被魏的爪牙许显纯椎落其齿，周血唾其面，半夜便被杀害；御史周宗建受酷刑后以沙囊压身而死。

厂卫狱中每死一囚，要停放数日才以苇席包裹尸体抬出，被抬出之尸，无不虫蛆腐体，家属见之，伤心欲绝。有的被杀之后还要保密，不使家属得知。

明人瞿式耜曾说过厂卫狱中囚犯"苟得一送法司，使不啻天堂之乐矣"。意思是如果哪个幸运者能从厂卫狱转送到刑部监狱，由三法司审判定罪，就等于跳出地狱到了天堂了。杨涟等六人被逮下厂卫狱后曾幻想招供之后下法司才能见得天日，这是对明朝厂卫诏狱黑暗腐败的深刻揭露。厂卫治狱的残酷野蛮、无法无天、滥发淫威，与明朝重典治国的思想是密切相关的。

第三节　明朝监狱的管理制度

随着封建社会晚期政治经济的发展，明法律制度也不断完善。明统治者吸取了历代监狱的管理经验，进一步严密和加强了监狱的管理。

一、系囚制度

据《明会典》载，系囚的目的是要做到内情不得外出，外情不得内

入，使人知幽闭困苦之状，以顿挫其顽心。即内外隔离，使囚犯精神上和肉体上感受坐牢痛苦的滋味，来挫灭他的邪恶之念。

（一）门卫

明洪武二十六年（1393 年）定制："监门守固封锁，轮拔狱卒，直更提铃。"从封监开锁到轮流值班、值更都有严格规定。

（二）收禁

明律规定，凡是男子犯徒以上，妇女犯奸及死罪，皆应收禁。人犯收监羁押时，随身携带的物件必须依手续交监狱存管。

（三）桎梏

犯徒流、迁徙、充军的囚徒，定罪判刑后要如法桎梏。明律规定，"其在禁者，徒以上应杻。充军以上应锁（镣），死罪应枷，凡锁者兼锁杻，惟妇人不杻"。

明的狱具有笞、杖、杻、索、镣等。笞杖大小与唐略等，用紫荆条制作，自十五斤至二十五斤，轻犯用之；杻长一尺八寸，厚一寸，男犯用；索即铁镣，长一丈，镣即铁连环脚镣，充军或徒犯带着服劳役，重三斤。另外还有许多法外的刑具如一百五十斤的重枷、立枷、匣床，等等。

（四）实行分类杂居

明朝除承唐制实行贵贱异狱、男女分监外，还规定了锁禁和散收，轻重不许混杂。

据《明会典》载，洪武元年（1368 年），"令禁系囚徒年七十以上，十五以下及废疾散收，轻重不许混杂"。

官吏犯私罪，徒流锁禁，杖罪以下皆散禁，公罪自流以下皆散收。

重罪强盗人命死刑囚犯在内监，一般军徒或轻罪犯收在外监。女犯收女监，有伴婆监视。

虽有以上规定，但实际上对于轻重犯并未做到分监。明统治者认为轻犯与重犯同牢能达到以重慑轻，互相监督的目的，所以仍保留轻重混合关押。

（五）点视

明朝的提牢点视制度比较严密。如规定：刑部提牢官每月更换主事一人，提牢官除了升堂、公事外出外，一般不得擅离职守。凡修缮监房，严固锁钥，狱囚关防出入，昼夜巡逻稽查，收支月粮煤油，使用不同狱具，发放囚粮囚衣，查理病囚医药，每日点视、封监开锁等都是提牢官的职权范围。《明会典》规定：刑部司狱司每夜各委派司狱官"各点视本部囚数"，并检查是否应押而押，应枷杻而枷杻，应锁镣而锁镣，再将监门牢固封锁，由总提牢官将锁匙接收，督令司狱、狱卒轮流值班，值更提铃，天明后，到总提牢官处领取钥匙，再验视，开锁点数囚犯。

（六）狱官狱卒违反系囚规定的处刑

1. 囚应禁而不禁，应枷锁杻而不枷锁杻及脱去者，若囚应处杖罪，处笞三十，囚应徒罪，处笞四十，囚应处流，处笞五十，囚应处死，处杖六十。如应枷而锁，应锁而枷，减一等处罚。提牢官知而不举，与之同罪，不知者不坐罪。

对于不应对狱囚枷锁杻而枷锁杻，各处杖六十。如受财、计赃物，以枉法从重论处。

2. 给狱囚金刃解脱。狱卒给金刃及他物可以使人自杀及解脱枷锁之具予狱囚，处杖一百。因此而致狱囚在逃及自伤或伤人者处杖六十，徒一年。若狱囚因此自杀，处杖八十，徒二年。狱囚用此物件反狱及杀人，狱卒则处绞刑。

狱囚逃出后，在未断之间，狱卒如能自捕回及被他人捕回，其时囚如已死或自首，各减一等处罚。

3. 教囚反异。明律规定，司狱官典狱卒，教令罪囚反异（即翻供）、变乱事情及与罪囚通传言语，使狱囚有所增减其罪者，以故出入罪论，外人犯之者，减一等处罚。通传言语指将狱囚之言传达狱外，或将外言传达于狱囚。

4. 擅决死囚。死罪囚不待复奏报下而决之，处流二千里。

如限期未满而行刑者，处徒一年。如过限、违一日处杖一百，二日加重一等。

5. 原告事毕仍留狱。如被告已招服罪，原告应随即放回，若无故稽留狱中三日不放者，处笞二十，每三日加一等，其罪止笞四十。

司狱官典狱卒如纵容外人入狱，以及走泄事情，使狱囚罪无增减者，处笞五十，如受财并计赃，以枉法从重论处。

（七）对罪囚反狱在逃处重刑

明律规定：

1. 罪人拒捕。凡犯罪逃走拒捕者，各于本罪上加二等，罪止杖一百，流三千里。若罪人持杖拒捕，其捕者格杀之。

2. 狱囚脱监及反狱在逃。凡犯罪被囚禁而脱监及解脱自带枷锁越狱在逃者，各于本罪上加二等。因而窃放他囚，罪重者与囚同罪，并罪止杖一百，流三千里，本犯应死者依常律。

若罪囚反狱在逃者，皆斩不分首从。同牢囚人，不知情者，不坐。

3. 徒流人逃。凡徒流迁徙囚人役限内而逃者，一日笞五十，每三日加一等，罪止十六日杖一百，仍发配所，其徒囚照依元犯徒年，从新拘役，役过月日，并不准理。

若起发已断决，徒流迁徙充军，囚徒未到配所，中途在逃者罪亦如之。

（八）妇人犯罪收禁情况

明律规定，凡妇人犯罪，除犯奸及死罪收禁外，其余杂犯……不许一概监禁，而责付本夫收管，无夫则由有服亲属或邻里收管。

若妇人怀孕，犯罪应拷决首，依上保管皆待产后一百日拷决。

二、悯囚制度

明朝统治阶级认识到专用刑罚难以维持其统治，因此在施用刑罚的同时，也辅之以仁义的措施，注重狱囚的待遇，并在前代的基础上有所发展。

（一）狱囚给养

洪武元年（1368 年）令：禁系囚徒枷杻常须洗涤，席荐常须铺置，冬设暖匣，夏备凉浆，无家属者，日给仓米一升，冬给棉衣一件，夜给灯油，病给医药，司狱要预期申明请给，毋致缺误。

洪武十五年（1382 年）定制：狱囚贫不自给者每人每日给米一升。

洪武二十四年（1391 年）废除给米规定。英宗正统二年（1437 年）恢复贫囚每日给米一升旧制，并下令赃罚中不好的衣服可分给囚贫者穿着（重囚每日发米七合，强盗每日发米三合，每日由狱卒造饭二次）。

世宗嘉靖六年（1527 年）规定：冬日，罪囚各给棉衣一件，由提牢主事验给之。

武宗正德十四年（1519 年）规定：囚犯每月煤银四两，灯油银四两。

（二）病囚医药

明律规定，狱囚有病要给医药，药费约每月银二两五钱，病囚要"移房调理"，准予脱去戒具，允许家人入视，徒刑罪囚病者准许保外就医。宪宗成化十二年（1476 年），又广设慧民药局，以治疗患病囚人。据《明会典》记载，刑部监设有囚医，由太医院择拨人员充任，在提牢厅诊视病囚。

（三）其他规定

明统治者还陆续规定：老幼废疾、妇女孕产期不拷讯；节庆之日家属可送黄酒肉果，功臣及五品以上官犯徒、流罪的可允许亲人随行；徒、流死罪定罪结案应通知本囚及家属，如有不服者允许上诉等。

（四）对司狱官、典狱卒的处罚

1. 克扣狱囚衣粮。明律规定，狱囚应请给衣粮医药而不请给，狱囚应听家人入视而不听其入视，司狱官典狱卒处笞五十。因而致死者分等级处罚。如囚应处死刑，杖六十；囚应处流刑，处杖八十；囚应处徒罪处杖一百；囚应处杖罪以下处杖六十并徒一年。

2. 凌虐狱囚。明律规定狱卒凌虐、殴伤狱囚的，依照"斗伤"论罪，即依一般人所犯斗伤罪判刑。但仅规定狱卒凌虐狱囚殴打成伤始予判刑，如囚身未受伤者，则不予置问。如罪囚因殴伤而致死，狱卒则处重刑。

3. 对朝廷之功臣及五品以上官犯如在监禁及至配所中途病死者，要追究司狱官的责任，并要差人告之囚犯亲属，违者处杖六十。

明统治者一系列悯囚规定并未付诸实行。监狱的设备狭小拥挤，房舍破损，加之狱卒治狱严酷，狱囚往往被虐致死。嘉靖六年（1527 年），给事中周琅揭露了明朝监狱黑暗的实情："狱吏苛刻，犯无轻重，概加幽系。案无新故，动引岁时，意喻色授之间，论奏未成囚骨已糜。又况偏州下邑督察不及，奸吏悍卒，倚狱为市，或扼其饮食以困之，或徙之秽溷以苦之，备诸痛楚，十不一生。"

三、罪囚的居作制度

（一）充军、枷号等刑罚的增设

明朝在五刑之外，又增加了刺字、凌迟、充军、枷号等刑罚。

充军，就是罚犯人到边远地区从事强迫性的屯种或充实军伍，是一种重刑苦役。最远四千里，最近一千里。分终身（犯人终身充军）和永远（本人死后由子孙亲属接替）两种。充军重刑在明朝极为盛行，起初是军官、军人犯罪多罚充军，后来扩大到平民百姓动辄便罚充军，因此，配所劳役监猛增，布满南北。

枷号又称枷示、枷令，即罪犯颈顶套枷，枷上标明犯人姓名、所犯罪状，在监外示众的苦辱刑。行刑的地点大都在监狱门口或指定的官衙门旁。一般采用昼枷夜放或昼夜收监的方式，刑期有一至三月或半年，有的永远枷号，枷重的可达一百二十斤，犯人戴上几日即死。

明朝的苦辱刑除在监禁期间戴枷示众外，还有枷项游历、戴罪还职等。即被判处死刑或其他罪行的已决犯，在监禁期间仍要在监视之下戴罪工作。

明朝监外执行的刑罚很多。造成大量囚犯游动于各种场所，甚至司法官吏被定为死罪后仍要升堂审囚，出现公堂上下皆为囚犯的怪现象。

（二）以役代刑制的发展

明朝刑制和狱制的另一个变化是不限于徒刑犯必拘役的原则，允许杂犯死罪以至笞杖都可以力役赎罪抵刑。据《明会典》记载：国初，通令罪人可以用力役赎罪，死罪犯人拘役终身，徒流刑犯照年限，笞杖犯人依月日计算，满月日就疏放。抵罪的劳役或修造，或屯种，或煎盐、炼铁，等等。可见明朝除真犯死罪犯人外，其他犯罪都允许用罚服劳役来赎罪抵刑。所谓真犯死罪是杂犯死罪的对称，简称"真死"，指犯有十恶、杀人、盗官财物及强盗、窃盗、放火、掘坟发冢等罪行，是大赦不原宥的罪。真犯死罪较杂犯死罪为重，因而不许用工役代替。明朝以役代刑的诏令各朝都有。

如洪武八年（1375 年）令："杂犯死罪者免死，工役终身；徒流照年限工役；官吏受赃及杂犯罪当罢职役者，发凤阳屯种；民犯流罪者凤阳工役一年，然后屯种。"

洪武十六年（1383 年）定徒流笞杖罪囚代农力役赎罪法。二十三年（1390 年）下令死罪犯运米北边。

明成祖、宣宗、英宗各朝也都下过关于囚徒劳役的诏令。

各朝又陆续制定了罪犯运米、运灰、运炭、运砖、运盐、炒铁、煎盐、盖房屋、哨嘹、种树等工役办法，工役种类不下十几种，并有详细的折罚定额。如在盐井煎盐，每日比其他未犯罪者多煎盐三斤。囚犯打墙，每日的任务是打墙高一丈，厚三尺，阔一尺。挑土、运砖以每担六十斤计，就近取土三百担，半里内取土二百担，十里取土十担。洪武三十年（1397 年），罪囚运米赎罪，死罪一百石，徒、流递减。其力不及者，死罪自备米三十石，徒流十五石，俱运赴甘州（今甘肃张掖）、威虏（今甘肃金塔县东北）。

以役代刑的罪犯的待遇与监狱囚犯一样，杂犯死罪还要加戴锁镣。在盐场，冶炼劳役的罪犯如应役而不役，要受到惩罚，过三日笞二十，每三日加一等，罪止杖一百。徒流犯在役限内逃亡后捕回，一日笞五十，罪止杖一百，仍发配所，重新拘役。

明朝以役代刑的发展，一方面可以标榜统治阶级的所谓仁政，另一方面是随着社会的进步，明朝的统治者逐步意识到囚犯劳役所创造的价值对于加强其专制统治是有利的。这也是封建社会晚期手工业和商品经济进一步发展的反映。

四、录囚制度

明朝盛行会官审录制度。即几个机构官吏联合起来，对京师、地方已定罪的重大案犯、死刑犯进行联合审查、复核，最后作出量刑执刑的决定。明朝有秋审、朝审、热审、大审等。

（一）秋审

明初，有重大案犯，太祖多亲自录囚，以后常命法司与其他衙门（如刑部、都察院、大理寺、五军都督府等）官吏会议录囚。这些官吏以后在每年冬至前共同审录重大案犯，称为秋审。

（二）朝审

朝审始于明英宗天顺三年（1459 年）。英宗鉴于"人命至重，死者不可复生"，下诏每至霜降后，有该决重囚，由三法司奏请会官审录，成为定制。

（三）热审

明成祖永乐二年（1404 年）夏，由于天气炎热，狱囚淹禁过久，需要清理牢狱，令三法司等"尽数日决遣"，遣放一批轻罪犯者。这是热审的开始，以后热审时间在每年小满后十余天至六月止，成为定制。后来的热审也处理可矜疑的杂犯死罪和疏放枷号罪犯和减赦轻犯。

（四）大审

大审于宪宗成化十七年（1481 年）创设。由司礼太监会同三法司官员在大理寺审录，每五年一次。明朝宦官干预朝政，大审权操在司礼太监手中，三法司也要依其眼色行事。

明朝录囚的名目周密而繁多，这在一定程度上起到了清理淹狱、防止冤狱的作用。通过录囚进行的减赦的活动，为巩固朱明王朝的封建专制统治起到了一定作用，但在实际治狱中冤狱和罪囚淹滞的情况却是十分严重的。

🔍 复习与思考

1. 简述明朝的狱政思想。
2. 试述明朝监狱的管理制度。

第六章　清朝的监狱

（1644 年～1911 年）

学习目的与要求

　　了解清朝的狱政思想与监狱立法；掌握清朝监狱的设置及其管理制度。

 第一节　清朝的狱政思想和监狱立法

一、清朝的狱政思想

（一）康熙的治狱思想

康熙名爱新觉罗·玄烨，在位六十一年，是清朝最有作为皇帝之一。

　　他总结了历史的经验，在重视法治的同时，特别重视吏治。他认为，为政全在得人。"治国家者，在有治人，不患无治法尔。"就是说，治理国家，首要的是要有一大批奉公守法、勤业清廉的官吏，国家的法律要靠这些官吏去执行。有了对皇朝忠贞不悖的官吏，才能贯彻法制。因此，他加强对官吏的考核、督察和赏罚，严惩贪赃枉法的官吏。他特别仇恨贪官，在秋审赦免人犯时，他曾下诏：凡别项人犯，尚可宽恕，贪官之罪不可宽。他规定，赃官即使遇赦免罪，也不许复职。他认为皇帝也不能任意枉法处治无罪之人。他废除了肆恶虐众、暴戾淫乱的皇太子和几个阿哥的贵族身份。对于劣官恶霸，他也处以严刑峻法。他接受了明朝宦官干政的教训，对太监犯罪加等治罪。

　　康熙认为治天下之道以宽为本，他几次下诏要求勿用严刑，轻毙人命，违者治罪。他说："夫治狱之吏，以刻为明，古人所戒也。"他崇尚儒家的礼治思想，并把儒家思想作为实行宽刑的思想依据。他曾谕示三法司说：帝王要"以德化民，以刑弼教"。他经常谕示刑部派遣大臣到各地清理狱讼，检查狱治。他指斥当时狱讼混乱的现象，说许多案件"不行速结，使良民久羁囹圄，改造口供，草率定案，证据无凭，枉坐人犯，其间又有衙门蠹役，恐吓索诈，致一事而破数家之产"。他还指责狱吏酷刑滥刑，诬民为盗以及捕役私行吊拷等现象。狱卒甚至根据犯人贿赂的多少，决定枷孔的大小、枷板的薄厚，并污秽罪妇。他指示刑部对此等情弊，亲行严察禁止。他说，有很多犯人由于狱卒的恣行凌虐，"未死于法，先死于狱"。康熙要求对错判逼供和狱治不善造成人命的官吏，实行革职和罚俸的处罚。

但是康熙的宽刑是有条件的。对于人民的反抗和侵犯封建统治根本利益的行为是从不宽恕的，如他针对缓决制度曾下旨："犯十大恶乱之人，情实即宜正法。强盗乃有越狱脱逃者，此等凶徒，不可又待一年。"他的宽刑的主张实际上也常常被残酷的刑杀所代替，如清代的文字狱就是从康熙时兴起的。为了防止人民的反抗，他实行文化专制，根据一字一语，罗织莫须有的罪名，横加屠戮，制造了不少冤狱。

（二）清末狱政思想的变化

清末统治者在当时外部大环境、国内形势变化之下，既不可能完全排斥和拒绝外部世界的介入，也不可能彻底摆脱顽固的封建保守性，因此，一方面恪守前清"祖宗之制"，竭力保留前清腐旧的监狱制度；另一方面又屈从外国侵略者的压力，适应当时国际交往的需要，做一些变改的姿态，使得清末狱制在近代化的轨道上打上了半殖民地性质的印记。这一时期的狱政状态、狱制演变的特征，就是在旧监和封建狱制的基础上试行一些"改良"。这种改良的先行是狱政思想的转变。

清末的狱政思想是："中学为体，西学为用。"也就是维护中国封建皇位君权、纲常伦理为根本，学习和采用西方的一些科学技术、法律制度以及文化教育来为封建统治秩序服务。

1898年张之洞在其《劝学篇》中说："夫不可变者，纪伦也，非法制也；圣道也，非器械也；心术也，非工艺也。"就是说，法制、器械、工艺等具体的规章制度、科学技术是可以变通的。而中国固有的三纲五常伦理道德、封建专制制度则是"本"，是"道"，也就是主体，万万不可改变。"天不变，道亦不变。"1901年清政府发布的"变法"上谕说得很清楚："世有万古不易之常经，无一成不变之治法，……盖不易者，三纲五常，昭然如日星之照世，而可变者，令甲令乙，不妨如琴瑟之改弦。"

"中学为体，西学为用"的思想，是当时清政府变法修律的指导思想，也是改良狱制所奉行的方针。

二、清朝的监狱立法

（一）前清的监狱立法

1644年清世祖入关以后，面对新的形势，一方面下令准依明律治罪治狱；另一方面着手立法，在明律基础上，制定大清律和有关监狱章程、法令颁行天下。清朝的主要监狱立法也同明律一样集中在大清律的名例、捕亡、断狱各篇。清朝的第一部成文法典《大清律集解附例》中有关监狱的条文基本和明律一样。高宗乾隆五年（1740年）修订的《大清律例》中所规定的部分监狱条文也与明律大致相同，只在刑制和民族特权方面作了一些新的补充，如五刑之外又增加发遣，进一步明确斩绞"立决"和"监候"的区别，确定宗室、觉罗和旗人罪犯的监禁待遇等。

康熙十九年（1680年）奏准的《刑部现行则例》，对《大清律例》监狱条文进行了具体补充，如对徒罪人犯罚役，禁止滥用夹棍、匣床、旗人犯徒罪枷号等作了规定。

在参照明朝有关提牢制度的基础上，清朝康熙、雍正、乾隆、同治、光绪等在位时期，都曾制订过提牢条例或章程，对提牢制度作了规定。

乾隆三十二年（1767年）编定的《秋审条款》四十条至四十九年（1784年）又加以增订。内容包括职官服制、人命、奸盗抢窃、杂犯、矜缓比较等五门，共一百八十五条，对于各种死刑案犯，根据情节作了情实、缓决、矜疑、留养承祀等分类区别处理的规定，对于秋审、朝审的时间、地点、参加人员等也有规定。

此外，在《大清会典》中还有关于清朝中央、地方的各级狱官及其职掌，刑部、提审厅、秋审处、户部现审处、宗人府、内务府慎刑司、盛京刑部的设置和下属的监狱管理等的记载。

（二）清末《大清监狱律草案》的颁布

1908年，清政府聘请被沈家本誉为"日本监狱家之巨擘"的日本监狱学家小河滋次郎任狱务顾问，起草监狱律及设计改筑监狱的规划。监狱律草成以后，递交法律馆审查，称《大清监狱律草案》，于1910年上奏，但未颁布实行。

《草案》共分十四章，二百四十条，分总则、分则两部分。第一章是总则，其余是分则。

1. 总则。总则中规定了组织领导和狱制的基本原则，根据自由刑分徒刑、拘役刑而作如下规定：

（1）监狱的种类。规定监狱分为三种：第一种是徒刑监，拘禁处徒刑者；第二种是拘留场，拘禁处拘役者；第三种是留置所，拘禁刑事被告人。徒刑监、拘留场是实质的监狱，留置所是拘禁判决未定者之处所。

对未满十八岁的徒刑犯的拘禁采取区划法隔离，男女分监，严加区别。

（2）总则规定，按中国历史习惯，监狱归法部管辖。监督方法"以巡阅为最善"。至少每二年巡视一次。

（3）总则规定了在监犯人的待遇。《草案》提出不许伤害在监犯人的身体，监狱的构造和卫生设施，应以无害于在监犯人的健康为原则。

2. 分则。分则对收监、拘禁、管束、作业、教诲及教育、给养、卫生及医疗、出生及死亡、接见及书信、赏罚、保管、特赦、减刑及假释、暂释、释放作了规定。

（1）规定实行分类监禁制度。《草案》效法日本监狱之制，规定各种监狱不得混杂，男女不得混监，《草案》第三十六条提出"在监者一切概以独居拘禁为原则"，对"刑事被告人"、"刑期不满三月者"、"未满三十岁之受刑者"，实行分房监禁，不许杂居，有暴行危险的囚犯和传染病囚犯则要进入夜间独居拘禁监房。独居拘禁的时间，不得超过三年，未满十八岁者不得持续一年以上，特殊情况例外。但由于清政府财力不足，分房制耗资巨大，无法普遍实行，所以《草案》又规定兼采"杂居拘禁"，以"在监者之罪质、性格、犯数、年龄等区别其监房工场"。

（2）详细规定了作业制度。《草案》在第五章中详细规定了作业制度，共二十四条。首先确定作业种类的选择，要适合卫生、经济、无害监狱纪律三个要件，要斟酌在监者的刑期、健康、教养、技艺、职业、将来生计等方面的需要，如奉天模范监狱设有皮革、缝纫、纺织、靴工、木工、冶工、酿造、漂染、女工、豆业、园艺等作业。其次规定作业场所，一般限于监内作业，监禁所的囚犯和未满十八岁者可监外作业。作业时间规定每天八至十二小时，作业收入规定一概归国库。凡国家规定的节假日允许休息，为父母守丧可免七日作业。

（3）规定建立以感化为宗旨的教诲、教育制度。沈家本所提倡的"藉监狱之地，施教诲之方"，即对犯人要进行感化教育的改良监狱思想在《草案》中得到反映。《草案》把教诲、教育和作业列为"积极感化"的措施，认为"行刑之三大要素，曰纪律、曰作业、曰教诲及教育"，在第六章规定了教诲、教育制度共七条。规定休息日之外，对在监者至少每十日教诲一次。教育注重"智育"，规定监内以小学教育内容为标准，学科有读书、习字、数学、作文等实用课程。但十八岁以上刑期不满三个月者不在受教育者之列。

（4）规定了在监人的医疗卫生制度。西方各国近代监狱学家认为"不卫生之监狱，为无形之断头台"。沈家本在奏折中也强调"监狱要务不外纪律、教育、卫生三项"，卫生被视为"文明监狱"的最重要一项。《草案》的第八章规定了卫生医疗制度共二十七条。如规定监房清洁、入监者剃须、在监犯定期剃发、入浴、衣物消毒、运动、传染病的预防、疾病的医疗、犯人的保外就医等，监内医士要求做好预防、治疗，以达到"保刑期、重人道、启在监人之改悔"之目的。

《大清监狱律草案》是一部独立的监狱法典，它打破了封建社会诸法合体的陈规，虽然它基本上照搬了日本《监狱法》，刻上了半殖民地化的烙印，而且尚未颁布实行，清政府就被辛亥革命推翻，但它成为1913年北洋军阀政府制颁的《监狱规则》的蓝本，其大部分条款又被国民党南京政府沿用。

总之，清末统治阶级为适应帝国主义侵略政策的需要，挽救其濒临灭亡的统治，在其所进行的立法活动中，仿照西法草成的改良监狱的法规，虽然脱离清末腐败落后的实际状况，并未来得及实行，但这种监狱立法是趋于改革的，是有其历史进步意义的。

 第二节　清朝监狱的设置及其管理制度

从清朝起"监"与"狱"相连，合称"监狱"，此后"监狱"便成为固定名词了。清朝监狱组织体系依照明制。中央司法机关仍为大理寺、都察院和刑部。刑部下设提牢厅总管全国监狱。

一、中央监狱

（一）刑部监

属刑部提牢厅和司狱司直接管辖。设满、汉提牢员二人，满、汉司狱八人，分掌南北二狱的监察。另设官医二人，治疗囚犯疾病。刑部监主要拘系外省和京师死囚及现审重犯，分内监和外监，内监拘系强盗及斩绞重犯，外监拘系军流以下轻犯。北监还增设一女监。内外监都隔以垣墙，并堆满棘刺。

都察院和大理寺不附设监狱。

（二）专为满人而设的特别监狱

1. 盛京刑部监狱。盛京（今辽宁沈阳）是清入关前的国都，顺治元年（1644年）定都北京后，被称为王朝的陪都。盛京的机构职官设置基本保留原套规格。盛京刑部附设有本部监狱，由满人、汉人二名司狱掌管，收禁盛京地区旗人、蒙古人及民人与旗人交涉的案犯。

2. 宗人府空房。清朝宗人府主要掌管皇族属籍、爵禄赏罚、祭祀，等等。宗人府下专设空房，置司官二人掌管。宗人府空房是监禁皇室罪犯的场所。凡宗室觉罗犯罪，轻则折罚，重则责惩而圈禁于空室。宗人府空房实际上是优待皇族犯人的特殊监狱。

3. 慎刑司监。清朝为了吸取明朝宦官擅权的教训，康熙时设内务府，总务宫廷各种事宜，直接为皇帝及其家族服务。内务府下设诸司，慎刑司是其中之一。负责审理八旗中由皇帝亲统的镶黄、正黄、正白三旗的刑事案件，慎刑司设狱以监禁本府官员、太监、匠役中犯罪之人，由郎中、员外郎等官管理。据《大清会典》载，凡笞杖罪由慎刑司审理定罪，徒罪以上由慎刑司移交刑部处理。慎刑司监男女犯分别关押，每日派三旗章京十人轮流看守，女犯则由内管领处派年老妇人看守。

4. 步军统领衙门监狱。清初设步军统领衙门，统率八旗步兵和京城绿营马步兵，相当于京师地区的卫戍、警备部队和治安保卫机关。步军统领衙门设监狱，以监禁京师所在地满人和八旗军人罪犯。监狱分设在崇文门、宣武门、朝阳门、阜成门、东直门、西直门、安定门、德胜门。每门监禁一旗，依以上顺序分别监禁镶白旗人、镶红旗人、正蓝旗人、镶蓝旗人、镶黄旗人、正黄旗人、正白旗人、正红旗人，也监禁刑部判定枷示或本衙门奏明枷示的旗人罪犯。

二、地方监狱

清朝中央以下的省、府（厅）、州、县各级衙门均设有监狱。

顺天府直辖于中央，设司狱司，有司狱一人专管监狱，主要关押京师及附近州县徒罪以下案犯，并负责刑部所送流徒人犯的收押和发遣。

奉天府与顺天府同，奉天府关押盛京及附近锦州、承德等州、县案犯。

清代分有狱官和管狱官两类，有狱官有统辖之权，无管理之责，管狱官为管理监狱的专职官员。

有狱官，在京师有刑部提牢司员，各省有按察使即"臬司"及各地方行政长官——知府、州官、厅官、县官等。

管狱官，在京师有刑部司狱，各省有司狱、府（厅）有司狱、州有吏目、县有典史。

三、清朝监狱的管理

（一）系囚

1. 戒具和刑讯。清朝监狱所用戒具：一曰板，以竹篾为之，大头径二寸，小头径一寸五分，长五尺五寸，重不得过二斤。二曰枷，以乾木为之，长三尺，宽二尺九寸，重二十五斤。三曰杻，以乾木为之，长一尺六寸，厚一寸，男子死罪用之。四曰铁索，以铁为之，长七尺，重五斤。五曰镣，以铁为之，连环重一斤，徒罪以上用之。另有夹棍、拶指（妇人用）等。凡强盗、十恶、谋杀等重犯，用铁索、杻、镣各三道，其余斗殴人命等案罪犯，以及军、流、徒罪犯，各用铁索、枷、镣各一道。笞杖等犯用铁索一道。如轻罪滥用重锁，重罪私用轻锁，以及应三道而用九道，应用九道而用三道等，狱官禁卒应受罚或革职。但实际上匣床、大镣、大枷（重一百二十斤）、木笼（木做囚笼，长形，上下分数层，囚犯拘纳其中，身体不能屈伸，秽气熏蒸，无不监毙）等非法戒具仍旧施用。

清律中规定：讯囚用杖，每日不得过三十；笞杖罪民人概用竹板，强盗人命案酌用夹棍，妇女用拶指，不得过二次；应夹人犯如不实供，方夹一次，再不实，许再夹一次。

2. 重囚刺字。规定旗人刺臂，奴仆刺面，其余犯人根据犯罪次数（初犯、再犯、累犯）确定刺字的部位。如徒罪以上刺面，杖罪以下刺臂；如初犯刺左，再犯、累犯刺右等。刺字的大小通常为一寸五分见方。

3. 凡监禁之人犯应登记在册。乾隆元年（1736 年），刑部议定，各直议定，各省、府、厅、州、县监狱官吏，应立循环簿，填注每日出入监犯姓名，申送上司查阅。并令专管监狱的司狱、吏目、典史等官各将监狱人犯逐名登记，填注犯案事由，监禁年月以及现作何处断等项目，造具清册，按月申送该道守巡认真查核，如有滥系、淹禁情形，即将狱官随时参处。

如该道因公巡历至府、厅、州、县时，应亲提在监人犯依照清册逐名点验，如发现填注有隐漏者，将有狱官及管狱官一并参处。

4. 点视。清律规定，监狱各门的早晚封锁都由值日狱官点视，"遇有大风大雨之期，开封不准太早，收封不准过迟，如日间遇有风雨即责成当值禁役将囚犯逐一点进屋内不准在院落坐歇"。如犯人应禁而不禁，应锁杻而不锁杻，或因不点视而发生失囚、错禁、死囚等事故，从提牢官到狱卒都要治罪。

5. 防逃。清律与明律规定相同：①凡囚禁之犯人脱监以及解脱枷锁越狱而逃者，各于本罪上加二等。②狱囚偷放其他狱囚，罪重者与囚同罪。③若盗犯越狱、原拟斩决者，即行枭示，原拟免死发遣者，改拟斩决。若结伙三人以上越狱，分别情罪，从重处罚，同监守法不动者酌量减轻，同监囚人不知情者不为罪。④监狱官吏如遇贼人自外入狱劫囚，力不能敌者，免罪。⑤监狱官吏如依法看守，非得贿故纵者，减囚罪二等惩罚，给百日限期追捕，捕得即免罪。⑥将斩绞重犯放松刑具以致脱逃，即将该狱卒严行监禁，在拿获逃犯之日，照所纵囚罪判罪。⑦狱官卒徇情松放，或托故擅离职守，或请人代守者，照故纵囚判罪。

6. 犯人收监、出监的检查。雍正七年（1729 年）定制：罪犯入监时，狱官要细加搜检有无夹带金刃等物，方许进监，并不许狱卒将砖石、树木、铜铁器械之类混入监内，违者治罪。如有私自买酒入监者应将禁卒责治查办；如有给囚犯送饮食者，由提牢官检验后，交由禁卒转送囚犯。

雍正八年（1730 年）定制：凡犯人出监之日，提牢官司狱要细加查问，包括狱卒凌虐索贿等，如不查问，事发之日，要照失察例论处。

7. 规定刑部监提牢官轮流值班。为了加强监狱管理，刑部规定提牢官要轮流值班，有关条例纂定于雍正七年（1729 年），正式开始于嘉庆二十二年（1817 年）。

刑部章程规定：刑部南北监提牢司员总理两监，在外厅办事。早晚放饭时两次入监查察，晚间狱门封锁后，始行散署。司狱每日轮流二员在南北监内厅值班住宿。

由于外厅未规定有值班，因而恐罪犯家属探视把关不严，又下令：满、汉提牢司员每日轮流一人在外厅值宿，严行查察。并且规定：囚犯亲属入监探视必须立号登记，逐一详讯。如监犯越狱或在狱闹事，值班提牢司员则要受到惩罚，重则革职，如该值宿而不值也要受罚。

8. 严禁擅自出入监舍。监犯的祖父、叔伯兄弟妻子，每月准许两次入视。随从使役，不得超过二人。探视后应立即出监，不得久留。监犯之家口，不许放进入监门探视，违者枷责，官吏参处。

雍正八年（1730 年）定例，由步军领派役密行访拿。如发现在京问刑各衙门及狱门有闲杂人擅自出入以及跟随受审犯人窥探者，在衙门首枷一月及责板。官员犯之交刑部议处。

闲杂人员擅自出入监狱者，由提牢官、司狱禁卒拿回公堂法办，不办者以失察例处。

如有受贿而与在监犯人通信教供者，从重治罪。

清朝积累了前代监狱管理的经验，对犯人的囚禁管理与前代相比已更加严密和完备。

（二）囚犯的待遇

1. 生活待遇。清朝狱囚处遇一如明制。徒罪以上锁收。杖以下以及年七十以上、十五以下、废疾者散收，依罪行性质、年龄，男女分别关押，不许混杂。凡在监囚犯日给仓米一升，油薪盐茶钱五文，冬给絮衣一件。

乾隆时规定军流人犯每季剃发一次，斩、绞监候人犯遇秋审责令狱官监视理发一次，留顶心一片，军流以上重犯、遣犯在监或解审发配都穿赭衣，以防脱逃。囚犯所戴的索、枷必须经常洗涤，铺置草席，冬天设置暖床，夏天准备凉水。

2. 病囚。清律规定，狱囚有病，由官府给医药。每监设医生二人专门为囚犯诊断治疗。徒罪以下病囚由狱官报明，承审官赴监狱检视，如属实即令该地方官将病囚保外医治，病愈回监审结。

如狱官不报病囚者，承审官不验看病囚者，均以淹禁论罪。如犯人无病，故意串通狱卒、医生捏造病状者或病已痊愈，该管狱官不予送回监狱，均以诈病避事论处。

囚犯在监狱因病死亡，由司狱官依例处理，雍正五年（1727 年）特订监犯病死狱官处分例。将囚犯依罪轻重分为三等，如病囚死亡，按死亡人数分别议处。

各督抚上报病死人犯，必须将病犯所犯罪名与病症，以及有无受到狱卒凌虐等情形逐一查明方能上报。

3. 禁止凌虐犯人。唐律有减窃囚粮以及以故致死狱囚处刑的规定，但未设凌虐人犯专条，明律增设凌虐人犯专条，清律袭明律但项目更为广泛，包括：①凌虐致死；②凌虐未致死；③轻罪滥用重锁；④在监滥用匣床；⑤狱卒受犯人仇家贿赂谋死本犯；⑥私拷取供；等等。这些均有问刑的规定。

如狱卒受罪人仇家贿赂而谋杀在狱人犯者，以谋杀论罪。

番役私拷死罪人犯者，枷号杖责；私拷军流以下罪犯者递加一等治罪。

向犯人逼索银钱，计赃以枉法论。

犯人在押解途中，如押解人擅加杻镣，非法乱打，搜检财物，剥脱衣服，受财故纵和听凭歹徒买杀，或逼致死伤，或奸污犯人妻女者，照例重治，并许被害之犯在各该处衙门控告。

（三）录囚

清朝秋审、朝审更加发展。顺治初定律时便有斩、绞"立决"和"监候"之分。凡外省核定监候的人犯则入秋审，在京刑部监狱议定监候的入朝审，每年阴历八月在天安门外金水桥西朝房审理，朝审时间略迟于秋审，于每年霜降后十日进行，冬至前复审完毕。经秋审或朝审后，上奏皇帝裁夺。

会审结果一般分四类分别处理：

1. 情实。会审结果如入情实，一般在阴历十月以前即处决。

2. 缓决。即情罪属实，但稍轻，危害较小的，如属误杀、戏杀，三犯窃盗等犯。缓决的，或减为流三千里，减为发遣极边，烟瘴（四千里）充军，或继续监禁查办。

3. 矜疑。即值得怜悯、矜恤的罪犯如老、幼、废疾等人犯罪，因救护父母伤亡而犯罪者以及案情可疑须待询查的案犯。入矜的罪犯，一般减为流、徒刑，在本年分别执行。

4. 留养承祀。指情罪属实，但父母、祖父母年老又无人奉养的，可以免死以承续"香火"的案犯。秋审结果，如入留养承祀，则枷号两月，责打四十大板释放。

清朝的秋审、朝审是封建社会录囚制度的发展与完善。对部分死刑犯实行监候，对囚犯生命持慎重态度，这无疑是进步的和文明的，其意义也是重大的。

清朝赦囚也较明朝为宽，凡属国家特大喜庆，除真犯死罪以外均赦免，称为恩赦。平常万寿及喜庆之时则"传旨行赦"，死罪以下可减等处罚，称为恩旨。

（四）优待满族贵族之规定

清律中反映了阶级民族之间的不平等，明文规定满人享有各种法律上的特权。如满人犯罪不由一般司法机关审判，而由盛京刑部、内务府慎刑司、步军统领衙门审理，如系皇族则由宗人府审理，并由以上衙门附设牢狱专门拘押宗室、贵族、满人的罪犯。在狱中的待遇也较优待和宽缓，依律享有减等和减等换刑等特权。

1. 旗人犯罪免除发遣，以鞭责或枷号代刑。清律规定：凡旗人犯罪，笞杖照数鞭责；军、流、徒免发遣，分别枷号。徒一年者枷号二十日，每等递加五日，流二千里者枷号五十日，每等递加五日；充军附近枷号七十日，近边，沿海、边远者八十日，极边、烟瘴者九十日。枷号盛行于明朝，清朝也沿用。清朝法律允许以枷号代刑，是对旗人的一项宽待政策。

2. 旗人、官员、宗室犯罪不得采用锁禁夹责。康熙九年（1670年）令，凡将旗人擅用夹责者降一级用。十年令，文武官员犯罪锁禁锁拿永行禁止，并规定亲王、郡王不可随意传讯，如必要传问，要上奏皇帝批准。

3. 旗人罪犯可以减等处罚。清律规定，旗人犯死罪，斩立决可改为斩监候或流罪，至秋、朝审时再行议处，给予减罪免刑。旗人犯，免于刺字，如系重罪必须刺字者，刺臂而不刺面。对于八旗官员，如犯徒流罪，仅以鞭责了事。

4. 宗室、觉罗犯笞杖罪允许用钱赎罪，或用暂时革去养赡钱粮等办法抵罪。从笞二十罚钱粮一月到杖一百罚钱粮一年共分九等，妇女减半。

5. 宗室、觉罗若犯徒、流、充军等重罪皆折以板责圈禁。圈禁地在宗人府空房，分为六等。如责板二十五、圈禁三月可抵折徒一年至二年，责四十板、圈禁二年半可抵折充军极边、烟瘴，期满释放。圈禁中一般不锁杻，生活待遇也较优厚。

6. 宗室、觉罗判处斩、绞监候者，准予减等缓决。《宗人府则例》规定：犯斩、绞监候的宗室、觉罗，准予减为流罪或缓决。减等或缓决后便可按折罚圈禁后释放。

以法律保护旗人宗室及贵族罪犯的特权，反映了清朝统治者的统治具有阶级、民族双重压迫的本质。

 **第三节** **清朝监狱的极端腐败和黑暗**

一、清朝前期狱政的腐败

清初统治者虽提出以宽为本的治狱思想，各朝也不断制定出管理监狱的新的法规，监狱管理制度不断完备。但法规与治狱的实践脱节，狱政弊病丛生。牢房狭窄拥挤，未决犯与已决犯、轻罪与重罪杂居，有病与无病混杂，监狱成为疾病传染的场所。时人方苞曾以亲眼所见揭露了清朝监狱的黑暗状况：狱中老监，除了中央禁卒居住室以外，其他四室全无窗户，空气污浊，系囚"矢溺皆闭其中"，"隆冬贫者席地而卧，春气动起鲜不疫矣"。如"夜中疫病因死，生人与死者并踵顶而卧，无可旋避，此所以染者众也"。由于疾疫传染不得救治，狱囚死者日多，每天约三四人，"多至日十数人"。

犯人在狱中"不问罪之有无，必械手足"，重犯则使用木笼、大镣、重枷，有的犯人被关入木笼动弹不得，"天时炎暑，秽气熏蒸，多至监毙"。[1]狱中刑讯更是残忍，不仅常用杖责，重犯还施以夹棍，妇女用拶指，再加狱卒凌虐，不少囚犯"不死于法、先死于狱"。

清朝监狱贿赂公行，狱囚狱官行贿受贿的名目繁多。如有"全包"（即花钱买通自门役到提牢主事以及有关衙门司官、茶房等全部人员）、

---

〔1〕《清朝文献通考》卷一九六。

"两头包"（即买内不买外，买上不买下）、"撞现钟"（即犯人在狱中每有一行动要求必贿若干钱）、"一头沉"（只用金钱贿买狱内牢头少受皮肉之苦），等等。狱囚的有罪无罪、罪轻罪重以及在狱中的待遇，全凭贿赂的多少而定，因而造成罪行重者反出在外，而轻者、无罪者深受缧绁之苦。有贿者食宿优厚，无贿者则械系老监，呼号达旦；甚至死刑行刑，如有贿"即先刺心"，"缢即先绝"；如无贿，则"四肢解尽，心犹不死"，或"三缢加别械，然后得死"。更有买人代死，连法官也不敢诘问的黑暗状况。

二、清朝后期狱政的混乱与黑暗

清末统治者对前清的封建监狱制度一脉相承，狱政也愈益落后、腐败和混乱。

清末一直沿用封建的残酷的刑罚和刑讯制度，如凌迟、枭首、戮尸、刺字等，直到光绪三十一年（1905年）才宣布废除。但重犯却仍用枷号。对在监人采用刑讯逼供的野蛮手段，比前清更甚，不仅跪锁、掌责滥用无度，而且竹板、站笼、老虎凳等刑具一直保留。直到光绪三十一年才发谕旨"禁用刑讯"，但对于命盗重犯"仍可用刑讯"。

监狱仍是狭窄阴暗，直到光绪末年也未得到改善。据史料记载，当时苏州府监每室容二十余人，"监无内外之别，犯无轻重之差"，难有容身之地。上海县监，监房"广不盈丈，低窄特甚"，三面泥墙，剥蚀严重，檐下木栅腐朽不堪，室中秽恶难忍，牢房简陋，拥挤十五六名犯人，病囚杂处其内，肩摩踵接，奄奄无生气，狱内缺医无药，囚人往往死于牢中也无人过问。即使后来被树为所谓"模范监狱"的京师新监里，也是监房拥挤不堪，大雨后监内水深及腰，囚犯混监杂居，空气恶秽，"瘐死之数常过百分之十五以上"。"模范监狱"尚且如此，其他监狱的黑暗状况可想而知。

鸦片战争后的清末狱制除了继续保留其封建狱制的黑暗和落后外，还具有显著的殖民地性质。外国侵略者可以无视中国监狱的规定，肆意骚扰、野蛮干涉和凌虐囚犯。《辛丑条约》签订期间，刑部南北监狱不断接收英德各租界交送的中国人犯，主要是义和团的爱国者。他们被称为"匪徒"，受尽帝国主义分子严刑拷打、残酷迫害才送到刑部监狱，并要带项锁、手铐、脚镣。刑部监狱对这些犯人的监禁完全受洋人的监视和控制。清末的监狱成为帝国主义迫害中国人民的工具。

第四节 鸦片战争后清末狱制的半殖民地化

一、清朝的衰落和鸦片战争的失败

（一）清朝的衰落

鸦片战争以前，中国是一个自给自足的、独立自主的封建社会，清王朝是一个独立的、拥有全部主权的封建政权，即以满族贵族、汉族大地主为中心的极端专制主义中央集权的封建政权。但是，这个封建王朝至鸦片战争前已到了衰落末世。特别是嘉庆以来，政治统治日益腐朽黑暗，大官僚、大地主大肆兼并土地，致使劳动人民贫困破产，日夜挣扎在死亡线上。因此，人民起义接连不断，如 1796 年~1804 年历时九年转战五省的白莲教起义和天理教起义等不断冲击着这个腐朽的王朝。

（二）鸦片战争的失败

正当清朝的统治日益衰落、动摇的时候，西方资本主义却有了迅速的发展。英、法、美等资本主义国家为了开辟世界市场和原料产地，寻找新的殖民地，加紧向中国侵略。1840 年爆发的鸦片战争，就是英国资产阶级旨在维护鸦片贸易、掠夺市场和殖民地而发动的侵略中国的战争。

鸦片战争爆发后，以穷苦农民为主体的中国劳动人民首先举起了反抗大旗，坚决反击，英勇战斗，给英国侵略者以沉重打击。但是，由于长期的闭关锁国，战争爆发后，一些官僚士大夫表现出极度的无知，他们还自以为是天朝上国，夜郎自大，不知己知彼，企图用中国千百年前打仗的老办法来对待近代的侵略战争，使战争失败，不得不签订了割地赔款、丧权辱国的《南京条约》。

鸦片战争的失败，是中国从封建社会沦为半殖民地半封建社会的历史转折点。帝国主义用坚船利炮打开了古老中国的大门，从此，中国从一个独立自主的封建社会一步一步地变成了半殖民地半封建的社会。

二、不平等条约的签订和狱制的半殖民地化

鸦片战争后，美、法、俄、日、德等资本帝国主义紧步英国的后尘，强迫清政府继中英《南京条约》之后，又签订了一系列的不平等条约，如 1844 年的中美《望厦条约》、中法《黄埔条约》，1895 年甲午战争后与日本签订的《马关条约》，1900 年义和团失败后与各帝国主义国家签订的《辛丑条约》等。根据这些不平等条约，各帝国主义向中国索取了巨额赔

款，占领或"租借"了中国大片领土。在他们的"租界"内实行完全独立于中国行政系统和法律制度的另一种统治制度，形成"国中之国"，严重破坏了中国的领土和主权。

尤其是 1861 年咸丰皇帝死后不久，那拉氏（慈禧太后）发动了宫廷政变，夺取了清朝的最高统治权，她公开发表声明"量中华之物力，结与国之欢心"，公然推行讨好外国侵略者的投降卖国政策。在这种投降主义统治下，帝国主义对中国的政治、经济、军事、内政、外交等方面进行了全面的控制，使中国进一步地半封建半殖民地化。

中国社会性质的变化，使作为清朝统治阶级专政工具的法律制度和国家暴力机器的监狱也随之打上了半封建半殖民地的烙印。它标志着中国古代监狱史的终结，是中国近代监狱史的开端。

1843 年丧权辱国的《五口通商章程》签订以后，英国片面地取得了在华的领事裁判权，英国人在中国犯法不受中国法律制裁，而受其本国法律制裁。接着，各国也都效法英国。这使中国的司法主权受到严重的侵犯。

三、外国侵略者在华设置的各类监狱

（一）英、美、法在上海租界内的监狱

随着上海各租界的划定，英、美、法等资本主义国家也纷纷设置监狱，主要囚禁其本国犯罪侨民以及未在华有领事裁判权或未在华设监狱的其他国家侨民犯人和犯重罪的中国人。监狱由他们直接管辖和操纵，并由他们制定有关章程。

1856 年，英国在其驻上海领事馆内建造了一所专门监禁刑期较短的外籍犯人的监狱。

1870 年，英国又在上海厦门路建造了一所较大的监狱，称为上海英国监狱，又称"西牢"。

1905 年，英国又在上海公共租界华德路建造一所新监狱，占地较广，因该地称提篮桥，又称提篮桥西牢。用于囚禁犯有重罪的中国人以及未在华驻有领事国侨民罪犯。起初此监狱犯人采用分房制，每室一人，后因犯人渐多，改为杂居制，一般每室三人，牢内有工场数处，犯人要分别从事竹、木、铁、石、皮革等种作业并从事监外劳动，监外劳动者加戴脚镣，以防逃跑，劳动时由印度捕头监督。犯人若违反监规，轻者减食；重则鞭打以示惩罚。据史料记载，提篮桥西牢虐待犯人致死的事时有发生，成为帝国主义迫害中国人民的罪恶工具。

法国在上海租界内也设有监狱。监狱设在卢家湾，规模较英国监狱稍小。

此外，英、法、美在上海租界内还设有巡捕房。巡捕房的主要职责是维持租界内的治安，同时关押未决犯和被判三个月以下刑期的犯人。

英国总巡捕房设在上海四马路，共有监房七间，巡捕房拘禁的全是中国人，巡捕房总巡、副总巡由英领事委派。

法国在大马路设有较大的巡捕房，巡捕长为法国人，由法国驻沪领事委派，并在徐家汇、泥城桥外、下海浦、八仙桥等处设有分巡捕房。

美国在上海租界内设虹口巡捕房，巡捕长为美国人。

为了加强对在华监狱的管理，他们还制定了监狱法规。

如1906年英国政府批准的、由英国驻上海领事草拟的《上海英国监狱章程》，章程共六章二百六十八条，明确规定了上海英国监狱归英国总领事馆管理，正狱吏由总领事馆选派，负责全狱事务，并规定各类犯人分别监禁，其中第一等犯人可享有特权待遇等。规定狱中设有传教士，犯人必须参加教礼，以宗教教义来麻醉犯人。

又如《上海工部局监狱章程》，它是提篮桥西牢的法规，由《监狱人员规则》、《欧洲巡士之专职》、《监房人等规则》等几个法规组成。对违反监狱规定的犯人要进行惩罚，办法有禁锢和鞭扑，严重者要穿用木或竹制的刑衣，如同带枷。

（二）日俄在东北占领区的监狱

沙皇俄国根据《天津条约》、《北京条约》等不平等条约逐步使中国东北沦为其势力范围。他们在东北地区不仅对俄国人，也对中国人行使司法管辖权。同时，陆续在哈尔滨、满洲里、海拉尔、博克图、横道河子等地设置监狱。其中哈尔滨监狱规模最大，能容纳犯人一百五十至一百七十人。除监狱之外，在扎兰屯、昂昂溪、安达、一百坡、穆棱、绥芬河、窑门等地的警察署也附设有暂时羁押犯人的拘押所。

1904年~1905年的日俄战争后，日本战胜俄国，俄国设置的旅顺监狱被日本接管，并加以修缮和扩充。设拘置监、女监和病监，犯人作业分内役、外役。犯人在工场服劳役时要穿特殊囚衣，以铁链将两人相连，违反监规者施以笞刑等肉刑。

日俄在东北的监狱是日俄侵略者残酷镇压中国和朝鲜人民的罪恶牢狱。

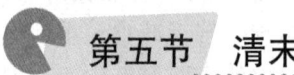 第五节 清末狱制的初步改良

一、清末改良监狱的社会历史背景

清政府在1901年实行"新政"后，又进行了"预备立宪"变通政治

的活动。接着，变法修律中也提出了改良旧的狱制。这种改革意念的兴起与当时的国内外形势有着直接的关系。

（一）各资本主义国家的监狱改良

18 世纪后，西方资本主义高速发展，反映资产阶级意志的法律也相继制定出来，这些法律，在自由、平等、博爱的口号声中，主张废止死刑，改革肉刑，实行感化教育。随着刑罚思想的变化，18 世纪中叶，各国的刑罚都发生了重大变化，以剥夺人身自由为特点的自由刑主张盛行一时。作为自由刑的执行机关——监狱的改良也随之提到了议事日程。比利时子爵威廉 19 世关于新狱制的提倡、英国的约翰·霍华德的改良监狱的设想和杰雷姆·沁心的辐射式监狱的研究和规划，都引起了西方各国的注意和重视。继而，西方资本主义各国和日本都锐意革新狱政。改良型的监狱陆续出现，如 1703 年的意大利撒末凯尔幼年监狱、1609 年以后的荷兰监狱和 1772 年建立的比利时闵梭·夫阿司监狱，都是"狱制改革的模范"，"同为狱制改良之先驱者"。到了 19 世纪，美、英、德、法、意、日、丹麦、瑞典、瑞士等国家对监狱也进行了改良，尤其是明治维新后的日本，也仿效德国对监狱实行了改良，"足与英之爱尔兰制、瑞士之鉴孚制并驾齐驱矣"。

随着法典、刑罚和监狱的改良，有关监狱的国际会议也相继召开。自 1846 年第一次佛兰克孚尔特国际监狱会议以来，"各国莫不从事改良监狱，并设立万国监狱协会，分年于各都府开会，派遣委员会各将其改良监狱事件，提出互相讨论，几视为国际之竞争事业"。

（二）清末改良监狱的提出

上述国际形势的重大变化也影响到了中国。早在维新运动时期，康有为就指出，中国刑律太重，狱政腐败，是外国侵略者攫取领事裁判权的借口。要图强就必须改苛律、洁监狱、免酷刑。严复认为西方各国之所以富强是由于监狱一事秒无闻，"讯鞫求情不用敲扑"，而"吾国监狱之用刑，其惨酷无人理"。他指出，中国要改变落后的局面，就必须改革旧的法律制度。为了挽救危急的中华民族，资产阶级维新派曾举起了变法的大旗，但遭到了清政府的血腥镇压。当声势浩大的义和团运动失败后，资产阶级革命派把用武装推翻清王朝专制统治提上议事日程。为了适应帝国主义的侵华需要，维持其统治地位，镇压人民革命，1901 年，清政府接过了两年前维新派的旗帜，宣布"变通政治"、"实行新政"。

在清政府的号令下，两江总督刘坤一、湖广总督张之洞联名提出了具有重大影响的《江楚会奏》。折中提出了有关监狱改良的三项主张：①修监羁。要求各处羁所务须宽敞整洁，不准虐待和多押犯人。②教工艺。教犯人学习工艺，使其监禁期间可以自给衣履，释放后可以谋生自立。③派专官。规定每府派设专官管理所属监狱事宜，并定期稽查。

1902 年 5 月 13 日，清政府发出修律上谕，令沈家本、伍廷芳"将一切现行律例，参酌各国法律，悉心考订……"1904 年 5 月，清政府设立修订法律馆，由沈家本任修订法律大臣，主持修律工作。改良旧的监狱，实行新的监狱立法，作为当时修改法律的一个组成部分也开展起来。

二、沈家本关于改良监狱的主张

沈家本是清末著名的法学家，清归安（今浙江吴兴）人。他一直是清朝的司法官吏，后任刑（法）部侍郎（大臣）。他对中外、古今法律作了精心整理和考证，著述很多。1904 年 5 月，清政府设立修订法律馆，沈家本任修订法律大臣。在他的主持下，翻译了资本主义国家的大量法典，修订了《大清律例》，并制定了大清《民律》、《刑律》、《商律》、《诉讼律》等一些专门性的法律。同时，他研究了我国古代及近代日本、西方的监狱，写出了《狱考》、《与戴尚书论监狱书》、《丁年考》、《监狱访问录序》、《实行监狱改良宜注意四事折》等著述。沈家本在这些著作中阐明了他的监狱改良思想，他的主张概括为如下几点。

（一）监狱的良窳是检验一个国家文明与野蛮、进步与落后的标尺

沈家本认为："觇其监狱之实况，可测其国程度之文野。"他把监狱及其管理的好坏看作是检验一个国家文明野蛮、进步落后的标尺。他认为中国狱政不良，监狱设备简陋，刑罚残苛，与西方相比如天渊之别。因此，他认为中国不改良监狱，就很难展示出自己的文明。要改变这种落后野蛮的状态，他主张参酌各国的办法，如"改建新式监狱"、"养成监狱官吏"、"颁布监狱规制"等，尤其要向日本学习。日本之所以能在明治维新后一跃成为东亚强盛之国，就是由于实行法律改革，努力改良监狱；中国要变法自强，就要仿照日本，从而摆脱野蛮与落后，进入文明之国的行列。

（二）监狱应随自由刑的发展采用自由刑的规制

沈家本认为："刑罚与监狱相为表里。"在自由刑广为施用的形势下，中国也要向资本主义各国一样采取自由刑的规制改良监狱。要效法西方监狱的建筑之法、待遇之法、监督之法，博采各国最新的规则，编定监狱章程，与新律同时颁行。他认为，纵有完备的法典和明允的法官，而无适当之监狱以执行刑罚，则迁善感化犹如空言。

（三）监狱的宗旨是感化人，非苦人辱人

沈家本认为："监狱者，感化人而非苦人辱人者也。"他很崇尚我国古

代的明刑弼教，矜老怜幼的主张和近代资产阶级所提倡的感化主义，反对残酷的威吓、惩罚主义。他认为人是可以被感化的，犯罪的人也是可以被感化的，监狱应是感化犯罪人的场所，很多人犯罪主要是由于缺少教化，因此，将他们押起来进行感化教育，是能取得最好的效果的。纵不能尽人而感化之，即使十人中得六七人或四五人或二三人，则犯罪必日见其少，风俗也会日进于良，治安就可长保。

沈家本认为近代资产阶级提倡的感化主义，我国"古人早已言之"，"试举泰西之制而证之于古；囚人运动场，即古人游观之意也；衣食洁而居处安，即古人闾里之意也；有教诲室，以渐启其悔悟，更设假出狱之律，许其自新，又古人幽闭思愆改善得原之意也"。

（四）对少年犯罪改用惩治教育

沈家本很注重少年犯的教育。他认为"刑罚与教育互为消长"，主张"丁年以内乃教育之主体，非刑罚之主体"。中国以十六岁为丁年，他认为丁年以内罪犯还未成年，犯了罪只能教育而不能惩罚。如关在监狱里容易熏染囚人恶习，交给家人又非父母兄长所能教育。他主张学习德国开创公同学校："略同监狱，实参以公同学校之名义。"他奏请清政府采用这种管理少年犯的办法。这种惩治场所类似于工读学校，通过惩治场的管教，"化其恶习，使为善良之民也"。

沈家本所提出的对少年犯的管理和教育办法是我国监狱史上采用惩治教育、以学校形式挽救治理少年犯的首倡，具有重要的历史意义。

（五）要储备管理人才，培养监狱官吏

沈家本认为治狱是一种专门之学，不是人人皆能为之的。治狱官要专门培养、特别任用。他说："典狱一官统辖全监，非兼有法律、道德及军人之资格者，不能胜任。"要改良监狱就必须"预储管理之才"。他建议"各省法律学堂或已成立之新监狱内，附设监狱学堂。以资造就监狱官吏，并改定狱官品级"，严格登进制度。他主张培养监狱官吏要学习西方各国的办法，即：先入监狱学校学习刑法、刑事诉讼法、监狱诸规则、会计学知识，出了学校还要进行考核，合格后先当看守，在任职年限内，如获得精勤证书，可依级历升，被任用为典狱官，提级时应"半课之于专科学理，半试之于实地练习"。

为了培养首批合格的狱吏，1907 年沈家本创办了京师法律学堂，并附设了监狱科，聘请日本监狱学家小河滋次郎主讲监狱学。这是我国近代拟用正规教育专门培养监狱管理人才的开始。

此外，沈家本还主张制定监狱规则。他认为制定监狱规则对于改良和治理监狱至关重要。他说，"纲纪一国必以法律组织，监狱亦然"，颁布了监狱规则，"上而官吏有服从之职务，下而囚徒有遵守之事项"。关于如何制定监狱规则，沈家本建议，"宜先由法部博采各国最新规则，编定监狱章程"，然后，"颁行各省"。

沈家本的监狱改良思想对清末的狱政改良起了极大的作用，它丰富了我国近代的监狱理论，表现了他的爱国主义和跟随时代的进步思想。他对资产阶级新的刑罚思想、新的狱政思想的宣传和对中国旧监狱的一系列改革主张，在中国监狱发展史上起到了开拓性和推动性的作用。

沈家本的监狱改良方案，为中国新式监狱的创立绘制了蓝图，在中国近代监狱史上，他是系统提出监狱改良方案的第一人。沈家本提出的对少年犯的管理和教育办法，是对我国封建狱制的一项重要改革。沈家本的司法官吏养成论和培养监狱官吏的实践，是我国近代用正规教育专门培养监狱管理人才的开始。沈家本的监狱感化主义一反中国几千年来的奴隶制以及封建制监狱对犯人所实行的重刑主义、苦辱主义、报复和威吓主义，因而是进步的。沈家本的改良中国旧监狱的主张，冲击了数千年的旧的狱政思想和旧的狱制，为中国监狱发展史揭开了崭新的一页。

三、改良监狱的主要措施

清末在制定了改良监狱的方针后，进行了一系列改良监狱的活动，除了立法定制外，还进行了一些改良监狱的具体措施。主要有：

（一）改革监狱管理机构，培养监狱管理人才

清末清政府在预备立宪中改革官制，刑部改为法部，为最高司法行政机关，下设典狱司掌管监狱；习艺所归民政部管辖；改大理寺为大理院，看守所属大理院各级审判厅系统管辖；改省按察使司为提法使司，为地方高级司法行政机构，下设典狱科管理地方监狱。法部根据沈家本的奏疏议定京内外法政学堂应设监狱学科，新办监狱应附设监狱学堂，培训选拔高等监狱管理人才。1907年清政府正式责成学部发布通令：京师和各省法政学堂增设监狱学专科，编定监狱学专科课程，聘请小河滋次郎主讲监狱学，以正规的学校教育和系统的法律、会计课程、监狱学理论训练在职监狱管理人员，培养高级监狱管理人才。

（二）筹建"模范新监"

清末，逐步开展了一些筹建新监或改造旧监的工作。1907～1911年，据呈报，正在建立新监的有：京师、奉天、湖北、两江（江宁、江西）、云贵、山东、广东等省。

1. 京师模范监狱。根据1907年沈家本实行改良监狱奏折的意见，于

1909 年筹备地基、经费，1910 年开工建造。它的构造图式由日本监狱学家小河滋次郎设计。根据图纸规划，监狱分前、中、后三区，前区包括大门、看守教诲所、病监、幼年监、运动场等。中区包括中央事务所、典狱室、会议室、课员室、戒具室、书籍室、阅览室、囚人接见室、仓库等。后区是正式监房分布区，监房采双扇面形，可容犯人三百至五百，扇柄处有圆式看守大楼，楼房上设有瞭望楼，用来对囚犯进行严密看守，楼内有教诲堂，是对囚犯训话的场所，楼下有惩罚室，是对囚犯惩处用刑的地方，还有囚犯作业的工场，监房实行分房与杂居并存制度，并设有医诊室、药术室、浴室、尸室等机构。

京师模范监狱是清政府仿照东西方各资本主义国家近代化监狱对中国旧监狱进行改良的实际行动的结果，但还未付诸使用，辛亥革命爆发，清王朝灭亡，后被北洋军阀政府接收，改为北京监狱。

2. 湖北省模范监狱。湖北省模范监狱兴建于 1905 年 ~ 1907 年间。监址设在江夏县署东面，与县署毗邻。该监狱的"一切体制仿照日本东京及窠鸭两处监狱规模"，其建筑构造与京师模范监狱相仿。狱内管理制度"兼采东西各国，为了不使外人见我监狱讥为野蛮"，革除了旧法管监的狱卒，采取招考守卫军制度，并且进行监狱学和监狱各种规则的训练。狱内设工厂，囚犯可作工种多是"成本轻而工程易者"，如织布、裁缝、编草竹器、制造学校用品，等等。卫生设施方面，狱内设有病监、医室、浴室、运动场、自来水等近代化设备。每周星期天和犯人歇工时对犯人进行教育，使之迁善，幼年犯被要求学习小学课程。

据张之洞关于湖北《新造模范监狱章程折》中说："管理、卫生、教育三事已规模具备。"

3. 奉天模范监狱。创办于 1908 年，监址在沈阳天佑门内。监狱的构造共分五部：第一部是官舍，又分前、中、后三段，有事务室、会议室、看守长室等行政机构，中段大楼的最高层设有瞭望亭一座，全监置于它的监视之下；第二部是杂居监，呈十字形，中央设一圆看守亭；第三部是分监房，呈扇面形；第四部是工场；第五部是男囚病监、女监及病室等。全监共计大小二百三十多间。

湖北、奉天两省模范监狱行政组织机构大致相同：设典狱长一人总掌全监狱务，下设三课两所：

1. 文牍课——管理文书往来及保管犯人金钱物品等事，设课长和书记。

2. 守卫课——管理检查囚犯及戒护惩罚等事。设课长、看守长、看守

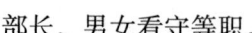

部长、男女看守等职。

3. 庶务课——管理土地建筑及会计工业等事，设课长、会计等人员。

另有教务所、医务所，各设所长一人，分别掌管犯人的教诲、医疗等事。

工场作业与湖北监狱大致相同。

（三）设立罪犯习艺所

自 1903 年清政府批准山西巡抚赵尔巽关于通设罪犯习艺所奏折以来，各省罪犯习艺所相继成立。罪犯习艺所由民政部管辖。对习艺所囚犯的监禁工作年限以及戒护都有规定。罪犯习艺所是为了补救清朝发遣、充军、流刑、徒刑罪犯管理上的流弊而设的。通过习艺所对罪犯的监禁、劳作惩罚达到使其生善心的目的。这在当时的狱制改革中起了积极作用。

清末，各地设立的罪犯习艺所主要有：顺天府习艺所，建于北京德胜门外的功德林庙宇，1902 年兴建；保定习艺所，1904 年建；1904 年建天津罪犯习艺所，坐落于天津西关西营门外教军场；奉天习艺所，是 1905 年就原有刑部狱侧面南监修建的。这些习艺所在设立工厂、募请教习、购置器具、配备作业、制定课程等经营和管理制度方面已初具规模。

另外，山西太原、安徽怀宁、浙江杭县等地也设有罪犯习艺所。

（四）设立待质所

"待质"的意思是拘留在所内等待质询。拘留的对象是判决未定的被告人，即《大清监狱律草案》中提出的"留置所"，属于未决监。

妇女设专门的待质所。1903 年法部奏报御批：革除官媒制度，妇女除实犯奸盗、人命及一切死罪，例应收女看守所以外，一般录供后都一律交保听候发落。

四、改良监狱的历史评价

1840 年，西方帝国主义用洋枪洋炮打开了闭关自守的中国大门。从此，中国由一个独立的落后的封建国家沦为半封建半殖民地国家。中国社会的性质发生的变化使清末监狱也打上了半封建半殖民地的烙印。1843 年的《中央五口通商章程》使帝国主义攫取了在华的领事裁判权，中国逐步丧失了司法主权。帝国主义在其租界私设监狱，不少地区的监狱也被帝国主义者直接控制。鸦片战争后，清政府仍顽固沿用封建君主专制下的法律制度及其腐旧的监狱制度。中国法律不完善，刑罚残苛不仁是外国侵略者攫取中国司法主权的借口之一。为了收回治外法权，为了挽救危急中的中华民族，资产阶级改良派曾举起变法大旗，但遭到了清政府的血腥镇压。1900 年，当声势浩大的义和团运动兴起和八国联军入侵中国之后，为了适应帝国主义的侵华需要，维持其统治地位，镇压人民革命，清王朝被迫打起了"厉行新政"、"预备立宪"的招牌，同时进行了一系列的修改法律活动。改良几千年的旧监狱，实行新的监狱立法，作为当时修改法律的一个组成部分也开展起来。中国近代法学家沈家本在这种新旧递嬗的转折时期登上了修律的舞台，承担起改良监狱的重任。

沈家本对于资产阶级新的刑罚思想、狱政思想的宣传和对于中国旧监狱的一系列改革主张，在中国监狱发展史上起到了开拓性和推动性的作用。

沈家本的刑罚思想是轻刑主义，表现在他的狱政思想方面，则主要是感化主义。固然，他过分强调了感化主义的作用，抹杀了监狱作为实行阶级专政的暴力工具这一本质。但是，这种感化主义对于中国几千年来的奴隶制、封建制监狱对犯人所实行的苦辱主义、重刑主义、报复和威吓主义来讲是进步的，甚至完全可以说，它实际上是一种狱政革新。在这种感化主义思想指导下，在这次监狱改良过程中所产生的一部独立的监狱法典——《大清监狱律草案》，对于民国初期乃至以后的监狱立法都产生了极其深刻的影响。

清末，清政府以资产阶级各国监狱法为蓝本，着手制定《大清监狱律草案》，并筹设、试建新监，改造旧监，在初步的监狱改良中出现了一些"模范监狱"、"罪犯习艺所"等新监形式。虽然由于清政府的阶级本质和当时形势，这些改良并未实行而只是流于形式，各地对监狱改良"奉行不力"，而且仍保持旧制，但就其条文制度而言，与封建的狱制相比，是前进了一大步，是对封建狱制的一次大冲击。如贵贱异狱不复存在，对囚犯野蛮的刑罚和苦辱有所收敛，苦役性质的劳作及囚犯待遇有所改善等，这些表明中国监狱发展史进入了封建狱制开始解体、近代狱制萌芽的时期。少数新监的兴建在监狱构造、组织及设备管理制度方面较旧监狱都有了进步，为以后北洋军阀、国民党南京政府所沿用。

由于当时国内外形势及清政府的腐朽本质，清末狱制并没有真正资产阶级化而是畸形地发展为半封建半殖民地的狱制，即有资本主义狱制的外壳与封建旧制的躯体相结合的特点。这种特点一直持续到北洋军阀和国民党政府时期。

复习与思考

1. 清朝设立了哪些中央监狱？
2. 《大清监狱律草案》有哪些主要内容？
3. 试述清末沈家本的监狱改良。

第七章　北洋军阀政府的监狱

（1912 年～1928 年）

学习目的与要求

　　了解北洋军阀政府的监狱立法与监狱改良；掌握北洋军阀政府监狱管理制度的主要内容。

　　以袁世凯为头子的北洋军阀政府取代了孙中山的南京临时政府，建立了与南京临时政府性质截然不同的封建地主买办阶级专政的政权。从此，中华民国转为北京政府时期。北京政府是以"中华民国之名，行军阀专制之实的地主阶级的军阀官僚的统治"[1]。因为从 1912 年 4 月到 1928 年 6 月，在北京建立军阀政权的袁世凯、段祺瑞、曹锟、张作霖等都是北洋军阀，所以又把北京政府称作"北洋军阀政府"。北洋军阀政府对外代表帝国主义利益，对内代表封建地主买办阶级利益。这个时期的监狱制度仍旧是半殖民地半封建的监狱制度，它的基本特点仍然是军阀独裁和封建割据。

第一节　北洋军阀政府的监狱立法和监狱改良

一、北洋军阀政府的监狱立法

（一）《中华民国监狱规则》的颁布

　　孙中山为了防止袁世凯专制独裁，在正式解除临时大总统职务之前于 1912 年 3 月 11 日公布了具有资产阶级共和国宪法性质的《中华民国临时约法》，袁世凯为了利用《中华民国临时约法》为其反革命统治披上合法的外衣，3 月 10 日宣誓"谨守约法"，也于 3 月 11 日予以公布。《中华民国临时约法》对当时的宪政、法制乃至狱制都产生了一定的影响。

　　《中华民国临时约法》公布后，北洋军阀政府将过去的法部改为司法

---

〔1〕 参见毛泽东的《中国革命和中国共产党》。

部，任命曾任清末奉天高等审判厅厅长的许世英为司法部部长（当时称为总长）；许世英虽怀有改进司法、革新狱制的一些设想，但很难付诸实施。为了加强监狱管理、推进狱制革新，选拔日本监狱学校毕业的田荆华出任监狱司司长，管理全国狱政。1912 年 4 月 30 日，袁世凯宣誓就任临时大总统一个多月后便立即下令"援用"清末制定的各种法律，接着又将清末颁布但未来得及实施的《大清新刑律》改头换面，改名为《中华民国暂行新刑律》予以公布，把自由刑改为徒刑和拘役两种，对所有在押犯都实行劳役制度。1912 年 11 月，司法部将京师模范监狱改名为北京监狱，委派王元增为典狱长。在王元增任北京监狱典狱长期间，对监狱设施和制度进行了某些改革，制定了一系列监狱制度，取得了一定成绩，使王元增取代田荆华升任监狱司第二任司长。

王元增所制定的各种监狱法规，先在北京监狱试行，然后颁布于全国。王元增出任第二任监狱司司长以后，把原清末《大清监狱律草案》略加修改，改名为《中华民国监狱规则》，并于1913 年 12 月 1 日由北洋军阀政府司法部加以颁行。

《中华民国监狱规则》（以下简称《监狱规则》）是北洋军阀政府关于监狱制度的基本法规。由于中国两千多年来没有一部独立的监狱立法，清末制定的《大清监狱律草案》又未来得及颁行，所以北洋军阀政府时期的《监狱规则》，是我国正式颁行的第一部比较完备的监狱法规。《监狱规则》共有十五章一百零三条，与《大清监狱律草案》相比压缩了一百三十七条，其内容主要分为总则、分则两个部分。第一章总则共十四条，比《大清监狱律草案》总则部分减少了十条。除个别条款与《大清监狱律草案》有所不同外其他条款基本相同。《监狱规则》第一条规定"监狱归司法部管辖"，而《大清监狱律草案》第四条规定"监狱归法部管辖"。这只是管辖的名称不同，而实质相同。清朝前期中央司法机关称刑部，1906 年改为法部，北洋军阀政府于 1912 年改为司法部，国民党时期又称为司法行政部。所以说名称不同，但实质相同。第二条规定："监狱为监禁被处徒刑及拘役者之所。"将看守所与监狱分离开来。但同时又规定，"有不得已时看守所得代用为监狱"。第三条规定，"未满十八岁者监禁于幼年监，但满十八岁后三个月内刑期即可终结者，其残刑期间仍得继续监禁之"。第四条规定"妇女监禁于女监"。第五条规定："各监设在同一区域内者严行分界。"这里说的设在同一区域内的"各监"是指徒刑监与拘役监、成年监与幼年监、男监与女监等各种监狱。第六、七条规定，"司法部每二年一次派员视察监狱"，"视察员得以检察官充之"。第十条规定："关于在监者之待遇及其他监狱行政之重要事项，监狱长官须咨询监狱官会议之意见。"
以上关于监狱的一般规则，有的是抄自《大清监狱律草案》，只有第一、
二、三、五条与《大清监狱律草案》有所不同。其中大部分是抄袭当时西
方资产阶级国家的监狱规则和法律条文。第二章至第十四章为分则部分，
共八十八条。分则部分具体规定了收监、监禁、戒护、劳役、教诲及教
育、给养、卫生及医治、接见及书信、保管、赏罚、赦免及假释、释放、
死亡等项管理制度。《监狱规则》的分则部分与《大清监狱律草案》相比
只是某些章的标题有所改动，顺序有些调整（见《大清监狱律草案》与
《中华民国监狱规则》各章标题比较表），而内容基本上抄自《大清监狱律
草案》。虽属抄袭但它是我国正式颁行的第一部比较完备的监狱法规，具
有一定的历史意义。这个规则又被国民党政府所承袭，一直沿用到新中国
成立之前。这充分说明，北洋军阀政府的监狱与清末政府、国民党政府的
监狱阶级实质的一致性，它们都是镇压人民，维护大地主、大买办阶级和
帝国主义利益的工具。

《大清监狱律草案》与《中华民国监狱规则》各章标题比较表

类别 章序 / 标题	《大清监狱律草案》	《中华民国监狱规则》	
		北洋军阀政府时期	南京国民政府时期
第一章	总则	总则	总则
第二章	收监	收监	收监
第三章	拘禁	监禁	监禁
第四章	管束	戒护	戒护
第五章	作业	劳役	劳役
第六章	教诲及教育	教诲及教育	教诲及教育
第七章	给养	给养	给养
第八章	卫生及医疗	卫生及医治	卫生及医治
第九章	出生及死亡	接见及书信	接见及书信
第十章	接见及书信	保管	保管
第十一章	赏罚	赏罚	赏罚
第十二章	保管	赦免及假释	赦免及假释
第十三章	特赦减刑及假释	释人	释放
第十四章	释放	死亡	死亡
		附则（第十五章）	附则（不作为一章，只称第一百零九条）

（二）其他有关狱制的法规

北洋军阀政府时期还颁布了其他有关狱制的法律法规。主要有：1912 年颁布的《监狱看守教练规则》和《监狱看守考试规则》；1913 年颁布的《在监人遵守事项》、《监狱看守点检规则》、《假释管理规则》、《监狱处务规则》、《视察监狱规则》、《监狱参观规则》和《监狱教诲师、教师、医士、药剂士处务规则》；1914 年颁布的《监狱官制》；1917 年颁布的《县知事疏脱人犯扣奉修监章程》；1919 年颁布的《监所职员任用暂行章程》、《监所职员奖惩暂行章程》、《各县监狱看守规则》、《监狱官考试暂行章程》、《监所职员官等法》和《监所职员官俸法》；1920 年颁布的《监犯保释暂行条例》；还有《监狱看守服务规则》、《监狱作业规则》、《看守所暂行规则》、《监狱看守使用公物规则》、《出狱人保护事业奖励规则》、《监狱专科学校规则》等法规。这些法规总的来说共分为两类：一类是关于对犯人的管理制度；另一类是关于监狱官吏的选拔、任用、考核奖惩制度。它们从不同角度补充了《监狱规则》的内容。但这些法规大都是清末政府被推翻前夕拟定的。可见，北洋军阀政府事实上是清末监狱立法的实际颁行者，而清末监狱立法又大量抄袭西方资本主义国家的刑法原则和监狱制度，同时保留着封建旧狱制的基本内容，所以北洋军阀政府时期的上述监狱立法有关改良监狱的条款，只是将改良监狱计划和设想的法律化，并不具备贯彻这些法规的客观条件。即使改良之后的所谓"新监"，也依然充斥着腐败和黑暗。

二、北洋军阀政府的监狱改良

辛亥革命的最大历史功绩就是在中国树起民主共和的旗帜，使民主共和的观念深入人心。"从此以后，任何违反民主的潮流，要在中国恢复帝制和建立独裁统治的人和政治集团，都不能不遭到人民的反对而归于失败。"[1] 北洋军阀政府就是在这种形势下建立起来的。以袁世凯为头子的北洋军阀政府一建立，就采取政治欺骗的手法，立即接过了清末统治者改良监狱的旗号，制定和颁布了各类监狱规则，同时采取了一系列改良监狱的措施，主要包括以下几点：

（一）筹建新式监狱（简称"新监"）

许世英 1912 年 8 月担任北洋军阀袁世凯政府的司法总长后，通电全国各省派人调查各县监狱情况，当年又提出了司法计划书，全面规划了新监的筹建事宜。这是一个五年计划，计划第一年先开办北京监狱，为全国树

---

〔1〕　胡绳：《从鸦片战争到五四运动》（简本），人民出版社 1998 年版，第 640 页。

立样板；两年以后，筹办各省会及各商埠监狱，在完善已设立的监狱基础
上，再建六十余所已决监；四年以后，筹办各县新监，计划六七县共建一
所新监，这样当时全国的一千七百多县就可以在五年之内建成三百多所新
监。许世英的司法计划书还提出了建筑监狱的办法要求，"容留二百五十
人以下者，采用单十字形，容留五百人者采取双十字形"，这样既可以节
省经费，又有利于管理。此外，计划书还提出了待质所（未决监）的筹办
办法，"即就地方各法院所在地之旧监或看守所推广改良"。可见，司法计
划书颇为周密。司法计划书公布以后各省陆续建立了一些新监，首先建立
的是保定清苑监狱，接着是新建竣工的宛平监狱。由于北洋军阀政权连年
混战，计划根本无法实现，法院、监狱建设不得不延缓进行。1916 年 12
月司法部又改订了司法规则，提出"以合数县或十数县而建一新监为宜"。
新监至少容纳三百人犯，"各省会之新监仍照五百人以上为合格"。

据统计到 1926 年北洋政府统治末期全国新式监狱仅建六十三所，到
1928 年 6 月北洋政府垮台时，各省新监分监共八十处。部分分监列表如下：

中华民国北京政府中央及各省新监分监表

监　名	地　点	人数	监　名	地　点	人数
京师第一监狱	北平南下洼	1000	天南分监	天津	700
京师第二监狱	北平德胜门外功德林	700	保定分监	保定	200
京师第一分监	北平彰仪门	250	奉天第一监狱	沈阳	1000
京师第二分监	涿州	150	奉天第二监狱	辽阳	500
直隶第一监狱	天津	500	奉天第三监狱	铁岭	400
直隶第二监狱	万全县	300	奉天第四监狱	营口	400
奉天第五监狱	昌县	300	山东第四监狱	益都	300
奉天第十四监狱	兴京	300	山西第四监狱	太谷	300
吉林第一监狱	吉林	500	山西第五监狱	汾阳	500
吉林第二监狱	长春	500	江苏第一监狱	南京大石桥	800
吉林第三监狱	长春	500	江苏第二监狱	上海漕河泾	800
黑龙江第一监狱	黑龙江	300	江苏第三分监	苏州小柳贞巷	500
山东第一监狱	济南普利门	500	江苏第三分监	苏州司前街	300
山东第二监狱	烟台	500	江苏第四分监	南通县	300
山东第三监狱	济宁	300	陕西第二监狱	南郑	200
安徽第一监狱	安庆	300	陕西第三监狱	榆林	200

监 名	地 点	人 数	监 名	地 点	人 数
安徽第二监狱	芜湖	300	陕西第四监狱	安康	200
安徽第三监狱	阜阳	300	陕西第五监狱	凤翔	200
江西第一监狱	南昌	500	陕西第六监狱	乾县	200
江西第一分监	南昌	200	甘肃第一监狱	兰州	300
江西第二监狱	九江	300	甘肃第二监狱	武威	300
浙江第一监狱	杭州	500	云南第一监狱	昆明	300
浙江第二监狱	宁波	500	贵州第一监狱	贵阳	300
浙江第三监狱	嘉兴	322	贵州第二监狱	镇远	300
浙江第四监狱	永嘉	300	广西第一监狱	桂林	300
福建第一监狱	福州	300	广西第二监狱	南宁	300
福建第一分监	福州	200	四川第一监狱	成都	300
福建第二监狱	漳州	300	绥远第一监狱	绥远	300
湖北第一监狱	武昌	300	察哈尔第一监狱	张家口	300
湖北第一分监	武昌	300	哈尔滨监狱	哈尔滨	300
湖北第二分监	宜昌	200	哈尔滨分监	满洲	200
陕西第一监狱	西安	300			

（二）制颁新的监狱图式

北洋军阀政府司法部 1913 年发布《拟订监狱图式通令》（以下简称《监狱图式》），该通令附有监狱图目录、图式说明书、做法说明书各一件，要求各地明确司法部制颁监狱图式的必要性、目的和要求。拟订《监狱图式》的目的是为了与"世界各邦立于平等之地位"，成为收回领事裁判权的第一步。司法部要求各省今后在建造新监时"务须按照部颁图式切实办理"。根据司法部《监狱图式》的要求，各省陆续把清末设立的罪犯习艺所、模范监狱改建成新监。根据京师（北京）、直隶（河北）、奉天（辽宁）、湖北等地十三所新监的考察，可以了解到图式上新监的构造、设备和组织具有以下特点：

1. 监狱内分别设有男监、女监、病监。

2. 监房分为分房制和杂居制两种，一般可容纳男女犯人共六百人左右，较大的山西第一监狱可容一千余人，较小的江西第一监狱亦可容近三百人。

3. 监房建筑平面图多呈扇形、放射形和十字形。也有采用丁字形、一字形和三字形的。还有山西第一监狱采用正中菊花式（星光形）、外层扇面式的构造。

4. 狱内建筑设施有理发室、浴室、工场、教研室、运动场以及惩罚犯人的暗室、行刑室等。另外还建有为监狱管理人员办公的事务楼，为瞭望全监动态加强警戒的中央看守楼。

5. 有的新监附设少年监或游民习艺所，收容、监禁少年犯或无业游民。

可以看出，北洋军阀政府在拟定《监狱图式》的时候，学习外国"博采各国狱制制成图样"，在新监的构造、设备和组织方面考虑到改善犯人的居住、活动、卫生、作业等条件，体现了资产阶级人道主义精神。然而，从图式设计到实施却有很大距离。除了京师第一监狱、奉天第一监狱外，有的新监并没有完全按照拟定的"监狱图式"建造和设置。

（三）统一监狱看守所名称

北洋政府建立初期，监狱沿用清末旧制，名目纷乱，事权混淆，为了推行监狱改良，强化狱政管理，司法部于 1913 年 7 月 7 日颁布了《划一监狱看守所名称办法令》，提出统一监狱看守所名称的八项办法。主要有：

1. 清末设立的罪犯习艺所一律改为监狱。

2. 各省模范监狱一律以该狱所在地县名名之。

3. 各地方旧监狱一律名为某县旧监狱。

4. 在有模范监狱县城内的旧监狱或罪犯习艺所，一律作为该县模范监狱的分监，名为某县分监。

5. 各省审判厅、审检所附设的看守所，名为"某某厅看守所"或"某某审检所看守所"。

1916 年 12 月司法部又下令，将省会之新监狱改称为某省第一监狱；该省其他新监狱按照成立先后名为该省第二、第三、第四监狱；"未经改良的监狱均仍旧称"。

根据以上规定，1914 年北京监狱改为京师第一监狱，宛平监狱改为京师第二监狱，保定清苑监狱改为京师第三监狱。此三所京师监狱归司法部直辖，并选派了各监典狱长。各省罪犯习艺所相继改称为监狱。各省新设监狱，原以地名冠称的省会之新监改为某省第一新监，其余皆按成立先后顺序改为某省第二、第三监狱，依次类推。成立新监最多的省份是奉天（辽宁），有"奉天第十四监狱"之称。有的还在本监狱之外增设分监，如京师第一监狱，在北京南下洼右安门内镶蓝旗操场，可容一千人，其前身是清末的京师模范监狱，中华民国元年（1912 年）北洋政府接收后竣工，改为北京监狱。

由于犯人激增，又在北京彰仪门外成立了京师第一监狱第一分监，可容二百五十人；又在涿州成立了京师第二分监，可容一百五十人。江苏不仅第一监狱有分监，第二、第三监狱也都有分监。江苏第一监狱设在南京，后来又把清代江宁县旧监改为江苏第一监狱分监，苏州府旧监改为江苏第三监狱分监，上海成立了江苏第二监狱分监，分监隶属本监领导。北洋政府时期，全国共有监狱一千七百余所，新监分监不到全国监狱总数的二十分之一。

（四）整顿改良旧式监狱

清末试办的京师模范监狱和北京的功德林监狱都没能竣工，只有湖北、奉天的省模范监狱，先试办了几年。北洋政府接收后，继续清末的新监改建工作。除京师第一监狱、奉天和湖北第一监狱已经完成筹建之外，其他根据图式所建造的新监建筑结构和组织、设备的改良也有进展。京师第二监狱（功德林监狱）、京师第三监狱（保定清苑监狱）、山西第一监狱（太原监狱）等都增加了监房、病监、运动场和工厂，扩大了劳役种类和范围，改善了犯人的居住、卫生等条件，健全了组织编制。但这只是少数新监改良的基本情况，遍布全国各地的大量的旧式监狱仍然"地狭人稠、空气不足、积污丛垢，疫疠繁兴"，腐朽、黑暗、落后。北洋政府为了标榜"民主"、"尊重人道"，不得不对旧监进行整顿，1913年3月3日北洋政府司法部制定了《旧监狱改良办法》，提出的改良措施主要有：

1. 划分区域对已定罪之人犯与刑事被告人严行离隔。

2. 对旧监狱漫无区化的杂居房，酌量形势实行离隔，并应酌设分房。

3. 视收入之多少设相当之工厂。

4. 设法整理监舍，以解决空气缺乏、光线不足、地势卑湿等问题。

这只是一些未涉及狱制根本改革的皮毛性措施，即使这样，大部分监狱也未贯彻执行。北洋政府监狱的黑暗落后情况不但没有改变，甚至比过去更为严重。可以看出，北洋军阀政府监狱改良，是清末监狱改良的继续和实施，这是新旧监并存局面实际形式的时期。两个时期的监狱改良在本质上是一样的，都是为了强化监狱镇压职能，而采用一些资本主义国家的狱制借以装饰，以便更有效地维护大地主、大买办阶级的反动统治。

 第二节 北洋军阀政府监狱的管理制度

在北洋政府统治的十五六年时间内，所建新式监狱数量很少，不到百分之五。百分之九十五以上的监狱属于旧监，旧监仍沿用旧的封建式管理制度。只有少数新式监狱适用《监狱规则》，本节主要介绍北洋军阀政府新监的管理制度。

一、收监制度

收监是犯人被送入监狱监禁的开始。犯人不论是已决犯，还是未决犯都要收监。收监应遵守如下几项制度：

1. 接收犯人入监必须有合法公文。合法公文是指北洋政府司法部1913年第三百九十一号训令中规定的判决送监犯人的执行指挥书和该犯人的判决副本。没有"执行指挥书"和"判决副本"，监狱官不得接收犯人入监。

2. 对犯人进行身体检查和体格调查。首先让犯人沐浴、剃发，然后由医务所检查身体，在检查身体的同时，要为犯人照相，采取指纹记录和相貌特征存档，以便日后监督识别。规定"身体检查及体格调查非认为万不得已时不得裸体为之"。在检查身体时，发现以下情况之一者不得收监：①精神病犯人；②传染病犯人；③因收监而有生命危险的犯人；④怀孕已满七个月或分娩未满一个月的女犯。但又规定，"依前条规定若认为必要时得暂行收监"。

3. 允许女犯携带子女入监。《监狱规则》第十六条规定："收监妇女有请携带其子女者，非认为不得已时不许收之，许携带之子女以满一岁为限，在监内分娩之子女亦同。但该子女已达限制年龄，若无相当领受人又无在外安置方法时得延至三岁。"

4. 检查犯人所带衣物。违禁物品严禁带入监狱，其他可带之金钱物品由监狱负责办理保管手续，待犯人出狱时再发还。

5. 调查犯人身份（《监狱规则》称"个人关系"）。包括犯人入监的职业、行为表现、嗜好、疾病状况等。

二、监禁和戒护制度

（一）监禁制度

1. 制度上的"分房制"，实际上的杂居制。北洋政府《监狱规则》第二十二条规定，除个别精神身体不适当者外，对在监者一律实行"分房监禁"的原则。"分房监禁"就是对犯人"独居监禁"，它与封建制旧监狱实行混合杂居制相比具有进步意义，当时资本主义各国普遍实行"分房监禁"制度。北洋政府效法资产阶级狱制，作了"分房监禁"的规定，但实际上仍然实行杂居制，只是在极少数有条件的新监对部分犯人实行"宽和分房制"，也称有限制杂居制，即白天共同作业、夜间分房监禁。主要原因是，北洋军阀政府统治期间，各派军阀连年混战，经费用在战场上，监狱经费枯竭，监舍简陋拥挤，缺乏普遍实行分房制的条件。即使是条件最好能容一千多名犯人的京师第一监狱夜间分房也仅有三百五十三间，只能容三百五十三名犯人独居监禁，其余六七百名犯人只有监禁在"区划寝室"，实行分类杂居。

2. 访问制度。北洋政府还规定了对犯人的访问制度。《监狱规则》第二十四条规定："监狱长官及教诲师，至少每十日一次访问分房之在监者。"看守长须经常进行访问。

3. 隔离制度。《监狱规则》第二十五条规定，对于实行分类杂居的在监者，无论是在监房或者工场，都须根据其犯罪性质、犯罪次数和年龄、性格予以隔离区别。

（二）戒护制度

北洋政府对监狱戒护作了周密的规定，使犯人经常处于监狱官吏的监视之下。戒护制度主要有：

1. 看守制度。新监的构造多设计成扇形、放射形，以便看守居中监视四面；犯人在监外活动的瞬间，也务必在监狱官吏视线所及的范围之内。还规定，在工场劳动时，每二十至三十名犯人须配置一名看守，犯人上厕所也不得二三人同时入内。监外服役每名看守只管理十名犯人，最多不得超过十二名。服外役的犯人也要挑选估计不会逃跑者。

2. 检查制度。包括各种工具器械检查、身体衣服检查、监房检查和人数检查。犯人劳役所用的各种工具器械必须按指定地点位置存放，劳役结束时一一清点，发现缺少，立即搜索追回；犯人从监外或工场、浴室、运动场等处回监房时必须检查其身体衣服，免有夹带之物；监房每日也要检查一次或多次，检查时须注意"门扇墙壁窗牖关键"，"房内上下四旁"，"常置器具及携有物品"，"各处破损之有无，各物污毁之有无"，尤其要注意有无藏匿器物及破坏监房情形；病监、杂居房及工场均要检查犯人的人数。各种检查有无事故发生均要填写检查报告簿，以便记录在案，并及时报告主管长官。

3. 防暴防逃制度。为防止犯人暴动越狱，北洋政府的监狱制定和采取了如下制度和措施：

（1）禁止犯人相互谈话。如果有必要讲话时，须高声明说，不得低声耳语。

（2）门卫制度。监狱大门各出入口、监房门口、工场口均须严加守卫，并设有警报器；监狱围墙下应整洁干净，不可堆积柴草煤炭、木石器具以及梯子竹竿之类可供攀越用具；各种房门钥匙应由专职官吏保管，不得滥传，以防丢失和伪造。

（3）戒具使用制度。《监狱规则》第二十六条规定："在监者，有逃走暴行自杀之虞，及在监外者，得加以戒具。戒具设窄衣、手镣、捕绳、联锁四种。"没有监狱长的命令不得使用戒具。但情况紧急时，可先斩后奏。

（4）武器使用制度。《监狱规则》第二十八条规定，监狱官吏所携带刀枪遇到下列情况之一准予使用：在监者用危险暴行胁迫他人身体或被别人的危险暴行所胁迫时；在监者持有足以造成危险暴行所用的凶器不肯放弃时；"在监者聚众骚扰时"；劫监者逃走、劫监者帮助在监者逃走、劫监者和被帮助的在监者用危险暴行对他人实施胁迫或逃走时；"图谋逃走者以暴行拒捕或制止不从仍行逃走时"。监狱官吏照前条规定使用刀枪后，须将实在情形从速报告司法部，并致函地方警察官署通报情况。

（5）天灾应变制度。《监狱规则》第三十、三十一条规定："当天灾事变如在监内无法防避时，得将在监者护送于相当处所。护送不遑时，得暂时解放。被解放者，由解放时起算，限于二十四小时内至监狱警察署报到。逾时者得以刑律脱逃罪论。"

（6）追逃制度。《监狱规则》第三十二、三十三条规定："在监者逃走十日内，监狱官得逮捕之。在监者逃走后，须以逃走之事实及逃走者之人相表通监狱所在地及预想逃走者所经过之警察署逮捕之。"监狱长官要把逃走的事实，以及捕获逃走者的情况上报司法部。

（7）借助军队镇压犯人反抗的制度。由于北洋政府监狱的黑暗腐败，各省犯人的越狱事件层出不穷，监狱武装力量有限，所以司法部不得不于民国三年（1914年）咨请陆军部转饬各省师旅长官，分拨军队驻扎监狱附近，协力镇压。这进一步说明了新监不论管理制度如何改良，其本质毕竟是阶级专政的工具，绝不是慈善机构。

三、衣粮医药制度

（一）衣粮制度

1. 囚粮制度。《监狱规则》第五十二条规定："对于在监者须斟酌其体质、年龄、劳役及地方气候等项，给予必要之饮食衣类及其他用具。"第五十三条规定："在监者禁用烟酒。"官方材料公布，京师第一监狱，犯人每日两餐，早餐吃白米饭，晚餐窝头。按劳役轻重每人每日食量分为五等，一等十四两[1]，五等六两[2]。副食又没有什么油水，一年到头除有

---

〔1〕 旧制十六两一斤，十四两不足现在的九两。

〔2〕 不足现在的四两。

数的几个节假日外，平时不供给肉食。犯人常年处于饥饿之中，京师模范监狱给养待遇比地方监狱略为"优厚"，可想而知，其他地方监狱该是一种什么情况了。

2. 因衣制度。《监狱规则》第五十四条规定："在监者给以灰色狱衣，除一定狱衣外，所有衣被苟无碍于纪律及卫生者，得许在监者自备。"狱衣颜色的改变，是北洋政府狱制上的一个进步。封建社会的犯人囚服为赭色，较醒目。可预防犯人脱逃，且含凌辱之意。狱衣由赭色变为灰色便利了对犯人的管理，又减少了犯人的对抗心理。国民党政府时期沿用了这种灰色狱衣。新中国成立初期犯人也穿灰色棉袄、棉裤。《监狱规则》第五十六条规定："女犯携带之子女得自备衣食及日用必需杂具。"《监狱规则》还规定了冬季设暖房取暖的条款。

（二）医药卫生制度

北洋政府的新监设有医务所，由医士负责全监的卫生及医疗事务。

1. 卫生制度。《监狱规则》第五十七条规定："监狱须打扫洁净，房间及衣类、杂具、厕所、便器等类须定次数清洁之。"第五十八条规定："在监者须令其沐浴。沐浴次数由监狱长官斟酌劳役种类及其他情形定之。"但四月至九月至少三日一次，十月至三月至少七日一次。第五十九条规定："在监者……须每日运动半小时。"

2. 医药制度。《监狱规则》规定了对病人的医治制度。包括可以为重病患者请狱外医生，传染病隔离制度，保外就医制度等。在监者患病时，"速加治疗，病重者收入病室"（第六十条）。病重者经监狱长官许可得自费招请医生治疗（第六十四条）。因特种疾病医士请以该种专门医生补助时得许之，准许产妇适用此规定（第六十五条）。在监者患急性传染病时，须与其他在监者严行隔离（第六十二条）。因此病监多设有分房制监房。急性传染病流行时，出入监狱之人及寄送在监者之物品得加以必要之限制（第六十三条）。民国六年（1917年）司法部曾颁布保外就医的八条办法，但范围很小，监狱官又怕负责任，所以很少准许病犯保外就医，条令等于虚设。1918年司法部又废止了保外就医办法，重病犯人只可请医生入监治疗。"孕妇、产妇、弱者、废疾者以病者论"（第六十六条）。

3. 死亡验尸埋葬制度。《监狱规则》第九章规定了犯人死亡验尸埋葬制度。规定，"在监者死亡，监狱长官须会同检察官检验其尸体"（第九十八条）。"病死者，医士应记明其病名、病历、死因及死亡年、月、日、时于死亡簿，签名盖印"（第九十九条）。上述情况要迅速通知死亡者家属或亲故，限二十四小时内来监请领尸体，并报司法部（第一百条）。过二十四小时无人请领尸体则埋葬之。"埋葬处应立木标记明死者姓名及死亡年、月、日"（第一百零二条）。如系非正常死亡，自杀、他杀、意外事故死亡，都要通知检察官、监狱所在地的警察官署会同验尸；涉及刑事诉讼的死亡事件，由监狱作为刑事案件向法院告发，并呈报司法部，病死每月呈报一次。

四、劳役制度

西方资本主义国家对犯人执行刑罚，进行感化教育的三大要素是劳役、教诲和教育。北洋政府效法这种做法，在《监狱规则》中设专章加以详细规定。第三十五条规定："服劳役者，须斟酌其年龄、罪质、刑期、身份、技能、职业及将来之生计、体力之强弱科之。"据此，各地新监设置了多工种的作业项目。

1. 劳役种类及服外役犯人的条件。犯人劳役既有监内作业，又有监外劳役。劳役种类主要有烧窑、木工、伐木、柳条编织、纺织、铁工、畜牧、开垦、耕耘、建筑、修路、开矿、搬运，等等。《监狱规则》规定了犯人服监外劳役的条件：①犯人刑期在一年以上的"监狱官认为必要时得使在监外服劳役"（第三十六条）；②估计无逃走可能者；③犯人入监前从事的生产适于在监外服劳役或不妨在监外服劳役者；④根据平日在监表现估计在监外服役不至违犯纪律者；⑤犯罪较轻无须严加管教者。

2. 关于劳役时间、工作量以及免服劳役的规定。《监狱规则》第三十八条规定，犯人每天劳动时间为七至十小时，要"斟酌时令、地方情形、监狱构造及劳役种类定之"。"教诲、教育、接见、询问、诊察及运动所需时间得计入劳役时间。"犯人每天的工作量称为"科程"，"各种劳役科程"以劳役时间及普通劳动力平均工作量为标准。第四十条用列举的方法规定了犯人免服劳役的时间：国庆日、纪念日、十二月末二日、一月一日至三日、星期日午后、祖父母、父母丧事期间（七日）以及认为必要时。

3. 劳役收益的处理。犯人"因劳役所得之收入概归国库"（第四十二条）。对服劳役者"得斟酌其行状、罪质、成绩等分别给予赏与金"（第四十三条）。赏与金的金额徒刑囚不得超过当地普通雇佣工工资的十分之三，拘役囚不得超过十分之五。另外在第十一章赏罚中还规定，"犯人遵守监狱纪律每月增给一元以内之劳役赏与金"，每十日增给一角以下菜三次以下（第八十条）。告密他犯预谋逃跑或将要逃跑，救护人命或捕获逃跑的犯人，在火灾事变、传染病流行及服监狱事务中有成绩的犯人，赏给二十元以下的金钱。如果犯人故意损害机器设备、生产工具、原材料和产品，应以其赏与金一部或全部充作赔偿费；犯人逃走，赏与金全部没收，受惩罚期间的劳役不发赏与金；赏与金由监狱代为记账保存，不发给个人，释放时发还本人。因服劳役受伤、患病难以生存或死亡者依其情况给予恤金。

北洋政府写在文字上的制度体现了资产阶级的人道主义精神，而实际上，不论新监还是旧监都用劳役惩罚犯人，榨取犯人血汗。监狱当局不管犯人死活，用饥饿和苦役折磨与摧残犯人。这种劳役根本起不到教育、感化犯人的作用。

五、教诲教育制度

对犯人实施教诲教育是北洋政府监狱改良的重要内容，是对犯人行刑感化的两大要素。

（一）教诲制度

《监狱规则》第四十八条规定："在监者一律施教诲。"教诲是德育，是培养犯人的道德，对犯人施以改恶从善的教育。在实际工作中，北洋政府的监狱是怎样教诲犯人的呢？1915年北洋政府召开监狱会议通过决议："教诲应以因果报应感化有效方法为主，以他教辅之。"1917年6月16日司法部曾指令京师第一监狱，准许教会在监狱作德育演说。"称该教会拟在该监狱乘囚人休息之际，敦请会员作德育演说等情，系为感化人犯起见，事属可行，应准照办。"著名的监狱学者朱琛，写了《中国新旧监狱比较录》，也竭力主张利用宗教的因果报应来劝导犯人"放下屠刀，立地成佛"，为修"来世"而节制今世的非分欲望，他认为这是无刑的法律，要用这种无刑法律来补充有刑法律之不足。而且主张不论是佛教、道教，还是耶稣教、天主教都可以到监狱中宣讲教义。他认为这些宗教在中国流传已久，"难保在监人无崇奉之者"，在北洋政府统治者看来，利用宗教对犯人进行麻醉教育"是因势利导"之举。这足以说明他们是在欺骗，是把刽子手和牧师的两种职能结合起来运用。北洋政府之所以这样做，是因为他们是大地主、大买办阶级利益的代表，其监狱是镇压人民群众的暴力工具，他们不仅不可能实施真正的感化教育，而且教诲的宗旨和方向必然是奴化犯人的思想，令其绝对服从反人民的暴力统治。因此监狱当局只能利用宗教的力量来毒化犯人意识，从而达到驯服犯人的目的。这只能激起广大人民群众更强烈的仇恨。

（二）教育制度

监狱的教育是指对犯人进行文化知识的传授即智育的培养，由专职教师来进行。《监狱规则》第四十九条规定："未满十八岁者一律施教育，但满十八岁者自请教育或监狱官认为必要时，亦得教育之。"教育的对象主要是不满十八岁的少年犯。教育的时间为每周二十四小时以内。教育的内容是小学程度的"读书、习字、算术、作文及其他必要学科，有同等学力者，依其程度设相当补习科"（第五十条）。还规定"在监者请求阅读书籍限于无碍监狱之纪律及感化宗旨得许之"（第五十一条）。有关教育制度的规定只在少数"模范监狱"实行，大多数监狱并未照此办理。

六、释放制度

释放是监狱监禁犯人的终结，在监犯人因服刑期满、假释、赦免、减刑等原因而出狱都是释放。

北洋政府监狱的释放有以下几种情况：

（一）刑满释放

刑满释放是指依据《中华民国暂行新刑律》的规定，犯人在监服满了原判刑期，又无受加刑处分者给予释放。时间为期满次日中午前（《监狱规则》第九十二条）。

（二）假释

假释是对服刑期间表现良好的犯人放其出狱以观后效的一种手段。北洋政府时期的《中华民国暂行新刑律》规定，假释须具备两个条件：一是已服原判刑期的二分之一以上，无期徒刑已服刑十年以上；二是在服刑期间确实有改悔的，但有期徒刑执行未满三年者不得予以假释。《监狱规则》规定，提出对犯人的假释声请须由典狱长确认该犯人有悛悔实据，并在监狱长官会议上多数人同意，否则不得声请假释。声请假释须填写有关文书并呈报文件材料，司法部批准后方可执行。假释时要在狱中举行仪式，由典狱长、教诲师训导，发给假释证书，发还代为保管的物品。犯人假释出狱后仍然要受到各种监督，包括监狱的监督、监狱委托的警察官署及其他适当人的监督。在假释期间，如果重新犯罪，受到拘役以上的处罚，或者违背北洋政府颁布的《假释管束规则》时，监狱长官有权停止假释，一面呈司法部核准，一面先将犯人收回监狱。

（三）减刑和赦免

减刑是将原判刑罚予以减轻的一种制度。减刑后如果余刑和所减刑罚的刑期相等，犯人就提前释放，称为减刑释放。

赦免分大赦和特赦。大赦和特赦都是国家元首和最高国家权力机关，发布命令赦免或减轻犯人刑罚。所不同的是大赦对于某种犯罪不论其判决确实与否均生效，无须行刑官署决定。因特赦或减刑而释放则是对于特定犯人免去其一部或全部刑罚，执行权必须经主管行刑长官司法总长的批准，是否批准又以各省检察官和各监狱典狱长的声请为依据。这种特赦或减刑的对象主要是狱中服刑良好的犯人，也是对犯人的最大奖励。因为典狱长最了解犯人在狱中的表现，所以哪些犯人应特赦、应减刑的声请权力归典狱长，而决定权归司法总长。

综上所述，可以看出，北洋政府新监的管理制度较之旧监的管理制度，具有进步意义。然而这些先进的管理制度是从外国资产阶级那里抄来的，目的是装潢门面，并不准备认真执行，也没有可能得到执行。

第三节 北洋军阀政府狱治的黑暗状况

袁世凯死后中国出现了军阀割据的局面。军阀割据、封建独裁是北洋军阀政府时期中国社会的主要特点。大小军阀各霸一方，连年征战，给人民带来空前的灾难，因而这一时期是中国近代史上继清政府之后的一个更加黑暗、反动而又短暂的时期。这一时期的监狱制度腐败而不统一，狱治也是极其黑暗的。主要表现在以下几个方面：

一、军阀割据各自为政

北洋军阀统治先后十六年，由于各派军阀分别割据，连年混战，控制北京中央政府的军事独裁机构像走马灯一样的轮番更迭，所以在狱治方面也形成了极端混乱、各自为政的局面。在割据区域内，监狱制度自成系统，而且前届政府颁布的政策法令往往被后继执政者所否定。1923年直系军阀首领曹锟以重金收买国会议员，成为贿选总统。1924年曹锟以大总统的名义发布大赦令，对服刑犯人予以减刑或免刑。当时山西第一监狱的不少犯人依令获释，但另有些犯人因申请减刑、免刑的公文未及时下达而被延误。1924年秋冯玉祥趁直奉战争中直系在前线大败的机会发动北京政变，囚禁总统曹锟，推翻了直系控制的北京政权。不久，北京政权又落到段祺瑞手里。段重新颁布大赦令，宣布犯了刑律第三百一十一条杀伤罪的罪犯不在赦免之列，致使山西第一监狱中原可获释的犯人丧失赦免条件。他们"眼看着众难友一个个脱离了牢笼，心中真比在法庭上宣告他无期徒刑时还要难受，几乎等于宣告了死刑一般的悲痛"，大骂段祺瑞破坏曹锟法令。

二、继续保留旧的封建狱制

北洋政府为了维护地主买办阶级的反动统治和帝国主义的利益，在大量搬用西方资产阶级狱制的同时，继续沿用清王朝的封建狱制，主要表现在：

（一）北洋政府的刑律仍以维护封建主义的纲常礼教为原则

袁世凯篡夺辛亥革命果实后，立即下令"援用"清末的各种法律。"援用"实际上就是照搬，又把《大清新刑律》修改为《中华民国暂行新刑律》，又在《大清监狱律草案》的基础上，删改颁行了《中华民国监狱规则》。在这些法律中，北洋政府都不反对要严格维护封建礼教。在《中华民国暂行新刑律》中规定违反封建礼教的罪犯不能赦免。如《大清新刑律》第三百一十二条规定，有杀尊亲属之罪的犯人不能赦免；第三百一十四条规定，伤害尊亲属致死罪的犯人不能赦免。而《中华民国暂行新刑律》也作了类似的规定。如儿子谋杀父母、孙子谋杀祖父母、妻子同奸夫一同谋杀亲夫、雇工谋杀家长、妻妾因奸同谋杀死亲夫、以卑犯尊、以下犯上殴死上级或长辈等犯罪行为都是不能赦免的。再如，民国元年（1912年）3月10日，袁世凯在北京宣誓就任中华民国临时大总统，不久北洋政府司法部制定了《赦令条款》，其中规定："凡至中华民国（元年）三月初十以前我国民不幸而罹于罪者，除真正人命及强盗外无论轻罪重罪，已发觉未发觉，已结正未结正者，皆除免之。"并提出"真正人命及强盗两项不在免除之刑"，"自应将大清新刑律及现行刑律中关于此项者列为条款，以定核办之标准"。须指出的是，1912年3月10日以前时间概念的含义，这时中华民国刚成立七十天。在此七十天以前中国还处于清王朝的封建统治之下，广大人民处于水深火热之中，人民群众反对封建压迫和剥削的斗争遍及全国各地，其中有群众自发的抢米风潮和由"新政"引起的席卷城乡的抗捐、抗税、抗粮的斗争，有同盟会成立后资产阶级革命党领导的多次武装起义和暴动，有以四川为代表的川、鄂、湘、粤四省人民相继掀起的波澜壮阔的保路风潮以及由此发展成的武装起义，最后发展成为以武昌起义为核心的辛亥革命。广大人民群众和资产阶级革命党人打富济贫、镇压贪官污吏，失败后被捕被杀。孙中山执政的七十多天里还没有来得及清理旧监狱，所以此时关在狱中的所谓"真正人命及强盗"中有相当多的人是损害了封建地主和买办资产阶级利益的群众和革命党人。由此可见，《赦令条款》和《中华民国暂行新刑律》、《中华民国监狱规则》关于赦免释放的规定都是以不损害封建伦理道德、纲常礼教为原则的。

（二）北洋政府公然实行"掌责"制度

清末政府任命沈家本、伍廷芳为修订法律大臣，进行了一系列的立法活动。1910年颁布了《大清新刑律》（没来得施行），将封建制的肉刑改为剥夺人身自由、强制劳动的自由刑，即将笞、杖、徒、流、死五刑正式更定为"罚金、拘役、有期徒刑、无期徒刑和死刑五种主刑"。孙中山在袁世凯正式宣布就任中华民国临时大总统以前的七十天时间里，颁布了以禁烟（鸦片）、禁赌为主要内容的两个法令，又颁布了禁止刑讯和体罚的两个法令，再次强调对于前清那些毒烈、残暴的刑罚"亟宜申明禁令，迅予革除"，"不论司法、行政各官署……不准再用笞、杖、枷号及他项不法刑具"。然而以袁世凯为头子的北洋政府司法部于1914年颁布《核准北京第一监狱掌责办法令》，准许各地新监对犯人可以用肉刑惩处，并规定掌责在四十板以下，由典狱长酌情决定，适用于强暴累犯之徒犯过"顽梗不化故意反抗之犯"。

奉天[1]第一监狱也对犯人实施"掌责"制度。奉天第一监狱所遗留档案记载：1918年该监典狱长在给奉天高等检察厅的呈文中提到："办理监法纪律为要；纪律疏懈，危险甚虞，本监狱现在羁押人犯一千三四百名，盗案居其大半。性质率多凶暴，刑期尤长。若非严刑规诫，日久恐生意外，想监狱各项惩罚规则均效明办法，经过人犯全按章执行，非不足使其生畏惧之心，且恐难收改悔之效。拟请仿照京师第一监狱办法，凡有强暴累犯之徒犯过，用以掌责之刑，以四十板为限，借资儆惕。"对此高等检察长批复实行。1918年，奉天高等检察厅颁布了《改正疏通监狱惩罚办法》，共七条，对于"凡判决刑期或剩余刑期在六个月以下者，除依从前疏通监狱暂行办法折赎外，准用掌责处分"。还规定责具"长一尺、宽八分（等于零点八寸），柄宽六分、厚三分头尾去节，中段平节"，"由高等（检察）厅制定，各县分别领取"。

以上三例充分说明中国监狱几千年来的肉刑制度被北洋政府保存下来并使之合法化了。

（三）恢复了流遣和笞刑

流遣是封建社会流刑和发遣刑的合称。流刑即流放，早在秦朝时就出现了迁刑，当时多把犯人发往边地四川去；西汉有了徙边刑；到了隋唐时出现加役流刑，唐朝加役流是将犯人流放三千里，役作三年；北宋有了刺配刑，犯人要被杖脊、刺面、发配（流放）、役作四种刑罚；明朝的充军刑是罚犯人到边远地区从事强迫性的屯种或充实军伍的刑罚，这种秦汉时就有的发遣犯人充军的刑罚到了明朝成为充实军伍和重刑苦役制度，分为本人终身充军和本人死后由子孙亲属永远充军两种，这是明朝最严、最苦的刑罚；发遣[2]就是将犯人遣往新疆、内蒙古、东北等边远地区强制种

---

〔1〕　辽宁、沈阳均称奉天，这里指辽宁省。
〔2〕　前清时在五刑之外又增加了发遣名目。

地，当折磨差使，给驻防官兵作奴隶，是重于流刑的刑罚。笞刑是用小竹板或小荆条责打犯人臀、腿或背部的刑罚。笞刑分为十、二十、三十、四十、五十共五等。在清末的刑制改革中流遣和笞刑均已废除。然而袁世凯在 1914 年 7 月恢复了流遣。在颁布的《徒刑改遣条例》中规定，凡被判无期徒刑和五年以上有期徒刑的"内乱"、"外患"、"妨害国家"、"强盗"等罪各犯，一律改为发遣，发往吉林、黑龙江、新疆、云南、贵州等地，并须编入当地户籍。公开恢复了流遣旧制。1914 年 11 月又恢复了笞刑。在颁布的《易笞条例》中规定，凡是犯罪较轻的"奸非"、"和诱"、"盗窃"和"诈欺取财"等罪，应处三月以下有期徒刑、拘役和百元以下罚金折易监禁者，"得易以笞刑"。其一日刑期折为笞打二下，在监狱执行，"由检察官或知事会同典狱官监视"。犯人一次承受不了，可以在伤好后再执行一次。这样，袁世凯明令恢复了封建社会长期施行而被清末政府废除的笞刑。《易笞条例》还明确规定，易笞不适用于现任官员和过去曾担任官员的人，也不适用于有相当身份的人，说明易笞本质上完全是针对劳动人民、保护官僚特权阶层的。北洋政府打着中华民国的旗号，标榜民主和进步，却在监狱制度上倒行逆施，为封建狱制倒退，恢复流遣和笞刑，这是袁世凯复辟帝制的一个重要步骤。

（四）实行残酷、野蛮和愚昧落后的管理方法

1. 专横武断的审判。北洋军阀的监狱制度受军阀独裁的影响，利用军事法院依据军事特别法规对普通人的诉讼案件进行专横武断的审判，把被告任意投入监狱。北洋政府还设置许多军事监狱，制定有关法规，残酷镇压敢于反抗独裁统治的共产党人和革命志士。

2. 任意虐待和摧残犯人，把监狱变成暗无天日的杀人魔窟。北洋政府的刑罚思想与几千年来奴隶制、封建制的刑罚思想一样，都是对犯人实行威吓主义、惩罚主义和报复主义，监狱对犯人的管理方法是极其残酷野蛮和愚昧落后的。监狱当局不把犯人当人看，任意虐待和摧残，监狱中的犯人死亡率特别高。监狱成为北洋政府暗无天日的杀人魔窟。请看下列事实：

北洋政府曾成立一个法权讨论委员会，公布了《考查司法记》，其中材料透露：

直隶（河北）第一监狱及其分监 1921 年（民国十年）死亡人犯二百三十四名，每日死亡人犯十九名有余，其中"分监人犯死亡较多"。截至 1922 年（民国十一年）11 月底，死亡人犯共计一百零九名，平均每月死亡九名有余。该监及其分监 1922 年 11 月底关押犯人一千三百零五名，人

犯死亡率 1921 年为百分之十八，1922 年为百分之八点四。山东第一监狱 1920、1921、1922 年"死亡人犯共一百二十名"，1920 年死亡三十九名，1921 年死亡三十二名。犯人死亡的主要疾病是急性肠胃炎、肠结核、血亏等症。得病原因多半是疫病流行。

山西第一监狱 1921 年在押犯人死亡率也达百分之十。

江苏第一监狱，地势低洼，1921 年夏季曾经发生两次水灾，监房和工场积水一尺多深，特别潮湿，杂居间空气不足，所以死亡人犯"甚众"。

江苏第二监狱分监 1921 年犯人死亡率高达百分之二十。

其他各地监狱特别是旧监狱犯人的待遇更为恶劣。1921 年北洋政府司法部第四百四十一号训令透露：据司法部委员最近报告，检查天津看守所时，发现有的犯人二三天不给饭吃，即使给饭也是"食不得饱"。司法部委员每次提及此事时都感到疚心。"天津如此，其他看守所难保没有相类情形。"

以上事实充分说明了，北洋政府虽然挂着"民国"的招牌，对监狱也进行了某些改良，制定了一些文明管理的法规，但其监狱仍然同清朝监狱一样黑暗腐败，封建狱制的基本特征仍然未变。

三、维护帝国主义侵略者的权益

以袁世凯为头子的北洋军阀各派系继承了慈禧太后"量中华之物力，结与国之欢心"的卖国衣钵，都以帝国主义为靠山，极力投靠帝国主义，为了得到帝国主义的扶植，不惜出卖国家和民族的利益。袁世凯为了称帝，与日本帝国主义签订了出卖中国的"二十一条"；段祺瑞为了借款练兵、武力统一中国，出卖了大量国家主权，同日本签订了"借款"和"共同防敌"等条约，使日本得到了十倍于"二十一条"的权力。在狱治方面，也同样维护帝国主义侵略者的权益。主要表现在：

（一）照例承认帝国主义在华领事裁判权

在鸦片战争中，英国用大炮和军舰打开了中国的大门，强迫清朝政府签订了中国近代史上第一个丧权辱国的不平等的中英《南京条约》及其附件[1]。英国取得了包括割地、赔款、开口通商、协定关税、自由贸易以及"领事裁判权"、"片面最惠国待遇"、在通商口岸租借土地、房屋和永久居住的特权。其中的领事裁判权是指英国人在中国犯法不受中国法律制裁，而要由英国驻中国领事处理，这就破坏了中国的司法主权。后来凡是

---

〔1〕　附件包括中英《五口通商章程》和《虎门条约》。

与中国签订不平等条约的帝国主义国家在中国都享有领事裁判权。孙中山由于民族资产阶级的软弱性而承认不平等条约。袁世凯等北洋军阀为了得到帝国主义的支持，巩固自己的统治称帝独裁，而承认不平等条约、承认领事裁判权，暴露了卖国贼的面目。

（二）外国人犯要关押在条件设备较好的新式监狱

与中国没有签订条约的国家称为无约国，无约国在中国不享有领事裁判权，北洋政府对无约国在华侨民也予以司法特权。1917年张勋复辟被粉碎以后，段祺瑞掌握了北洋北京政府的实权。他在1919年颁布的《审理无约国人民民刑诉讼章程》和1920年颁布的《审理无领事裁判权国人民重罪案件分别处刑办法文》中规定，应该"管收"因刑事执行监禁的无领事裁判权国人民，"均分别收入新监"，若无新监，"得以适宜之房屋代之"，就是说，对外国人犯不能像对待中国人犯一样，必须关押在条件设备较好的新式监狱中，这是北洋政府监狱制度半殖民地性质继续深化的表现。

（三）外国在华监狱有增无减，关押对象主要是华人

清末政府、北洋政府都企图通过改良监狱来达到收回治外法权，收回外国在中国强行设置的监狱之目的，但这只是一种不可能实现的幻想。北洋政府统治时期外国人不但控制掌握原来在中国设置的监狱，而且又设新狱关押华人。请看如下事实：

1. 上海厦门路西牢是1870年建成的上海英国监狱，因专收容西人，所以俗称英界西人西牢，仍由英界工部局管辖。

2. 上海华德路西牢是20世纪初英国人建造的，也称提篮桥西牢，也仍为公共租界工部局所掌握。

3. 隶属于上海公共租界会审分廨[1]的女监及民事羁押所、刑事临时拘留处也落入外人手中。

4. 提篮桥西牢囚禁的大多是中国人，也有一些是未在华驻有领事国的侨民罪犯，监狱当局强迫他们用英语说话和呼喊口号。北洋政府司法部法权讨论委员会1924年调查，该牢中犯人死亡者累计达八百多人，占在监人数一半以上。"想系规律过严，服役过重所至。"

5. 民国三年即1914年法国在上海法租界建起一座三层楼房的监狱，关押外人的监房仅五间，而关押中国人的监房达四百间，"前有铁栅，后

----

〔1〕　审判机关，名义上是中国人管理，实际为外国人控制。

无窗户，空气光线，均嫌不足"。

6. 日本侵略者一直控制着旅顺监狱。

7. 屠杀和镇压革命群众。1925 年 5 月 30 日上海发生了五卅惨案，英国巡捕房逮捕学生一百多人，帝国主义巡捕又开枪打死手无寸铁的示威群众十六人，重伤数十人。

四、禁锢和镇压革命志士

北洋政府统治时期正是中国革命的转变时期，即由旧民主主义革命向新民主主义革命转变时期，光明黑暗激烈搏斗，北洋政府监狱的职责就是禁锢和镇压革命人民。1919 年 5 月 4 日爆发了中国近代史上具有划时代意义的五四运动，学生在示威游行时遭到北洋军阀段祺瑞政府的镇压，当场抓去三十二名青年学生，6 月 3 日又逮捕了一百七十多名学生，6 月 4 日又抓捕了七百多人。1921 年诞生了中国共产党，这是中国近代史上开天辟地的大事。然而北洋政府统治者感到共产党及其领导的工农运动成为动摇其统治的最大威胁，因而更加强了对人民的镇压，把大批革命者投入监狱，甚至迫害致死。1927 年 4 月 6 日，控制北京政权的奉系军阀张作霖逮捕了中国共产党创始人之一李大钊。在监狱关押期间，"敌人用种种残酷的刑罚拷打他、折磨他，用竹签打进他的指甲缝里，最后竟剥去了他双手的指甲"，备受荼毒。4 月 28 日，他们竟冒天下之大不韪，在京师看守所用从外国运来的绞刑架杀害了李大钊同志。同时被杀害的还有其他共产党人、国民党左派和革命志士十九人。这充分暴露了北洋政府的监狱是维护半殖民地半封建的统治秩序，禁锢和镇压革命志士的反动工具的阶级实质。

复习与思考

1. 试述北洋军阀政府监狱改良的措施。
2. 简述北洋军阀政府监狱管理制度的主要内容。
3. 北洋军阀政府监狱统治的实质是什么？

第八章　国民党政府的监狱

（1927 年～1949 年）

学习目的与要求

　　通过学习，使学生了解国民党政府的监狱；掌握其监狱立法、监狱设置、监狱管理制度，充分认识其狱制的本质特征。

　　国民党政府，也称南京国民政府，是中国历史上最后一个剥削阶级的政权。它代表着大地主、大资产阶级的利益，对外投降帝国主义，对内疯狂镇压中国共产党和革命人民，实行的是最恐怖、最野蛮的法西斯制度。监狱作为国家机器的重要组成部分，在国民党统治的二十二年间得到了空前的强化，并充分发挥了为反动统治服务的职能作用。

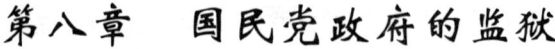

第一节　国民党政府的监狱立法

　　国民党政府为巩固其专制统治，强化其监狱的镇压职能，在其统治时期，陆续颁布了一系列的监狱法规和法令，它们大致分为四个部分：

一、沿用北洋政府的监狱法规

　　国民党政府作为与北洋政府一脉相承的反动政府，成立后不久便宣布在法律没有颁布之前，除与国民党党纲、主义，或与国民党政府法令相抵触的条款外，北洋政府时期的法律一律暂时援用。它们包括北洋政府 1914 年的《监狱看守所点检规则》、1919 年的《监狱职员奖惩暂行章程》、《各县监狱看守所规则》等。这些都被国民党政府原封不动地搬用过来，并在很长时间里具有法律效力。

二、《监狱规则》及附属法规

　　《监狱规则》是国民党政府司法部于 1928 年 10 月颁布的，是其监狱管理的基本法规，这个《监狱规则》基本保留了 1913 年北洋政府时期《监狱规则》的绝大部分内容。共计十四章一百零九条。第一章为总则；

第二章为收监；第三章为监禁；第四章为戒护；第五章为劳役；第六章为教诲及教育；第七章为给养；第八章为卫生及医治；第九章为接见及书信；第十章为保管；第十一章为赏罚；第十二章为赦免及假释；第十三章为释放；第十四章为死亡。

在《监狱规则》颁行后，国民党政府还陆续出台了一系列附属法规，主要包括：1928 年公布的《监狱处务规则》、《监狱教诲师、教师、医士、药剂士处务规则》；1932 年公布的《监狱作业规则》、《在监人物品保管办法》、《在监人接见规则》、《在监人金钱保管办法》；1934 年公布的《监犯外役规则》、《徒刑人犯移垦暂行条例》；1937 年公布的《战时监犯调服军役办法》、《非常时期监所人犯临时处置办法》。

为适应强化法西斯独裁统治的需要，国民党还颁布了一系列法西斯化的监狱法律，矛头直指中国共产党人和革命志士。如 1929 年公布的《反省院条例》、《首都反省院组织条例》、《修正各省反省院训育课程教材纲领》、《反省院主任工作大纲》、《特别感化院组织条例》，等等。

三、有关监狱的命令、指示

为维护国民党法西斯统治而随时补充监狱法律条文的不足，司法行政部还经常发布一些训令、指示，成为一种极为灵活而又富有法律效力的法律形式，其中也包括蒋介石发出的有关监狱的手谕或手令。据此，很多共产党员和爱国志士惨遭监禁折磨和秘密杀害。如 1949 年 11 月 27 日，重庆解放前夕蒋介石亲自下令，对囚禁在"中美合作所"集中营的三百多名共产党人和革命志士进行了震惊中外的血腥大屠杀。

四、立法机关制定的监狱法律

1944 年国民党司法部正式制定了一系列监狱法律，并经立法院审议通过定于 1946 年 1 月公布，一年半后施行。它们包括：

1.《监狱行刑法》。《监狱行刑法》共计十六章九十八条。第一章为通则；第二章为收监；第三章为监禁；第四章为戒护；第五章为作业；第六章为教化，第七章为给养；第八章为卫生及医疗；第九章为接见及通信；第十章为保管；第十一章为赏罚及赔偿；第十二章为假释；第十三章为释放及保护；第十四章为死亡；第十五章为死亡之执行；第十六章为附则。

2.《监狱条例》。《监狱条例》中规定了监狱的隶属关系、机构设置和具体职责。明确了监狱隶属于司法行政部。监狱下设教化课、作业课、卫生课、警卫课和总务课。教化课主要负责受刑人的教诲、教育等事项；作业课主要负责作业种类的选择及作业计划等事项；卫生课主要负责监狱的卫生计划及其设施与指导等事项；警卫课主要负责监狱的警备及受刑人的戒护等事项；总务课主要负责文件的收发撰拟及保存等事项。

在人员编制方面，《监狱条例》规定，监狱设典狱长一人，负责全监事务。各课设课长一人，负责管理本课事务，其中教化课和卫生课的课长由教诲师和医师分别兼任。每课设课员三至六人，其中教化课课员由教诲师兼任，卫生课课员由医师、药剂师或药剂生兼任。

《监狱条例》还规定监狱须设狱务委员会，由典狱长、课长及各主管人员组成，对于监狱的重要行政事项应经狱务委员会讨论决定。

3.《行刑累进处遇条例》。《行刑累进处遇条例》是国民党政府迫于当时世界各资本主义国家监狱管理趋势，不得已而制定的条例，它规定适用累进处遇的在监人应分别初犯、再犯、累犯，并依其年龄、罪质、刑期等适当分类，且给予不同待遇。

第二节　国民党政府监狱的设置和管辖

国民党政府成立后，空前强化其监狱机构，以巩固其反动统治，在全国各地设置了数量众多、种类齐全的监狱。

一、普通监狱

普通监狱归国民党司法行政部监狱司管辖，各省监狱归各该省高等法院院长负责，各县监狱归各该县县长负责。司法行政部则每年派员到各地监狱视察。

国民党的普通监狱是监禁被法院判处徒刑和拘役犯人的场所，全国各地的普通监狱分为新式监狱和旧式监狱。新式监狱一般设在首都、各省省会和一些重要城市。据统计资料表明：国民党统治区共设有新式监狱一百二十一所，其他皆为旧式监狱。

国民党新式监狱的组织机构为三科两所制，即每监设监狱长一人，统一掌管全监事务，其下设有第一科、第二科、第三科和教务所、医务所。各科分别设主任看守长一人，各所设主任一人，分别掌管各科各所的具体事务：第一科负责会计、名籍、印信、保管、文书、任免、收发、统计等事务；第二科负责戒护、纪律、训练、作业督饬、消防、检束、异别、赏罚施行等事务；第三科负责作业、作业费、材料、成品、雇佣、工程施行等事务；教务所负责教诲和教育事务；医务所负责卫生、治疗、药剂事务。

二、看守所

看守所是关押刑事被告人，即关押未决犯的场所。国民党时期，看守所设置在各省高等法院及其以下各级法院之内，并由各省市高等法院院长负责监督，除应就近随时视察外，还应派员每年视察所管辖区域内看守所一次。而各看守所设所长一人，在法院院长指挥监督下掌管全所事务，其下设医士、主任看守和看守等职，分工办理有关事务。

实际上，由于国民党监狱人满为患，往往有许多已决犯不得不继续关押在看守所内，使各法院看守所等同监狱。

三、管收所

管收所是国民党政府用于羁押无力偿还债务的民事被告人的特种监狱，一般设在看守所内部，其所长及办事人员皆由看守所所长及看守所职员兼任。

按国民党的法律规定，民事被告人如无相当的保证人或保证金，而有逃匿的可能，或有刑事犯罪的嫌疑，或保证人死亡或退保等情形，就予以羁押于管收所。而被管收所管收的民事被告人，有相当保证人或交纳相当保证金的，或已履行判决的才能予以释放。并规定管收期限最长不超过三个月。

可见，管收所是保障少数有产阶级经济利益，欺压广大无产阶级劳苦大众的罪恶工具。

四、拘留所

拘留所是国民党警察机构的重要组成部分，是警察机关直接管辖的监狱。在国民党统治区内，凡是有警察机关的地方，就有拘留所的设置，警察可以直接羁押人犯于拘留所内。

根据《拘留所规则》的规定，拘留所由各该地最高警察长官监督，设所长一人，医士、书记和男女看守若干人，在所长监督率领下分工负责各项具体事务。

五、少年监

少年监即幼年监。根据国民党《监狱规则》的规定："未满十八岁者，监禁于幼年监。"因此在国民党的普通监狱的区域之外，单独设立监禁已达刑事责任年龄但未满十八岁的少年犯。

1930年国民党政府制定了《训政时期之司法行政工作大纲》，计划在六年内，筹设少年监四十七所，还拟定了筹建次序、筹建地点和筹建办法。但实际上只建立起两所少年监，即山东少年监和武昌少年监。

国民党的少年监的管理与普通监一样只是增加了所谓"学课"和"实课"，即文化学习和职业训练。但实际上都是强迫少年犯接受反动理论的宣传教育和从事繁重的体力劳动，残害少年犯的身心健康。

六、军人监狱

国民党的军人监狱归军政部管辖，军人监狱分为中央军人监狱和各省军人监狱两种，中央军人监狱直接隶属军政部，受陆军署军法司监督指挥。各省军人监狱由各该地最高军事机关监督。军人监狱设监狱长一人，总管全监事务，下设机构与普通监狱相同，为三科两所制，而监狱官吏全系现役军人，并授以军职。

军人监狱是监禁被判处徒刑和拘役的陆、海、空军人及视同军人的场所，同时也监禁依照法令受到军事裁判的非军人。实际上，国民党各级军人监狱都监禁着大批的政治犯，这是依照他们的法令，凡是在戒严区从事反对国民党反动政权活动的都由军事机关审判，而后交由军人监狱执行的结果。可见，国民党的军人监狱是其反动政府实施法西斯统治的工具之一。

七、集中营

集中营是国民党特务机构控制的专门用于监禁中国共产党人和革命志士的法西斯化监狱。它们遍布全国各地，对广大在押的所谓政治犯实施最惨无人道的摧残。

（一）"中美合作所"集中营

"中美合作所"是"中美特种技术合作所"的简称。国民党政府与美帝国主义于1941年秘密签订了《中美特种技术合作协定》，并于1943年7月成立了"中美合作所"，以国民党特务头子戴笠为主任，美国海军少将梅乐斯为副主任。名义上这里是中美两国交换对日作战情报的机构，而实际上却是国民党特务组织与美帝国主义侵略者相勾结，镇压中国革命的反动工具，监禁共产党人和革命志士的法西斯监狱。

"中美合作所"位于重庆西北郊歌乐山与磁器口附近，占地五千多亩，周围以电网和岗楼严密封锁，是任何人不能接近的秘密特区，特区内建有特务办公机构、兵营、军火库、打靶场、电台、秘密刑场以及秘密监狱二十余所。各建筑物之间都以全国各省省会名称命名的公路相互连接，以示横行全国。其中最为臭名昭著的是"白公馆"和"渣滓洞"两所最大的集中营，被人们称之为两口"活棺材"。

"白公馆"原是四川军阀白驹的"香山别墅"，后被国民党军统特务强占而改为电网密布的集中营，为防止革命者越狱，特务们还把周围的高墙、岩石和树木涂成了白色，半山上修建了许多秘密伪装过的碉堡。院内为两层楼房，共有二十多间牢房和一个专门用于残害革命志士的刑讯洞，这里关押过许多从全国各地逮捕来的重要政治犯。中共川东特委青委宣传部长许晓轩、新四军军长叶挺和东北爱国将领黄显声都曾被关押于此。

"渣滓洞"原是一座煤窑，到处堆满煤渣，后被改为集中营并得此名称。渣滓洞集中营分内外两院。内院为两层楼房，有十六间男牢房和两间女牢房，外院是特务的住房和刑讯室。这里内有荷枪实弹的特务们严密监视，外有军警巡逻，周围电网密布、机枪封锁，处于极端血腥恐怖的气氛中。

"中美合作所"集中营置备的刑具多达一百三十余种，从最古老的封建王朝刑具到最新式的美国法西斯刑具，可谓应有尽有，特务们借此对被囚禁的革命者实施各种各样惨绝人寰的酷刑，每每把人折磨得死去活来。诸如"抽大烟"就是把受刑的人倒吊起来，然后用燃起的烟火熏鼻子；"灌辣椒水"就是用带皮管的橡皮球装满辣椒水，然后把皮管插入受刑者鼻孔，再用脚踩橡皮球，使辣椒水直接从鼻腔射入受刑者的肺脏，造成眼鼻红肿，呕吐不止，甚至神经失常；"烤人油"就是用装满炭火的油桶放在受刑者背后烙烤；"钉竹签"就是将受刑者全身捆绑在架子上，然后用钉子钉进十指尖内，往往每钉进一只指头，受刑者便晕厥过去，特务们用凉水浇醒后，继续用刑；"披麻戴孝"就是特务们先扒光受刑者的衣服，再用钉满钢针的木棒抽打至遍体鳞伤，然后涂上酒精或盐水，用纱布包起来，待纱布与人体粘合，再把纱布连同血肉一条条撕下来，此刑每每把人折磨致死。

在"中美合作所"集中营的特务们用名目繁多的酷刑折磨着在押革命者，很多人被摧残致死，侥幸存活下来的人也免不了被特务们秘密处死或集体屠杀，而烈士的遗体还要被浇上汽油烧为灰烬，或投入镪水池化为肉浆。据不完全统计，从 1939 年到 1949 年仅白公馆集中营就有两千多名革命者惨遭国民党特务杀害。

（二）上饶集中营

上饶集中营是国民党政府为囚禁在皖南事变中被俘的新四军将士和其他爱国民主人士，而在江西上饶建立的法西斯集中营。由第三战区情报专员室专员、军统特务头子张超直接把持。

上饶集中营由七峰岩、周田村、茅家岭、李村和石塘等五个集中营组成，因地处江西上饶城附近而统一称为"上饶集中营"。被监禁来的人一般按次序先关押于七峰岩，再进周田村，最后进茅家岭。

七峰岩集中营，由军统特务团负责警卫监视，宪兵队负责监视犯人的行为，特工情报员负责思想欺骗。在这里通过个别谈话和强令犯人学习国民党反动理论等办法对革命者进行劝降。如果经过这里的政治软化策略而不向敌人投靠叛变，革命者就要被送进周田村苦役集中营。

周田村集中营，是整个上饶集中营的本部所在地，它由"军官大队"和"特别训练班"组成。周田村集中营是苦役营，囚犯在这里被迫从事极其繁重的劳作，诸如垒土墙、修房屋、平操场等，甚至强令犯人无休无止地进行毫无意义的活动，如将刚垒好的土墙推倒重垒，把刚修平整的操场挖乱重修，无休止的集合、站队、跑步等。筋疲力尽的犯人还要遭受饥饿和毒刑的折磨，大批革命者在这里病倒或死亡，活下来仍不投降的革命者便被送进茅家岭集中营。

茅家岭集中营，由国民党三战区情报专员直接管辖。设有大禁闭室、小禁闭室、女禁闭室和所谓的"优待室"。实际上这里就是国民党特务的屠杀场，被关进这里的人遭受的是国民党特务们实施的种种毒刑，诸如"坐老虎凳"、"老鹰飞"、"火攻"、"水攻"、"踩杠子"、"站木笼"，等等。每一种刑罚办法都能把人摧残致死，因此很少有革命者能活着离开茅家岭集中营这人间活地狱。

李村和石塘两处集中营是高级政治软化所，专门囚禁新四军高级将领，也有很多著名的革命人士在这里被囚禁和杀害。

（三）息烽集中营

息烽集中营位于贵州息烽东南部的阳朗坝，是从一个看守所逐步扩大发展成为可以囚禁四五百人的集中营的，由军统特务少将周养浩直接把持。这里除主要关押中国共产党人和爱国进步人士外，还关押一些违纪的特务，并利用这些特务在暗中侦察狱中革命者的言行，以便国民党特务破坏狱内共产党组织。

息烽集中营设八座牢房，并以"忠斋"、"孝斋"、"仁斋"、"爱斋"、"信斋"、"义斋"、"和斋"、"平斋"分别命名。另有一个山洞，作为禁闭室。

息烽集中营与"白公馆"、"渣滓洞"一样，都是国民党的法西斯监狱，在这里很多著名人士被关押过，如中共四川省委书记罗世文、中共西北特支委员宋绮云、著名经济学家马寅初以及杨虎城将军，等等。也有很多革命志士在这里惨遭杀害。

（四）西北劳动营

西北劳动营成立于1939年，原为"军事委员会战时工作干部训练团特训总队"，后改名为"军事委员会西北青年劳动营"。位于西安西关外飞机场北侧，占地六七百余亩。周围是高墙铁网，墙下是深深的壕沟，墙头设有众多的碉堡，并有卫兵持枪昼夜把守，严密监控。

西北劳动营关押的是被国民党特务们截留的从延安出来的中国共产党军政人员和被国民党特务机关阻止投奔延安的知识青年。为掩人耳目，对外称这里为"陕北青年招待所"，实际这里却是以封锁和扼杀革命根据地陕甘宁边区为目的的罪恶工具。

　　西北劳动营强迫被囚禁的青年从事极其繁重的劳役，如修马路、磨石灰、平操场等，还经常以毫无意义的体力劳动折磨他们，诸如挖新井填旧井；打好土坯砸碎后再打等，甚至以盛饭的桶装粪便到农场后，再继续盛饭的非人道方法对待他们。总之，西北劳动营成为国民党特务摧残进步青年、扼杀革命力量的法西斯监狱。

　　除以上列举外，国民党政府还在成都、福州、桂林、昆明、赣州、衡阳等全国各地建立了很多集中营，疯狂地破坏中国革命，监禁和屠杀共产党人和革命志士。

八、反省院

　　反省院是国民党为配合《暂行反革命治罪法》和《危害民国紧急治罪法》的颁布而设立的法西斯监狱。由国民党中央和各省党部直接控制。按《反省院条例》规定，反省院监禁对象是：犯《危害民国紧急治罪法》或《暂行反革命治罪法》之罪，受刑之执行，无期徒刑逾七年，有期徒刑逾三分之一，而有悛悔实据者；犯前款之罪，罪刑之执行完毕，仍有再犯之虞者；犯第一款之罪，宣告三年以下有期徒刑者；依《共产党人自首法》第八条规定移送者；经国民党中央执行委员会会议决定送反省院者。由此可见，反省院监禁的是为推翻国民党反动统治而不断从事革命运动的共产党人和爱国志士。

　　国民党反省院分为首都反省院和各省反省院。首都反省院监禁的是从各地移送来的重要"政治犯"。各省反省院一般设在省会所在地。另外国民党的军事系统还设有军人反省院。但军人反省院不仅监禁国民党军队中的所谓共产党嫌疑分子，而且还监禁大批的非军事人员。

　　按《反省院条例》规定：反省院设院长一人，统管全院事务，下设总务、管理、训育三科，每科设一名主任，若干名助理员。总务主任、管理主任由院长呈请司法行政部委派，而训育主任和训育员则由院长呈请司法行政部转呈国民党中央执行委员会指派。反省院另设评判委员会，讨论决议反省院重大事宜。

　　由于反省院的监禁对象是共产党人和革命志士，因此在管理方面除采用与普通监狱基本相同的方法之外，更注重的是训育工作，也就是对反省人进行反动理论的灌输，妄图使反省人与国民党反动派化敌为友，并以此作为反省院的中心工作。为做好这项工作，国民党中央训练部对训育工作人员的选派作了明确规定，要求既具备训育工作的能力和经验，又能深刻理解国民党党义，并能忠实地为国民党服务。也就是说从事训育工作的训育员必须是国民党的特务。反省院要求他们对反省人实行法西斯的"思想围剿"，做好强迫反省人与革命的队伍决裂、觉悟过去的言行并诚意接受感化的工作，国民党政府的目的在于通过训育工作的开展把反省人训育成革命的叛徒，从而消灭中国共产党。

反省院对反省人实施"思想围剿"的同时，还施以肉体的折磨，反省人终日处于黑暗潮湿、污秽狭小的环境中，且吃不饱、穿不暖，很多人身染重病而又得不到救治，最后被折磨致死。总之，国民党的反省院是地地道道的镇压革命人士的法西斯监狱。

九、南京宪兵司令部看守所

为加强法西斯独裁专制统治，国民党政府建立了军事政治警察组织——宪兵队，主要用于监视军队，镇压中国共产党领导的人民革命运动。南京宪兵司令部是1932年蒋介石亲自批准成立的，位于南京市瞻园路一百二十六号，由杀人魔王谷正伦任宪兵司令，南京宪兵司令部作为全国宪兵的最高指挥机关，又被称为"中央宪兵司令部"。

南京宪兵司令部由宪兵司令总管全部事务，另设副司令和参谋长，下设十三个处、三个所和一个直属科。警务处军法课是专门逮捕和审讯所谓"共党嫌疑犯"的，其中设置的看守所便是实行法西斯统治的监狱，而且其规模由小到大，不断扩充，最后发展成为能容纳五百多人的大监狱，在这里无数的共产党人和革命志士被囚禁和杀害，包括罗登贤、黄励、顾衡、陶铸、邓中夏、陈赓、田汉等著名人士。1943年南京宪兵司令部仿照日本的宪兵制度，建立了分布在国民党统治区各地的庞大组织机构，包括二十七个宪兵团、三个独立营、三个教导团，每个宪兵团都增设了特高课，更设置看守所，专门用于镇压中国共产党。

十、"保安处分"执行场所

极端崇尚法西斯专制统治的国民党政府，对法西斯刑法中"保安处分"的原则也照搬不误。1935年，在国民党制颁的新刑法中专门增设了"保安处分"一章，规定对少年犯、精神病人、吸食毒品犯和酗酒犯，以及专门从事革命活动的所谓"累犯"、"习惯犯"、"常业犯"都予以"保安处分"，也就是分别予以"令入感化教育处所施以感化教育"、"令入相当处所施以监护"、"令入相当处所施以禁戒"、"令入劳动场所强制工作"，等等。而这些所谓的"感化教育"、"监护"、"禁戒"和"强制工作"等，无不是监禁和刑罚的托词和掩护，实际是为了达到随意拘禁并长期关押革命志士和劳动群众的目的。

而为保障"保安处分"的实施，国民党政府在全国各地设置了各种名目的"保安处分"执行场所，诸如"感化院"、"精神病院"、"救济院"、"戒烟所"、"教养局"、"习艺所"以及其他形式的保护管束机构。而这些处所都以剥夺人身自由、在精神上和肉体上实施野蛮摧残为手段，达到对被关押的革命志士和劳动群众终身监禁的目的。可见，国民党政府的"保安处分"执行场所实际就是法西斯的监狱机构。

十一、私牢

私牢，即私人监狱，是指国民党统治时期，大地主豪绅为剥削和镇压农民而设立的限制人身自由的场所。

在国民党统治时期，全国各地设置着大量的国民党政府的监狱机构，同时还存在着大量不受任何法律约束，可以不经任何司法程序，随时随地将贫苦的农民关押起来的私人监狱。这些私牢受到国民党政府的保护，在地主豪绅的管制下成为对广大贫苦农民实施更野蛮、更残酷地迫害的场所。实际也是国民党政府监狱体系中的一个组成部分，作为国民党监狱的补充，起到了官牢所起不到的作用，同时也进一步证明了国民党监狱腐败黑暗的封建性。

在全国各地各种不同形式的私牢当中，最具代表性的是四川省大邑县恶霸地主刘文彩在其庄园里设置的一座"水牢"。这个贮有半人深臭水的牢房设置了三道牢门，其中立一铁笼，铁笼周围布满铁钉，被关进水牢的人不仅终日泡在臭水中，而且稍一动作便被铁钉刺中，很多人在这里被折磨致死。

第三节　国民党政府监狱的管理制度

国民党政府监狱的管理制度一方面承袭了北洋政府的规定，另一方面又借鉴和效法世界各资本主义国家的监狱法律，形成了一套较为完备而严密的条文规定，但由于国民党政府本质的反动腐败和黑暗落后，它的法律条文并不可能付诸实施，只能供后人借鉴。而它的狱政管理实际状况是充满法西斯恐怖性的。

一、收监、监禁与戒护制度

（一）收监制度

关于收监制度，《监狱规则》规定，监狱官必须认定被收监人具备必要的法律公文，包括"法院裁判书"和"指挥执行书"。所谓"指挥执行书"就是包括罪犯姓名、身份、年龄、人相、应执行的刑名、刑期等内容的文件。两份公文缺一不可收监。

同时《监狱规则》还规定了不准收监的几种情况：①心神丧失者；②患严重疾病有生命危险者；③怀孕七个月以上和生产未满一个月者；④患传染性疾病者。

但实际上，国民党的监狱往往随时随地把他们认为扰乱其统治秩序的人收入监狱，并想方设法进行全面细致的检查。

国民党监狱还准许妇女携带子女入监，监狱里常有母子一同坐牢者，而无辜的儿童，甚至婴儿在监狱里同样遭受非人的待遇，有的甚至与母亲同遭杀害。

（二）监禁制度

关于监禁制度，国民党《监狱规则》规定以分房监禁为原则，同时采用分类杂居制，并把当时国际公认的最良好的监禁制度——累进处遇制，纳入1943年制定的《改良监狱计划书》中，规定："执行自由刑之方法应采用累进制，明定于监狱法内。此后，新监之建筑、设计即准备累进制之实施，对于监犯之处遇应分数级，依其改悔之程度渐次和缓其处遇，以养成适应社会生活之能力。其成绩之审查应注意监犯之作业、责任、意志、操行要点。"所谓累进处遇制，又称阶级制，就是根据犯人的刑期和其他有关情况，将行刑的过程分为数级，然后依在监人改悔的程度使之渐次升级，等级越高待遇越好。只是这种先进的监禁办法只在个别新式监狱中试行一下而已，而绝大多数监狱的监禁方法仍然是不分案情、刑期、老幼、性格以及累犯、已决犯未决犯，一律杂居一室，造成极端混乱不堪的状况。

但是国民党当局却千方百计把所谓"政治犯"与普通刑事犯严格分开监禁，谨防共产党人和革命志士把革命真理传播开来，这种分房监禁不是为了监狱管理的文明进步，而是为了遏制革命运动的发展。

（三）戒护制度

关于戒护制度，国民党政府是一贯极其重视的。他们一方面运用宪兵、警察和特务实行内外结合，公开与秘密地严密监视、层层封锁；另一方面还滥用戒具残害犯人。其戒具包括：窄衣、脚镣、手铐、捕绳、联锁。监狱官吏可以随时随地用戒具惩罚犯人，甚至借此对犯人进行敲诈勒索，中饱私囊。

在国民党监狱里，尤其对共产党人和革命志士，更是实行最残酷野蛮的戒护措施。他们运用武装的宪兵和警察进行公开的警戒，同时还秘密派遣特务和叛变革命的叛徒作为"内线"，混在囚犯当中暗中监视在监者的言行，一不小心，便会招致杀身之祸。足见国民党戒护制度的残暴、恐怖。

二、劳役、教诲及教育制度

（一）劳役制度

国民党政府的《监狱规则》效仿各资本主义国家的监狱劳役制度，也把开展监狱作业的条款规定下来。但以惩罚犯人和无偿榨取犯人劳役血汗为目的的国民党监狱作业，根本不可能体现劳役对犯人的真正意义，所谓劳役使罪犯养成劳动习惯，学会劳动技能，以便出狱后能够觅取正当的谋生手段的思想并不真正被国民党当局所重视。犯人们是在大棒和皮鞭驱使下，在毫无劳动保护可言的条件下，在极端恶劣的环境中，饿着肚子从事繁重的苦役，甚至拖着重病的身体坚持着，常常有体力不支、累死饿死的情况发生。

为解决监狱人满为患的难题，监狱不仅开展监内作业，如印刷、纺织、木工、竹工、搓绳、制鞋，等等；还开展了监外作业，如建筑、伐木、修路、开垦，等等。《监狱规则》规定："除刑期不满一年者外，监狱长官认为必要时，得使在监者在监外服劳役。"而从事监外作业的犯人必须加带脚镣，并足额配置看守人员。

（二）教诲及教育制度

国民党在《监狱规则》中效仿资本主义国家也规定了对罪犯实施教诲及教育的内容，即通过教诲，训导和陶冶罪犯的道德和人格，通过教育，培养和训练罪犯智育和能力。

关于教诲，国民党政府规定须设专职教诲师进行教诲事务。教诲的内容就是蒋介石的反动理论和封建的伦理道理，包括灌输罪犯以各种宗教经典。教诲的方式有三种：①集合教诲，就是把犯人集中于一处，同时施以教诲；②类别教诲，就是根据罪犯的罪质、犯数、职业、性情等不同情况，把同类型的犯人集中于一处施以针对性教育；③个人教诲，就是在某个犯人入监、出监、转监、疾病、惩罚、丧亲、接见和书信的情况发生时，随时进行教诲。无论采用哪种形式的教诲，目的只有一个，就是想把罪犯"感化"、"教诲"成为绝对服从国民党反动统治的驯服者。但由于国民党监狱本身是对广大群众和共产党人实施法西斯恐怖统治的工具，这本来就是非正义的、令人憎恶的，所以他们所进行的教诲也不可能达到目的。

关于教育，国民党政府要求监狱教育事务必须由专职的教师负责，并以强制教育为原则。《监狱规则》对教育制度规定为："在监者一律施以教育，但十八岁以上，刑期不满三个月者及监狱长官认为无教育之必要者，不在此限。"教育内容以小学程度的国语、算术、珠算、习字、作文等为必修科目，对已经具备相当文化程度的罪犯依其程度设相当的补习科目。教育时间规定为每周二十四小时以内。然而事实上，国民党监狱的教育只在极少数模范监狱开展，对其他绝大多数监狱而言则是笑谈，因为在那些监狱根本不准带入书籍、纸张和笔；罪犯在监狱唯一能读到的文字是各种反动理论小册子和圣经，其他方面的信息绝对禁止。执行愚民政策的监狱当局所谓的实施教育的规定，完全是舆论欺骗的幌子。

三、狱囚衣粮、医药制度

关于狱囚衣粮、医药制度，国民党政府全部照搬了北洋政府时期的规定。诸如："对于在监者，须斟酌其体质、年龄、劳役及地方气候等项，给予必要之饮食、衣类及其他用具"；"在监者给予灰色狱衣"；"除一定狱衣外，所有衣被无碍于监狱纪律及卫生者，得许在监人自备"；"监房、工场、病室等处天寒时，须使有相当温度"；"在监者患病时，速加治疗"；"病重者收入病室"；"病重者经监狱长官许可，可自费招请医生治疗"；"在监者患急性传染病时须与其他在监者严行离隔"；"孕妇、产妇、老弱者、废疾者以病者论"。还增加了"患精神病、传染病或其他之疾病认为监狱内不能施适当之医治者，得斟酌情形呈监督官署许可保外医治或移送医院"等规定。从《监狱规则》的种种规定看，国民党监狱关于狱囚的衣粮、医药制度是周密而完善的，体现了当时资本主义国家所倡导的"人道主义"。

然而事实上，国民党政府给予狱囚的真正待遇却与《监狱规则》的规定大相径庭。囚犯所获得的囚粮是经过监狱官吏层层克扣之后少之又少的一点点，而且是最下等的霉米烂菜，甚至饮水也受到极度控制，以致饿死者时有所闻。囚犯的"灰色狱衣"也难以保障，很多监狱取消了给予犯人衣类制度，致使被关押的劳苦犯人长年累月只有一套衣服，被褥更谈不上，冬日也只能以稻草取暖，终日偎缩于潮湿的地板上。而居处的条件也是破烂不堪的，国民党监狱大多是清朝遗留下来的旧式监狱，监房狭小，黑暗潮湿，又不通空气，冬天寒冷，夏天闷热。在污秽不堪的环境中每时每刻还有被传染性疾病感染的可能，又得不到及时有效的治疗，致使狱囚发病率、死亡率极高。

四、接见与书信制度

国民党的《监狱规则》规定，囚犯接见与发收书信必须是其家属，与家属以外的人接见或发收书信须有特别理由。在时间方面规定为：拘役犯每十日一次，徒刑犯每月一次。特别情况可增加一至二次。

接见，必须在特设的接见室内进行，每次不得超过三十分钟，须用普通话，接见者与被接见者身体不能相接触，且不能私自交接物品。接见必须在监狱官吏监视下进行。

书信，必须先填写请求书，写明与通信人的关系，经许可后到通信室书写，信封、信纸由监狱发给，发信费用囚犯自理，来往书信须经监狱官吏检阅。

五、赏罚制度

关于奖赏制度，国民政府《监狱规则》中基本照搬了北洋政府的奖赏规定。只是劳役赏与金的数额由过去的一元以内，增加为二元以内；增加奖赏接见和发收书信的次数为三次以内。还增加了"许其阅读私有书籍"的奖赏。

关于惩罚制度，规定了九种惩罚办法：①面责；②三月以内停止赏与；③撤销赏与；④三次以内停止发收书信与接见；⑤三月以内停止阅读书籍；⑥七日以内停止运动；⑦减削赏与金之一部或全部；⑧二月以内之慎独；⑨五日以内之暗室监禁。

但事实上，国民党政府监狱里的惩罚方法绝不仅仅上述九种，实行法西斯化管理的监狱官吏使用的惩罚办法也是花样翻新、难计其数，且极端惨无人道，根本不受任何法律的限制，无数的囚犯被国民党监狱的毒刑折磨致死。

六、假释和释放制度

关于假释制度，国民党政府在其刑法中明文规定："受徒刑之执行而有悛悔实据者，无期徒刑逾十年后，有期徒刑逾二分之一后，由监狱长官呈司法行政最高官署，得许假释出狱，但有期徒刑之执行未满一年者，不在此限。"也就是说国民党政府允许对执行一定刑期的徒刑犯附加条件地提前释放。其条件有二：其一，有期徒刑逾刑期二分之一，而执行必须满一年，无期徒刑逾十年；其二，须有悛悔的实据。后来，在1934年1月，司法行政部又训令各省高等法院首席检察官："案查办理假释，除法定二条件外，尚有一实质上之条件，即证明本人出狱后之生计，或在足以信任之境遇，而能确保其为良民生活者也。若缺少此条件，虽具备法定条件，亦不得为假释之声请。嗣后办理假释，务须将本人出狱后环境如何、生计如何、从事何业等项，切实调查明白，详细开列清册，连同身份簿等件，一并呈送核办。"这一训令实际是对假释附加了第三个条件，即要求本人出狱后生计确有保证。而这第三个条件的规定为有产阶级提供了逃避惩罚的方便，对于穷困的无产阶级劳苦大众无疑是挡住了假释出狱的道路。

对于符合假释条件的犯人，经过监狱官会议多数同意，方可由典狱长出具声请书，填守该犯人的身份簿，再呈由高等法院转呈司法行政部核准。

关于释放制度。《监狱规则》规定，对于因赦免、假释而释放的犯人，监狱当局要举行释放仪式，典狱长在全体犯人面前作训诲，并向释放者发放证票；对于因刑期届满而释放的犯人，监狱当局要在其期满前至少三日停止其劳役，使其独居，以期收到最后感化治疗的功效，还需通知其家属接领。《监狱规则》还规定，"被释放者无归乡旅费及衣类时须酌给之"，"若罹重病请在监医疗时，依其情状得许之"。由此规定可见其人道主义色彩。然而事实上，对于几经折磨摧残终于获得释放的犯人，国民党监狱一向是推出狱门了事，很多饥寒、伤病交加的犯人出狱不久便被饿死、冻死或病死，形同死刑。足以见得国民党政府监狱制度的虚伪性。

 第四节 国民党政府监狱统治的本质特征

国民党政府作为中国历史上最后一个大地主、大资产阶级反动联盟的政府，处于中国历史上一个特殊时期，中国共产党领导的新民主主义革命运动蓬勃发展，半殖民地半封建社会制度日趋崩溃，而革命与反革命的斗争也处于空前激烈时期，蒋介石政府实行了封建买办法西斯的独裁统治制度，并在狱制上得到了充分的体现，形成了国民党政府监狱统治的本质特征：

一、野蛮落后的封建性

从几千年的封建社会脱胎而来的国民党政府，其封建性特征也绝不少于北洋政府，并在狱制上充分暴露无遗。从监舍状况而言，国民党政府的监狱绝大多数是沿用于清末的旧式监狱，监房低矮狭小，潮湿黑暗，不通空气，设备简陋，污秽不堪。曾亲身经历国民党监狱生活折磨的方志敏烈士在他的《狱中纪实》里对此有过深刻的反映："……这一百万余囚人，在黑暗、污秽、潮湿、熏臭、冬天冻冷、夏天闷热的笼子里，爬着、动着、挣扎着、生活着！饥渴、寒冷、鞭挞、屈辱、疾病、死亡，永远像影子一般，伴随着他们，他们心中的烦恼、悲痛、愤恨、恐怖，可以说是无穷无尽的……监狱是苦痛的堆场，是病菌的酵室，是黑暗的深渊，是'死亡之家'，是石造的枢，它是建筑在被统治阶级的赤血与白骨之上的。"对于监狱这种破烂不堪的状况，国民党司法行政部的训令中也同样有所反映："近查各县监所多属建筑窳败，地狭人稠，甚或席地而卧。纵使衣食无亏已不胜其苦，况且此亦感不足，其何以堪。"（1930 年 7 月 21 日第1415 号训令）

　　从监狱管理制度看，国民党更是对封建狱制进行了大量的承袭，使其狱制充分暴露出野蛮落后、腐败黑暗的封建性。在收监制度的执行上，国民党的宪兵、警察和特务可以随意将人民群众投入监狱而不受收监制度的约束。在监禁制度上除严格把所谓"政治犯"与其他犯人隔离监禁，以防止革命思想传播外，其他犯人不分案情、刑期、老幼、性格、初累犯以及已决犯未决犯，一律实行混合杂居制。同时对于封建狱制一贯维护的等级特权原则也是毫不例外地继承下来，这一点在方志敏烈士的《狱中纪实》中也有揭露："……优待号是拿来优待国民党的官吏和有资产的人的。房子很宽敞，每室住一人或两人，都有玻璃窗，都用白纸裱糊过，与其说是囚室，不如说是书室。……一等普通号是关押一般中等社会人物和国民党军队中的连排班长和士兵的。房子较宽，每房只准住八人至十人，都睡高铺。……二等普通号是最苦最糟的号子，专为囚禁共产党人或共产嫌疑犯，以及不幸被俘的红军战士。……只够十几个人住，却要关三十余人。人挤人的睡着，你的头睡在我的脚边，我的脚搭在你的头上，都睡在笼板上，笼门整天的锁着，绝不准互相来往。"其混乱、拥挤、落后的监禁方法无异于封建旧监。在惩罚戒护制度方面，更是滥用戒具，滥施酷刑，包括"农奴戟"、"老虎凳"、"站木笼"的继续施用，以及"掌责"这种封建社会的笞刑制度的恢复等，无不暴露出国民党监狱野蛮落后，腐败黑暗的封建性特征。

　　二、法西斯的恐怖性

　　国民党政府统治时期，由于中国共产党组织不断发展壮大，更由于中国共产党领导的中国人民的革命运动以推翻蒋介石反动统治为目的，令蒋介石为首的国民党反革命政府大为恐慌。为消灭中国共产党及其领导的革命力量，他们采取了"斩尽杀绝"政策，奉行"宁肯错杀一千，也不放过一个"的行动方针，在全国各地设置了种类繁多、数量庞大的监狱机构，把大批的共产党人和革命志士投入监狱。

在国民党政府的监狱里，实行着看守、宪兵、特务的武装监视和"耳目"、"内线"等的秘密监视，被迫从事繁重体力劳动的囚犯们还会受到无数种惨绝人寰的酷刑摧残，许多共产党人和革命志士惨死在国民党监狱的毒刑之下。

在国民党的监狱里，不仅共产党人和革命志士惨遭迫害，就连一般人民群众也难幸免。据史料记载，1942年重庆国立中学的学生李仲达、石作圣、冯鸿珊、陈何镇在步行进城途中误入"中美合作所"集中营秘密禁区，被美蒋特务抓进集中营，并进行了严刑拷问，终未查出任何政治目的，而只不过是几个不懂事的孩子。然而他们并没有被放走，而是被特务们关进"白公馆"集中营囚禁长达十年之久，以防止泄露法西斯监狱的秘密。到1949年重庆解放前夕，这几个学生已从十三四岁的孩子，长大成为二十出头的青年，但由于长期缺乏营养的非人生活折磨，身心健康受到极大伤害，有的头发已开始变白，犹如老人。最后他们死在刽子手们对被关押的革命者进行的集体大屠杀中。

可见在国民党的白色恐怖中，监狱更充满血腥残暴的法西斯气氛。

三、资产阶级的虚伪性

国民党政府的监狱与几千年的封建社会一脉相承，保留着封建狱制的野蛮落后性，同时效仿墨索里尼、希特勒的法西斯统治经验，在其监狱公然实行最恐怖、最凶残的法西斯制度，激起全国人民的强烈反抗和社会舆论的一致抗议。为缓和日益尖锐的阶级矛盾，装潢门面掩盖真实目的，国民党政府大肆鼓吹资产阶级的感化主义思想，公开宣称：对人民犯罪入狱者，施以感化教诲和教育，以使其改过自新为目的，并把这一思想规定在监狱法律中。1946年的《监狱行刑法》中明文规定："徒刑拘役之执行，以使受刑人改悔向上，适于社会生活为目的。"并在《监狱规则》中把劳役、教诲和教育视为犯人行刑感化的三大要素，设专章予以详细规定。同时，国民党政府学习世界资本主义各国文明先进的监狱制度，于1943年制定《改良监狱计划》，规定采用累进制的方法执行自由刑，并提出一系列改良监狱的计划、方案和措施，并要求各地监狱按照《国际刑法委员会修正囚犯待遇标准规则》执行，对囚犯给予人道主义待遇，以维护人权。加之蒋介石假借曾经是革命性的国民党旗帜，打着三民主义的旗号，使其狱制更具有反革命的欺骗性。

然而，竭力标榜"自由平等"、"维护人权"，却实施封建法西斯腐败黑暗恐怖统治的国民党政府，关于狱制任何先进的计划、方案和措施都不过是一场违心的空谈，正如国民党政府首都高等法院院长在其《监狱学》

中所言："我国官府，向来说话都是冠冕堂皇，结果全成为不兑现的支票。"而其完备文明的监狱法律条款也与其治狱实际严重脱节。种种事实真相足以说明国民党监狱统治的资产阶级民主的极端虚伪性。

四、依附帝国主义的买办性

与北洋政府一样，国民党政府也是靠对外出卖国家的利益和民族的利益赢得帝国主义的欢心，换取帝国主义的支持。这一无耻行径在其狱制上也有突出表现。为借帝国主义力量消灭中国共产党及其领导的革命力量，国民党政府在抗日战争时期，始终坚持消极抗日、积极反共的政策。他们还听凭帝国主义保留着自己在华设置的巡捕房，并在租界内任意搜捕和拘禁中国公民。更令人愤怒的是，国民党政府还不惜出卖中国的司法狱政主权，与美国海军参谋部情报署合作成立"中美合作所"，并由美国提供武器装备和刑具，派遣顾问和教官为蒋介石政府建立美式集中营——中美合作所集中营，培训美式特务，镇压和屠杀中国共产党人和中国革命群众，使中国的司法狱政主权遭致践踏，充分暴露了国民党政府依附帝国主义的买办性。

总之，国民党政府的监狱作为国民党反动国家机器的一个重要组成部分，在国民党政府统治中国的二十二年间得到了空前的强化，其反动政权的本质也决定了其半殖民地半封建性质的监狱，是封建买办法西斯独裁统治的工具。

复习与思考

1. 简述国民党政府的监狱设置状况。
2. 浅析国民党政府监狱的本质特征。

第九章 新民主主义时期人民民主专政的监狱

（1927 年～1949 年）

学习目的与要求

了解新民主主义时期人民民主专政的监狱的创建与发展；掌握新民主主义时期人民民主专政的监狱的狱政思想和各项管理制度。

新民主主义革命时期人民民主专政的监狱制度的发展，大体经历了三个发展阶段：第二次国内革命战争时期革命根据地监所的初创阶段；抗日战争时期抗日民主政权按照新民主主义的政治方向系统进行狱政建设的阶段；第三次国内革命战争时期解放区人民民主政府接管改造旧监狱，创建管训队、劳改队，建立新的监狱体系，监狱制度取得重大发展的阶段。

新民主主义革命时期人民民主专政监狱制度的建立，是中国几千年监狱史上的一次最深刻的革命，不仅对巩固发展当时的革命事业作出了贡献，而且为新中国社会主义监狱制度的建设积累了极为宝贵的历史经验。新民主主义革命时期人民民主专政的监狱制度是今天我国现行监狱制度的开端，我国现行监狱制度是新民主主义监狱制度的继承和发展。

第一节 第二次国内革命战争时期革命根据地监所的创建

一、革命根据地的监所设置

（一）革命根据地监所的创建

第二次国内革命战争时期，革命根据地监所的建设，大体经历了三个发展阶段：第一阶段，从 1927 年 11 月根据地开始创建，到 1931 年 11 月中华苏维埃共和国成立，这是革命根据地监所的初创阶段。各地工农武装暴动初起，在摧毁反动统治机构和反革命势力过程中，便建立了肃反机关的拘留所、看守所。这是主要的监狱组织。它既是关押各种未决的反革命

犯和其他刑事犯的场所，又是对各种判决监禁的犯罪分子执行刑罚和强制教育的机关。监狱管理制度比较简单，看管好犯人，不使其逃跑，就是监所的主要任务。第二阶段，从1931年11月中华苏维埃共和国成立，到1935年南方根据地陆续丧失。这个阶段，是革命根据地监所进行初步建设的阶段，制定了《裁判部暂行组织及裁判条例》，统一确定了根据地的监狱设置，各根据地陆续建立劳动感化院，作为基本的执行徒刑的机关。同时还制定了有关监狱组织及管理的法规，初步建立了监狱管理制度，明确规定对犯人进行感化教育与劳动改造是根据地监所的基本任务。第三阶段，从1935年12月党中央"瓦窑堡会议"开始，到1937年7月抗日战争爆发以前，这个阶段是革命根据地监所随着根据地的丧失、减少而大大减少的时期，同时也是随着政治路线的成熟，"左倾"机会主义路线和政策得到纠正，根据地的刑事政策和狱政思想也逐渐克服左倾路线的影响，监所工作突出教育改造方针的时期。总之，第二次国内革命战争时期是革命根据地监所的创建时期。

（二）革命根据地的监所设置

第二次国内革命战争时期革命根据地工农民主政权先后设置了看守所、监狱、劳动感化院、苦工队等监所组织机构。

1. 看守所。革命根据地的看守所是关押未决犯的机关，有的看守所同时兼有对短期徒刑犯执行徒刑的任务。第二次国内革命战争时期的看守所有三类：

（1）裁判机关看守所。第二次国内革命战争时期的裁判机关是工农民主政权司法机关的一种体制，当时叫地方各级裁判部。它是在地方各级法院未设立以前，在省、县、区成立的行使审判权和司法行政权的临时司法机关。它的主要任务是对刑事案犯进行审讯和判决。1932年6月9日公布的《中华苏维埃共和国裁判部暂行组织及裁判条例》第十条规定：在省、县、区"各级裁判部下可设立看守所，以监禁未审判的犯人，或判决短期监禁的犯人"。但实际上有些地区没设立裁判机关看守所。这是因为这些地区处于紧急的战争环境，主要忙于对敌斗争，一般刑事案件很少。

（2）政治保卫局执行部看守所。第二次国内革命战争时期的国家政治保卫局及省、县分局是中央人民委员会下设立的，同一切反革命、盗匪等重大刑事犯罪作斗争的专门机关，享有侦查、逮捕、预审甚至判决、执行以及"紧急"处置之权。其下设各级执行部负责具体工作。按照《中华苏维埃共和国国家政治保卫局组织纲要》的精神，各级政治保卫局的执行部一般都设立了经常性或临时性的看守所，担负对反革命案犯的拘押、看守任务。

（3）肃反机关看守所。第二次国内革命战争时期的肃反机关是肃反委员会，肃反委员会是为工农武装暴动或红军占领初期临时革命政权设立的临时肃反机关，担负着对敌专政的任务。其下设有看守所。在革命根据地老区，由于始终处于残酷激烈的阶级斗争环境，对敌专政是工农民主政权最基本的任务，因此，肃反机关看守所成了根据地最主要的监所组织。在新开辟地区内只有肃反委员会下属的一种看守所。新区的肃反机关兼有国家政治保卫局和裁判部两个部门的职权，它的看守所既是关押未决的反革命案犯的机关，也是关押未决的刑事案犯的场所，又是对判处短期监禁的已决犯的徒刑执行机构。

2. 监狱。监狱是刑罚执行机关，担负着关押和教育改造犯罪者的主要任务。第二次国内革命战争时期，鄂豫皖和川陕根据地，在省、县两级革命法庭领导下，设立监狱和禁闭室。司法机关收押的已决犯和未决犯都归监狱管理。政治保卫局另有看守所，关押反革命罪犯。

3. 劳动感化院。劳动感化院是第二次国内革命战争时期中华苏维埃共和国成立以后建立的徒刑执行机关，是教育改造判处长期监禁的犯人的主要场所。

1936年6月9日颁布的《中华苏维埃共和国裁判部暂行组织及裁判条例》第十条规定，在县、省两级裁判部"设立劳动感化院"，以关押被判决长期监禁的犯人。文件下达后，中央革命根据地江西省的兴国、博生，福建省的长汀及瑞金直属县，建立了劳动感化院。劳动感化院是裁判部的附属机关，只隶属于裁判部，本身不构成上下级组织系统。中华苏维埃共和国时期在中央革命根据地各省及个别县曾建立起劳动感化院的组织机构，并逐步确立了劳动感化院的领导体制。《中华苏维埃共和国劳动感化院暂行章程》规定：劳动感化院设院长一人、副院长一人，并设总务、劳动管理、文化等科，科长若干人；由院长、副院长及各科科长组成管理委员会，以院长为该委员会主任。管理委员会全面负责劳动感化院的工作，并向该级政府裁判部随时报告工作。劳动感化院还设立各种手工工场，组织犯人从事生产劳动，并设店铺，出售劳动感化院的产品。由于劳动感化院对犯人实行教育改造的方针，建立了新型的监狱管理制度，积极开展思想教育和生产劳动，使监狱面貌根本改观，并成为新中国人民民主专政的劳动改造机关的雏形。

4. 苦工队。苦工队是中华苏维埃共和国时期，工农民主政府为了适应革命战争的需要，组织刑期较短、案情较轻的犯人到前方担负战争勤务，作为临时性执行徒刑的一种特殊方式。1932 年 9 月 5 日，中央苏维埃人民委员会发布命令，决定将判处短期监禁的犯人组成"苦工队"，选派得力的干部领导，进行严密的组织和监视，率领到前方承担运输工作。当时编入苦工队的对象是：①不是重要的反革命犯；②贫苦群众出身，判处监禁两年以下者；③豪绅地主等阶级异己分子，无特别反动事实判处监禁一年半以下者；④判处强迫劳动者。命令下达后，中央革命根据地各省很快建立起"苦工队"。据不完全统计，到 1932 年 10 月，苦工队人数已达九百多人，随后，其他根据地也建立了类似的组织。

二、革命根据地的监所立法

第二次国内革命战争时期，中央工农民主政府颁布了《宪法大纲》，制定了各种刑事法规，公布了《土地法》、《劳动法》和《婚姻法》，建立了新型的司法制度，拟定了诉讼程序法，统一了法律制度，初步建立了新民主主义的法律体系。与革命根据地监所有关的立法与方针主要有：

（一）《宪法大纲》

1931 年 11 月 7 日，中华苏维埃共和国第一次全国代表大会通过了《中华苏维埃共和国宪法大纲》（以下简称《宪法大纲》）。1934 年 1 月，中华苏维埃共和国第二次全国代表大会对《宪法大纲》进行了修改。《宪法大纲》共十七条，明确规定了苏维埃政权的性质是工农民主专政；工农政权的组织形式是工农兵代表大会制度和民主集中制；工农政权的经济制度是没收一切地主阶级的土地，分配给雇农、贫农和中农，限制资本主义发展的经济政策；工农群众的各项基本权利包括：政治上的选举权和被选举权以及各项民主自由权，经济上的八小时工作制，文化上受教育的权利，妇女获得解放的权利等。苏维埃国家的基本任务是完成反帝反封建的民主革命，并逐步向社会主义社会过渡；还规定了各项内政外交政策。《宪法大纲》规定的这些重要原则和政策对推动和发展革命的法制建设具有重要的指导意义，也为人民民主政权的监所建设提供了法律保证和依据。

（二）《惩治反革命条例》

第二次国内革命战争时期，与监所有关的刑事立法有：中央执行委员会在 1931 年 12 月通过的第六号训令，确立了反革命罪犯的处理原则；1932 年 4 月发布的第十一号训令《关于纠正放松肃反的错误》，进一步规定了审理反革命案犯的原则和程序。这些刑事立法为各地苏维埃政府修订和起草肃反条例与法令提供了法律依据。在总结与反革命罪犯作斗争经验的基础上，1934 年 4 月，中华苏维埃共和国中央委员会以毛泽东主席令的形式公布了《中华苏维埃共和国惩治反革命条例》，它是这一时期最有代表性的与监所立法有密切关系的刑事法规。该条例共四十一条，主要内容有：规定了反革命罪的概念和种类；规定了对反革命分子所处的刑罚；确定了对各种反革命罪的定罪量刑原则。

（三）监所立法

第二次国内革命战争时期，工农民主政府十分重视对监所的管理，因而关于监所的立法较多也较健全，主要包括以下几类：

1. 关于监所设置的法律规定。关于监所设置的法律规定主要载于肃反与裁判机关的组织条例之中。如 1932 年 1 月 27 日通过的《中华苏维埃共和国国家政治保卫局组织纲要》；1932 年 6 月 9 日中华苏维埃共和国中央执行委员会颁布的《中华苏维埃共和国裁判部暂行组织及裁判条例》；1936 年的《革命法庭条例（草案）》；等等。这些纲要、条例规定了革命根据地各级监狱、看守所的设置、地位与职责。

2. 关于监所的组织与管理的法规。主要有 1932 年 8 月 10 日司法人民委员部制定的《中华苏维埃共和国劳动感化院暂行章程》，对劳动感化院管理和教育改造犯人以及生产任务，以院长为主任的由正副院长和各科科长组成的管理委员会组织机构，包括收押看守、犯人财物保管、犯人生活管理以及监所生产的组织与管理制度都作了全面的规定，对根据地的监所建设具有重要意义。此外，还有以针对专门问题的命令、训令等形式出现的有关监所的组织与管理法规。按先后顺序排列，主要有：1931 年 10 月 4日颁发的《鄂豫皖区苏维埃政府革命法庭的组织与政治保卫局的关系及区别》；1931 年 12 月 12 日中华苏维埃共和国中央执行委员会关于"坚决废止肉刑"的《第六号训令》；1932 年 8 月 27 日福建省苏维埃政府《关于处理犯人的问题的训令》；1932 年 9 月 8 日福建省苏维埃政府的命令；1932年 9 月 9 日福建省苏维埃政府《关于犯人的材料及坚决废止肉刑的问题的训令》；1933 年 4 月 16 日司法人民委员部《关于没收犯人的财产和物件的手续的命令》；等等。

3. 关于中央司法机关和根据地地方政府对监所工作的指示。中华苏维埃共和国司法人民委员部及各地方苏维埃政府对于监所工作的指示，对根据地监所建设也具有法律约束力和重要指导意义。1933 年 5 月 30 日《中华苏维埃共和国司法人民委员部对裁判机关工作的指示》，具体而明确地规定了根据地的监所工作，要求各地严格管理犯人，对犯人的生产劳动要加强组织领导，搞好感化教育，它推动了根据地监所的建设。

（四）工农民主政权监所感化、教育和改造方针的确立

第二次国内革命战争时期工农民主政权的监所立法体现了对几千年来

封建狱制的改革精神，体现了工农民主政权的狱政指导方针和根本原则。

1. 对犯人实行感化教育和改造。人民民主政权的监狱、看守所与一切剥削阶级的旧监狱有着本质的区别，它不再是单纯地惩罚罪犯，而主要是为了教育改造罪犯，使之悔罪自新，将之改造成为社会上有用的人。1932年8月10日司法人民委员部制颁的《中华苏维埃共和国劳动感化院暂行章程》第一条规定："劳动感化院的目的是看守、教育及感化违反苏维埃法令的一切犯人，使这些犯人在监禁期满之后，不再违犯苏维埃的法令。"《中华苏维埃共和国司法人民委员部对裁判机关工作的指示》强调："对于劳动感化院的工作，特别要注意生产和感化。""感化犯人的工作，是劳动感化院的主要部分。"1934年1月中华苏维埃中央临时政府的工作报告中明确指出："苏维埃的监狱对于死刑以外的罪犯，是采取感化主义，即用共产主义的精神与劳动纪律去教育犯人，改变犯人犯罪的本质。"根据这一原则，工农民主政府的监所利用多种形式对犯人进行新民主主义的政治思想教育、识字教育，开展有教育意义的文娱活动，采用多种方式组织犯人从事生产劳动。

2. 坚决废止肉刑。根据地创建初期，由于认识上的局限和缺乏经验，一些监所干部监管罪犯往往用旧社会司法机关对付犯人的方法，加上由于朴素阶级感情而产生的对豪绅地主官僚的仇恨和报复情绪，致使刑讯逼供的现象在根据地监所普遍发生。根据地创建中期，王明"左倾"机会主义路线的影响和肃反扩大化错误的发生，使根据地监所出现了严重的酷刑，产生了不少冤、假、错案，错办了一些群众，杀害了一些革命同志，给革命事业造成严重损害。鉴于此，1931年12月12日，中华苏维埃中央执行委员会发布《第六号训令》，明令宣布"坚决废止肉刑"。在实际工作中进行检查督促、清理和整顿监所，坚决纠正刑讯逼供、体罚虐待犯人的不良现象。福建省苏维埃政府1932年8月和9月在《关于处理犯人的问题》和《关于犯人的材料及坚决废止肉刑的问题》两个训令中重申中央司法人民委员部执行委员会的《第六号训令》，"要废除一切肉刑"，"绝对不许行使肉刑"，"使中央执行委员会第六号训令百分之百地去实现"，并把废止肉刑看作是苏维埃法庭与国民党法庭的重要区别，关系着政府和法庭在群众中的威信，严申："以后各级政府及地方武装如再有用肉刑的事情，当以违反苏维埃法令治罪。"[1]

---

〔1〕 韩延龙等编：《中国新民主主义革命时期根据地法制文献选编》第三卷，中国社会科学出版社1981年版，第343、345、351页。

3. 禁止对犯人的一切不人道待遇，实行革命人道主义。

（1）禁止对犯人的一切非人道待遇。工农民主政府为了彻底清除旧监狱虐待犯人的恶劣影响，在废除一切肉刑的同时，还严令禁止对罪犯的其他一切非人道待遇。明确指出，工农民主政府的法庭和监狱"一方面要严厉镇压反革命分子的活动，苏维埃对于这些分子绝不应有丝毫的姑息；但是另一方面，对于一切已经就逮的人犯，却是禁止一切不人道的待遇"[1]。《川陕省革命法庭条例草案》第九条规定：省、县革命法庭的执行机关，"反对旧式监牢虐待犯人的办法，特别对于犯罪的劳动者，要有系统地进行教育，使他能很快地脱离犯罪的事情"。[2]

（2）监所管理工作要保证犯人的身体健康。工农民主政府在革命人道主义原则的指导下，要求监所管理必须保证犯人的身体健康。1933年《中华苏维埃共和国司法人民委员部对裁判机关工作的指示》中强调指出，要保证犯人的身体健康，要注意监所的环境卫生和犯人卫生，按时放空气，按时给犯人洗澡；犯人的伙食费要专款专用，不许挪用；对犯人的劳动、学习、休息、娱乐时间要妥善安排等。《鄂豫皖区革命法庭组织规程》规定："犯人做工亦实行八小时工作制。"监狱禁闭室"要清洁，要注意卫生，犯人若发生传染病要分开居住"。犯人的生产收入，可拿出一部分"作改良犯人生活之用"。

三、革命根据地监所管理制度的建立

在监所工作中为了严格执行工农民主政权的法制，保证教育改造方针的实现，工农民主政府颁布了有关监所管理的专门法规《中华苏维埃共和国劳动感化院暂行章程》和有关指示，初步建立了监所管理制度。主要有：

（一）收押、开释和看守制度

1. 收押、开释制度。为了防止监狱和看守所非法收押或非法开释，工农民主政府的监所管理法规首先强调建立严格的收押、开释手续。各看守所和监狱收押犯人必须持有权逮捕和审判刑事案件的政治保卫局及各级裁判部的"送押条子"，收押已决犯还必须有裁判部的判决书，开释犯人也必须有法定的有权释放单位的条子。

2. 看守制度。看守制度也比较严格。规定监所房屋必须坚固，看守人

〔1〕 "中华苏维埃中央执行委员会和人民委员会工作报告"，载《苏维埃中国》，中国现代史资料编辑委员会1957年翻印，第265页。

〔2〕 韩延龙等编：《中国新民主主义革命时期根据地法制文献选编》第三卷，中国社会科学出版社1981年版，第343、345、351页。

员必须日夜分班看守，对犯人必须每天早晚点名，给犯人送的东西和犯人寄出去的信件必须严格检查，同案犯必须分房关押。目的是为了防止犯人串供、逃跑、暴动、自杀等意外事件的发生。

（二）犯人入、出监登记和案卷保管制度

犯人入、出监所必须登记，以便随时检查。犯人入、出监所登记内容包括姓名、性别、年龄、籍贯、住址、职业、文化程度、相貌特征、家庭人口、经济状况、送来机关、收押内容、开释理由等。对已决犯还要登记案情摘要、刑期及本人对判决的意见等。有关犯人的案卷必须妥善保管。

（三）犯人财物保管制度

1934 年 4 月 16 日司法人民委员部发布了《关于没收犯人的财产和物件的手续》的命令，它强调：

1. 收押犯人时必须严格搜身检查。防止把违禁品、危险品及其他不许带入的物品带入监内，以免发生意外及非法活动。

2. 犯人的财物必须详细登记、妥善保管。不允许擅自没收，更不许私自拿用，如需没收只应由法庭依法判决。

3. 检查保管及处置犯人财物的手续。在搜身检查时查出金银财物及其他不准带入监内的物件，要在犯人面前详细写成记录，由搜查人、参加人和犯人三方共同签字，把记录存入档案，财物封存保管；犯人转送上级机关或其他监所时，应将财物、记录、档案一起转送；司法机关制作判决书时，必须写明犯人财物的处置情况，应交还本人者，须向本人当面点交，并要取得犯人收据，以免发生舞弊或纠纷。总之，对犯人的财物，只能依法处理，不许非法侵犯。

（四）犯人生活、教育、劳动制度

第二次国内革命战争时期，工农民主政权的监所初步建立了对犯人的生活管理、政治思想和文化教育以及生产劳动等制度。在生活管理制度方面有作息制度，规定了早操、读报、劳动、上课、学习讨论、思想生活会、文体活动以及睡眠的具体时间；规定了例假（依照规定放的假）休息制度等；在政治思想教育制度方面规定了要利用读报、上政治课的形式坚持时事政治学习，对犯人要进行形势教育、新民主主义理论教育、政策法令教育、认罪教育；在文化教育制度方面规定主要以识字扫盲为主，同时学习算术和卫生知识；在生产劳动制度方面规定要实行八小时劳动，劳动繁忙时最多不超过十小时；在文娱活动制度方面规定监所要组织犯人广泛开展业余文化活动，拉胡琴、下象棋、打扑克，并适当举办娱乐晚会；在医疗卫生制度方面规定要搞好监所的内务和环境卫生，犯人轮流值日，按期洗衣、理发、洗澡，有病及时治疗，传染病隔离住宿等。

（五）监所生产的组织管理制度

第二次国内革命战争时期革命根据地的监所在可能的条件下组织犯人生产。生产主要在劳动感化院进行。

1. 劳动感化院的生产管理机构。劳动感化院在行政组织机构和领导体制外，还设立了生产管理体制。中央工农政府于1933年夏决定设立劳动感化院企业管理委员会和劳动感化院工厂与营业部，组织劳动感化院的生产与供销，并接受国民经济部的领导。

企业管理委员会由五人组成，分别是劳动感化院所在地的国民经济部长、裁判部长、劳动感化院院长、工厂厂长、营业部经理。由国民经济部长担任该委员会主任，工厂厂长担任副主任。工厂和营业部是企业管理委员会下设的两个部门，工厂厂长和营业部经理由所在地国民经济部和裁判部会同选定，由中央国民经济部加以委任。企业管理委员会在中央国民经济部的直接领导下指导劳动感化院工厂的生产和营业部的营销事宜。而劳动感化院对犯人的管理教育工作仍由所在地裁判部直接领导。企业管理委员会的一切经费由中央国民经济部在核准委员会编制预算的基础上发给。而劳动感化院的经费，仍在中央裁判部核准感化院编制预算的基础上由中央财政部发给。劳动感化院的生产与对犯人的管理教育的两种领导体制以及经费来源的两条渠道，表明劳动感化院既是教育改造犯人的机关，又是生产的实体。成为新中国劳改机关的雏形。

2. 劳动感化院的生产成就及意义。各根据地的劳动感化院都设立了各种手工工场，生产了不少根据地急需的产品。改善了根据地政府机关的物资供应，补充了市场的需要，减轻了政府的财政负担，增加了收入。劳动感化院的生产收入，解决了犯人的全部伙食费和其他各种费用，还能将剩余的部分上交根据地政府。更重要的是改变了犯人长期蹲监狱的状况，有利于犯人的身心健康，又有利于培养犯人的劳动习惯和劳动技能。

第二节　抗日战争时期革命根据地的狱政建设

一、抗日根据地监所的建立

（一）抗日根据地监所的建立及发展概况

1. 建立。1937年7月7日卢沟桥事变，中国历史进入了抗日战争时期。这个时期中国人民的主要敌人是日本帝国主义，中国人民的总任务就是以民族革命战争将日本帝国主义驱逐出中国，实现中国的独立和自由。在抗日战争中国民党实行片面抗战路线，只依靠政府和军队抗战，不依靠人民，因而丢失了华北、华中、华南大片国土。共产党实行依靠广大人民群众的全面抗战路线，提出"到敌人后方去"的口号，八路军、新四军深入敌后，在日军占领区创立了范围更广大的解放区，主要有：晋察冀、晋冀鲁豫、晋绥等边区，山东解放区以及华中、华南抗日根据地等十九块。那时候，中共中央和毛泽东所在的陕甘宁边区是全国抗日根据地的指挥中枢和总后方，延安是中共中央所在地。随着敌后抗日根据地的开辟和抗日民族统一战线民主政权的建立，各敌后抗日民主政权的监所也陆续建立起来。

2. 发展概况。抗日民主政权监所的建立和发展大体经历了初创、整顿发展和提高三个阶段：

（1）初创阶段（1937年～1940年）。这一时期，还没有监狱的设置，也没有建立统一的规章制度。广大监所工作者凭借抗日积极性和党的锄奸政策开展工作，完成对汉奸和各种破坏分子的专政任务。同时，由于缺乏监所管理经验和统一的规章制度，以及受旧监狱管理思想和管理制度的影响，监所管理工作也出现过某些偏差。

（2）整顿发展阶段（1941年～1943年）。这一阶段抗日民主政权监所进行了组织整顿和系统的制度建设。通过民主建政运动，各根据地监所根据党的锄奸政策的基本思想，逐步形成并确立了"教育改造主义"的狱政思想，统一制定并颁布了一系列监所管理法令，对各根据地监所进行了组织整顿，调整充实了监所管理人员，加强了思想教育，严肃处理了监所违法违纪事件。

（3）提高阶段（1943年～1945年）。中国共产党在1942年开始的延安整风是一次普遍的马克思列宁主义教育运动。它使我们党达到了空前的团结和统一，为争取抗日战争的最后胜利和新民主主义革命在全国的胜利，奠定了思想基础。在整风运动的基础上，各边区政府总结了前期根据地监所建设的经验，颁布了一系列监狱管理法规和许多具体的规则、办法，进一步健全了监狱的管理制度，提高了监所建设和管理水平。

（二）监所的设置及其组织机构

各抗日根据地民主政权设置的监所有看守所、监狱、自新学艺所和劳动感化院。

1. 看守所。

（1）看守所的种类、设置和拘押对象。抗日民主政权的看守所按所属系统划分，有公安机关看守所和司法机关看守所两类。公安机关看守所一般设在边区公安总局和行署公安局预审科、分区和县保安科预审股之下。拘押对象是未决的汉奸、敌探、土匪等重大刑事案犯。司法机关看守所设在各边区高等法院、行署高等法院、分院、分区或专员公署分庭，以及县司法处之下。羁押对象是由司法机关直接侦察预审的普通刑事案犯和各种已决犯。

（2）看守所的特点。实行监狱与看守所合一。看守所既要关押、教育未决犯还要关押、教育、改造判处徒刑的已决犯。部分地方政权实行公安与司法看守所合一。当时，在陕甘宁边区的分区和县不单设司法机关的看守所，其管辖的案犯押于公安看守所，边区高等法院虽然有各县另设司法看守所的指示，但由于战时条件限制设立的很少。

看守所的设施极为简陋，既无院墙，又无坚固的牢房。在敌后根据地，甚至没有固定的监所所址，经常流动，临时借用民房、窑洞为处所。

看守所的组织机构比较精简。县看守所（或称监所）一般只设所长和事务长各一人，看守员一至二人。所长和事务长分别负责监所的管理教育和犯人的生产、伙食和总务工作，配备武装警卫一个班左右，担任看守警戒和押解。机构虽精简，但任务繁重、艰巨，既有未决犯，又有已决犯，多则一百二三十人，少则三五十人。县司法科科长、裁判员、保安科执行股（有的是预审股、法警股）干部，都直接负责管教工作。

（3）看守所的职责。1939年《陕甘宁边区高等法院组织条例》规定了看守所的职责：人犯之收押、检查、点验及看管；登记及保管人犯之财物；计划及实施人犯之教育；组织及分配人犯之工作或劳动；考查人犯之活动；登记人犯之出入。

2. 监狱。抗日根据地民主政权的监狱分为两级：一是边区高等法院监狱；二是分区高等法院分庭监狱。县级法院不设监狱。只有陕甘宁边区等个别根据地在抗日战争后期才在高等法院分庭下设立了分监。

3. 自新学艺所。自新学艺所是抗日根据地晋察冀边区教育改造徒刑犯的专门机关。其前身是1940年成立的劳动感化院，1941年7月改为"自新学艺所"，边区政府于1942年1月对其进行了整顿。整顿前自新学艺所是收容审查和感化教育的机关，主要收容对象是受日伪训练派遣的少年犯和由沦陷区"逃来"边区的政治嫌疑分子。整顿后变成对犯人进行教育改造的机关，收押对象是边区各县刑期较长的犯人。

4. 劳动感化院。抗日战争时期也曾有劳动感化院的设置。1939年4月4日公布的《陕甘宁边区高等法院组织条例》第十一条规定"高等法院设立劳动感化院"。1940年陕甘宁边区高等法院集中力量筹建了其所属的劳动感化院。晋察冀边区也成立了劳动感化院作为教育改造徒刑犯的专门机关。

（三）监所执行刑期的划分

各抗日根据地监所体系形成后，各边区高等法院对各级监所执行徒刑刑期的范围，大都作了明令规定。

1. 陕甘宁边区。1939年9月以前，边区高等法院判决的案犯由高等法院看守所关押和管教；各县司法机关判决的案犯，除因特殊情况并经边区高等法院批准，可送高等法院看守所关押教育外，其他一切徒刑犯人，均由本县看守所执行。

1939年，高等法院看守所建立了劳作队（后来又改为劳动生产所、监狱），9月，边区高等法院规定，凡判处三年以下徒刑者，由各县看守所自行关押管教；判刑三年以上者，一律送交高等法院看守所劳作队集中关押管教。

1944年分庭监狱成立后，高等法院重新规定，凡判刑六个月以上三年以下者，由分监管教；六个月以下苦役者，留县看守所或保外执行；三年以上者，仍送边区高等法院监狱执行。

2. 晋绥边区。对判刑人犯实行三级管理：判刑一年以下者，由县看守所执行；一至三年者，送分区专署司法科看守所执行；三年以上者，送"后方监狱"统一管理教育。

3. 渤海区。渤海区《徒刑案犯执行暂行条例》规定：刑期在二年以下者，改服公役，取保后交该犯所在的村公所执行；刑期在二年以上而患有恶性传染病者，执行办法与二年以下者相同；刑期在二年以上的恶性传染病者，取保后，送交"战时监狱"执行。

二、抗日根据地监所工作的指导思想

抗日民主政府以马列主义和新民主主义理论为指导，在深刻批判中外历史上反动统治阶级狱政思想，总结根据地监所工作经验的基础上，提出了把监所建成对犯罪分子实行强制教育的特殊学校的思想，继承了第二次国内革命战争时期中华苏维埃共和国提出的对犯人实行教育感化，以及以教育为主把管理、教育、生产三者结合起来的方针，目的是把犯人教育改造成为爱国守法、自食其力的好公民，成为社会上有用的人。

（一）把监所建成教育改造犯人的特殊学校的思想

抗日民主政府认为，根据地监所与旧监狱不同，它不但是惩罚犯罪的场所，而且是教育改造犯人的特殊学校。1942年《陕甘宁边区司法纪要》

明确指出："边区的监狱，固然是惩罚犯人的场所，同时也是犯人的教育机关。"

1944 年 7 月 15 日，晋绥边区高等法院的工作总结《晋绥边区司法工作概况》也指出："我们今天的监狱，是一所带强制性的生产教育学校，是感化教育积极改造犯人的场所。"

1946 年 5 月，太行区司法处徐处长在太行区司法工作会议上的报告《太行区司法工作概况——太行区八年司法工作总结》中指出："看守所不仅是看管自新人的所在，而且主要是个非常复杂的思想斗争场所，是个治病（思想病）救人的地方。"

各边区在教育改造犯人的过程中，不仅认识相同，提出了把监所建成对犯罪分子实行强制教育的特殊学校的思想，而且身体力行，努力实践。

（二）感化教育的思想

1. 对犯人实行感化教育是抗日民主政府一贯倡导的狱政指导思想。抗日民主政府继承第二次国内革命战争时期中华苏维埃共和国在《劳动感化院暂行章程》及《中华苏维埃共和国司法人民委员部对裁判机关工作的指示》之中规定，对犯人进行看守、教育、感化的目的是"使犯人在监禁期满后，不再违犯苏维埃的法令"，"劳动感化院的工作，特别要注意生产与感化"，"感化犯人的工作，是劳动感化院的主要部分"。陕甘宁边区政府主席林伯渠在（1939 年、1941 年、1944 年和 1946 年）历次参议会上一再强调：边区政府"对犯人采取教育感化的方针"，边区监所对犯人"不采取'报复'与'惩办'主义，而注重政治教育与感化"。1946 年陕甘宁边区政府把"感化主义"作为解放区的基本狱政指导方针写进宪法——《陕甘宁边区宪法原则》。

2. 明确了对犯人执行刑罚的目的是教育改造的思想。抗日民主政府的监狱，明确了对犯人执行刑罚的目的与一切剥削阶级不同，与资产阶级所鼓吹的感化主义也有着原则的区别，既不是单纯惩罚，也不是报复，更不是把广大劳动群众感化成安于资产阶级统治秩序的顺民，而主要是教育改造，使犯人成为社会上有用的人。抗日民主政府和各级司法机关，不但在法律观念上，而且在法律的执行上实现上述思想，反对旧监狱的"惩办主义"和"报复主义"，坚决反对"犯人都是应该受'罪'的歧视态度"[1]。但也反对对一切犯罪者一律实行宽大为怀的政策，而是把"镇压与宽大，惩

---

〔1〕 参见林伯渠的《陕甘宁边区政府工作报告（1939 年~1941 年）》。

办与教育结合起来，对于一切破坏民族利益的分子，采取坚决镇压的政策；对于真正表示改悔确有实据的犯罪者，采取宽大政策；对于一切罪犯，均要强制管束、剥夺自由，同时要教育改造他们；对不接受教育改造，违反监所规章者则要给予必要的处分"。

3. 明确了把犯人当人看待的思想。把犯人当人看是抗日民主政府狱政指导思想的基本内容。边区政府和各司法机关始终坚持这一狱政指导思想。与侮辱和体罚犯人的错误思想和行为作斗争，并使之制度化，法律化。

1941 年 5 月 1 日，陕甘宁边区政府主席林伯渠在总结政府工作、谈到监所工作经验时指出："犯人之所以甘为犯人，主要是由于社会不把他当人，要恢复他的人格，必自尊重他是一个'人'始。"同年 10 月，高等法院院长雷经天在司法工作报告第七部分指出："犯人虽然犯了错误，既不是死刑，我们则希望他好好转变错误，将来成为一个完善的公民。因此，就要尊重他的人格。"

抗日民主政府坚决反对封建专制主义监狱的恶习，反对侮辱、虐待、奴役犯人以及使用肉刑，并采取法律的、行政的、教育的手段，清除封建主义狱政思想的影响，实行革命人道主义。

4. 对犯人进行抗日民主阶级教育以及劳动观点教育的思想。抗日民主政府对犯人进行感化教育的内容。首先是抗日民主教育和阶级教育。通过教育启发犯人的爱国热情，阶级觉悟，提高做人的自尊心，使之成为支持抗战，拥护边区新民主主义制度与政策，遵守边区政府法令的好公民。其次是对犯人进行劳动观点的教育和生产劳动的锻炼。培养犯人的劳动习惯和劳动技能。《太行区司法概况》提出，抗日民主政府认为："对犯人进行劳动改造，是改造犯人最有效的方法之一。"根据地的在押犯百分之八十以上都是各种寄生意识严重的分子，如流氓、无赖、二流子，以及盗窃犯、诈骗犯、烟毒犯和许多汉奸分子，他们犯罪的根源就是好逸恶劳，不参加生产，缺乏劳动习惯和劳动技能。这些犯人只有通过生产劳动才能得到改造，才能改正其轻视劳动的观念，锻炼思想意识，清除犯罪邪念，养成劳动习惯，提高劳动技能，获得谋生手段，成为热爱劳动自食其力的好公民。

（三）教育为主，管理、教育、生产三结合的思想

管理、教育、生产是抗日根据地监所的三项主要任务。教育为主，管理、教育、生产三结合的思想是抗日根据地又一重要狱政思想和指导方针。管理是对犯人的监管，监所运用警戒、看守、管束等手段，限制犯人的自由，强制犯人遵守监所的各项制度，强迫犯人接受教育、参加劳动。

教育是向犯人灌输正确思想，通过上课、谈话、组织自学讨论等方法，向犯人灌输爱国守法思想、公共道德观念和劳动观点，促使其认罪悔改。生产，就是组织犯人参加劳动，使犯人在劳动中改造思想，培养劳动习惯，学习生产技术，又为社会创造物质财富，减轻人民负担。管理、教育、生产三者之间的关系不是相互孤立和平行并列的，而是相互联系、有机结合、有主有从的关系。以教育为主，就是监所的一切工作都以对犯人进行思想改造为出发点和归宿，"生产是为了教育，管理也是为了教育，进行思想的感化教育，是监狱看守所工作的中心一环"[1]；"执行教育为主的监狱政策"[2]；"对犯人的教育是监所工作的中心，而教育是以实际改造其思想为主"[3]。教育为主方针的含义是在三项工作中教育居于主要地位，对犯人进行思想教育和改造是完成监所各项工作的保证和根本目的。管理、教育、生产三项工作的一个根本目的就是把犯人教育改造成爱国守法、自食其力的好公民。

三、抗日根据地监所管理制度的发展

（一）抗日民主政府监所管理的主要原则

抗日根据地各边区政府为了建设新民主主义的民主与法制，制定了《施政纲领》和《人权条例》等根本法，制定了各种诉讼法规和监所管理规则，确定了边区监所管理必须遵循的主要原则和各项管理制度。包括严格依法行事；对犯人严加管束；禁用肉刑，禁止侮辱虐待犯人；教育为主，惩罚为辅；实行革命人道主义等原则。

1. 严格依法行事。第二次国内革命战争时期，根据地的工农民主政府曾经针对监所对犯人刑讯逼供问题发布过"坚决废止肉刑"的《第六号训令》。曾采用过批评教育、纪律处分、刑事制裁等手段贯彻执行《第六号训令》。抗日战争时期，抗日民主政府从加强新民主主义民主与法制建设总目标出发，确定了监所工作必须严格依法行事的原则。在《陕甘宁边区施政纲领》、《陕甘宁边区保障人权财权条例》中，具体规定了保护犯人法律地位的有关条款。规定：逮捕人犯要由司法系统和公安机关依法执行职务；其他任何机关、团体、部队对任何人都不得加以"逮捕、审问或处罚"，"司法机关或公安机关逮捕人犯应有充分证据，依法定手续执行"。《晋察冀边区目前施政纲领》规定捕押人犯必须依照法律规定的手续和条

---

〔1〕 参见《太行区司法概况》（1946年）。

〔2〕 参见林伯渠的《边区民主政治的新阶段》的政府工作报告。

〔3〕 参见王子宜的《边区司法工作总结》。

件执行，"非依政府法令和法定手续，任何机关、团体或个人，均不得加以逮捕、禁闭"。《晋西北保障人权条例》规定，"逮捕人犯时，须有正式拘票或证明文件"，"军队逮捕与军事秘密有关人犯时，须通过当地政府或有关机关"。陕甘宁边区还作了不得扣押民事当事人的规定（抗传、不执行判决，有特殊情形除外）。同时规定，对人犯严禁非法判处或开释。只有依据各级司法机关的判决，并经过上级审判机关复核批准，犯人不上诉，才能对犯人执行刑罚或刑满开释。

2. 加强对犯人的看守管束，严防不法行为发生。监所的任务是完成对犯人的拘押和刑罚的执行。完成任务的前提是强制犯人守法，不使犯人逃跑、自杀、破坏和捣乱。抗日民主政府总结了以往的经验教训，制定了监狱、看守所管理规则，主要有犯人入所登记、检查及接见规则，犯人守法规则等。制定监所管理规则的目的：一是防止犯人发生不轨行为；二是明确监所工作人员的职责与纪律，不许玩忽职守。

3. 严禁使用肉刑及侮辱虐待犯人。抗日民主政府在根本法《陕甘宁边区施政纲领》中规定："改进司法制度，坚决废止肉刑。"在《陕甘宁边区保障人权财权条例》中规定："逮捕人犯不准施以侮辱、殴打及刑讯逼供、强迫自首。"《苏中区第二行政区诉讼暂行条例》规定："看守所对犯人应施以感化教育，不得有索诈陋规及侮辱、打骂等事情。"《陕甘宁边区高等法院监狱管理规则》第六至八条规定：对守法人不得有随意捆绑打骂及凌辱的行为。看守人的私人生活，不得随意支配守法人去做；对女守法人不得任意调笑及任何不正当行为。看守人不得收受守法人的任何钱财礼物。为了贯彻这一基本原则，彻底肃清封建主义余毒，废除腐朽的监管作风，克服封建主义狱政思想的影响，抗日民主政府一方面加强对干部的新民主主义民主思想的教育；另一方面严肃法纪，坚决揭露一切违法乱纪行为，轻者批评教育，重者纪律处分，更严重者送交法庭审判。由于各边区政府加强对干部思想的教育和严格执行革命法纪，使严禁肉刑、严禁侮辱虐待犯人人格的原则得到了较好的贯彻。

4. 教育为主，惩罚为辅。这是抗日民主政府监所管理的又一原则。这一原则强调，监所在管理犯人，使其遵守监规过程中，主要依靠思想教育，而惩罚只是辅助手段。以教育为主，并不是不要处罚，而是要把两者结合起来。边区政府制定各种监狱规则、守法规则、奖惩条例来表扬、奖励认罪态度好、改造积极的犯人，以至减刑和提前释放；惩罚不接受教育改造，不服从管理，甚至破坏捣乱的犯人，给他们以警告、记过处分以至加刑。

5. 生活上实行革命人道主义。抗日民主政府的监所反对旧监狱让犯人挨饿、受冻、戴戒具坐监、在监房大小便、睡于粪便之上等折磨犯人，给犯人罪受的做法。在伙食上让犯人吃饱，在发展生产的基础上改善犯人生活；在卫生条件上保持监房环境及个人卫生，预防疾病，有病及时治疗；作息时间上，合理安排，注意劳逸结合；反对苦役折磨犯人。犯人的活动内容丰富多样，有劳动、学习、文体活动，反对单纯坐监。在生活待遇和管理上对犯人实行革命人道主义，尽力保持犯人身体健康、精神愉快、精力充沛，使其生活得有信心、有希望。

（二）看守管理制度

在监所管理基本原则指导下，抗日民主政府监所制定和实行了如下看守管理规则：

1. 犯人出入监所登记规则。监所收押及开释人犯，必须审查登记。首先，审查捕押开释手续是否合法。抗日战争时期规定，收押人犯必须依据审判庭长、司法处长、推事和审判员盖章的"押票"（送押证）或"收管条"，确定收押后典狱长或看守所长要在"押票"或"收管条"的存根上签名或盖章，由法警转交发票人方为有效。收押已决犯还要有司法机关的判决书、罪刑通知书和公文，否则不予接收。另外无逮捕权的单位和个人所送羁押者一律不予接收。因无罪开释、刑满释放、保外执行、假释、解送等而出监所者，亦必须经有权单位的批准，由有权单位向监所发出开释通知书。其次，认真填写犯人出入所登记。内容包括姓名、性别、年龄、籍贯、案情、送来机关、开释理由等。这是抗日政府监所管理的重要规则，政府要求监所按时向上级司法机关汇报。最后，每日点名制度。要求每天点名，经常查对清点，加强看守，及时发现事故。

2. 检查与接见规则。检查是指人身和物品检查。凡收押、开释人犯，都必须对其人身和所带物品进行检查。身体检查包括头发、口耳、四肢、指间及各隐蔽处等。女犯由女工作人员检查。物品检查包括衣服、被褥、食品、钱物、书籍、文件、信函等。除食宿必需品和经检查的书籍和信件可带入监所外，其他财物由看守员代为保管。犯人来往信件、送入送出物品，经检查后允许发出或接受，发现与案情有关赃证物件及可供法庭参考的材料亦由看守员代管。隐匿金钱没收交公。

犯人接见亲友，必须经过监所审查批准。接见人须持有当地政府或所在机关、团体、部队的介绍信，并在接见簿上填写姓名、性别、年龄、籍贯、住所、职业、接见事由及与被接见人的关系等。接见时要有监所人员在场监督，接见时不得用外国语、隐语和其他暗示，谈话内容不得涉及案情。防止非法传递信息。接见人赠送财物食品，须经看守员亲自检查后点交被接见人，并发给收据。防止带入带出违禁品、危险品及妨害监所管理的物品。发现违禁及危险物品予以没收，移交法庭处理。犯人接见亲友每月一次，每次不超过十五分钟，特殊情况可延长至三十分钟。凡杀人、强盗、未决犯不准接见。犯人违反接见规则应受批评，并停止接见一至三个月。

3. 犯人守法规则。陕甘宁边区司法机关，为了搞好监所管理，督促犯人遵纪守法，悔过自新，曾制定了《监狱守法规则》，各边区根据地监所也都坚持向犯人进行遵守监规的教育。主要内容有：

在押犯人必须接受政府教育，服从监狱干部和哨兵的指挥，不得违抗命令或擅自超越指定的范围及拒绝指挥调动；对于违犯监规，经教育不改或严重者，要给予纪律处分：批评、开会批判、记过、罚劳役、加刑。有意逃脱者依法论罪。守法悔罪态度好者，根据不同表现，给予表扬、物质奖励、记功、调服外役以及减刑、假释、提前释放。

4. 犯人财物保管规则。抗日根据地各监所为了保障犯人合法财物不受损害和加强管理，制定了犯人财物保管规则。规定：犯人入所时携带及外面寄来的财物，除日用必需品外，一律由监所保管员代为保管；犯人临时需要，本人申请，监所领导批准后，可酌情发给；保管犯人财物，要详细登记，当面对证清楚，犯人按手印；犯人出监所时，如数发还；如有损失，保管人应负赔偿之责（因不可抗力所致除外）；犯人死亡，其财物交家属领回；过一年无人领取时，没收；脱逃及死刑犯的财物没收；对没收的财物要请示上级酌情处理。

（三）生活管理制度

抗日民主政府在犯人的生活待遇、医疗卫生、文化活动及作息制度等方面，彻底改变了旧监狱的黑暗状况，建立了文明卫生的监所环境，有利于犯人身体健康和思想改造的生活管理制度。体现了无产阶级的革命人道主义和感化教育的原则，产生了很好的影响。

1. 犯人作息制度。一般监所都安排早操、读报、劳动、上课、学习讨论、思想生活会、文体及自由活动。每日劳动六至八小时，忙时不超过十小时。保证八至九小时的睡眠、文体及自由活动时间，做到有劳有逸。形成了充实活跃而有规律的生活制度，使犯人在监所里过着训练班似的生活，根本改变了犯人单纯蹲监守法和苦役折磨的状况，有利于犯人的教育改造。

2. 因粮被服供给制度。对犯人伙食被服的供给既要保证犯人身体健康这最起码的需要，又要符合当时根据地的实际情况（生产情况和供给能力）。在不同地区和不同时期有所不同。各地边区政府制定并几次修改囚粮被服供给标准和办法。

囚粮伙食标准。晋察冀，干部每人每日供给小米一斤三两，柴菜金一角二分，犯人则是小米一斤，柴菜金八分。1939 年水灾，标准一度减半。晋冀鲁豫，1943 年犯人每人每日供给小米一斤四两，柴菜金二角；战时分遣隐蔽和家不在本地的犯人，按每人每日小米六至八两报销。

被服供给办法。陕甘宁和晋冀鲁豫边区规定，犯人每人每年单衣一套，每两年棉衣一套。晋冀鲁豫还规定，每人每季发鞋袜各一双，政府和监所各承担一半。

陕甘宁边区，干部每人每日供给小米一斤四两，柴菜金七分；犯人每人每日供给小米一斤三两，柴菜金六分。由于监所开展生产，实行改善犯人生活的政策，各地犯人实际生活水平超过供给标准。陕甘宁边区规定，犯人每人每日供给小米一斤三两之外，另发生产补助粮五两，高出干部四两，每天一斤菜，每月一斤肉、一点五斤油。晋察冀边区规定，可将监所收入的百分之七十用于改善犯人的生活。犯人的实际生活比日军占领的沦陷区以及国民党统治区的老百姓还要好。来边区监所参观的人感动地说："边区的犯人是'因祸得福'，他们的生活'真是敌占区老百姓欣羡不得呢！'"

3. 卫生医疗制度。各根据地监所都详细规定了卫生医疗制度，主要内容有：

（1）卫生制度。犯人每天轮流值日，搞好内务和环境清洁卫生。搞好个人卫生，规定犯人要定期洗澡、理发、剪指甲、洗衣、晒被褥。每天"放风"、晒太阳一次，保证厨房卫生，做到饭菜清洁，不吃生冷腐烂食品。

开展卫生检查和评比竞赛。卫生好者发流动红旗，差者批评教育。

进行卫生常识教育。由医务人员上课，改变犯人"不干不净吃了没病"的愚昧落后、不讲卫生的偏见和习惯。

（2）医疗制度。犯人有病及时诊治。传染病患者和重病号实行隔离住宿。边区政府和监所解决犯人的医疗费用，晋冀鲁豫边区由政府和监所生产各解决一半；陕甘宁边区政府按每人每月八斤小米的标准供给监所医药费。政府要求监所干部对有病犯人采取关怀态度，积极治疗、护理，生活上给予照顾。对不易诊治的重病患者，实行保外就医或交村执行。犯人死亡要做专题报告，凡因病未得到治疗而死亡者，监所领导要负行政责任。

在物质条件极端困难的条件下，抗日根据地监所卫生工作取得很大成绩。当时，在陕甘宁边区，犯人住的窑洞，像学校宿舍、军队营房一样整

齐干净，夏天没有苍蝇，比较舒服。1945 年疾病流行时，陕甘宁边区监所没有一个犯人患病。原来有病而被治愈的犯人无不感动。一个入所时患有淋病的犯人王××，治愈后感动地说："我把公家亏了，我不是守法来了，而是住医院来了，我这条命是监狱留下的，如果在家早就完蛋了。我病好了，一定好好守法，不然对不起组织对我这样的关心和爱惜。"

（四）教育工作制度

1. 教育内容。抗日民主政府对犯人教育的内容主要有政治教育、劳动教育和文化教育，称为"三大教育"。

（1）政治教育。抗日民主政府的监所对犯人进行政治教育主要是抗战教育，新民主主义革命道理、阶级、阶级斗争教育，政策法令教育。通过抗战教育，启发犯人的爱国心，激发正义感，增强抗战必胜的信念，促使犯人转变思想。

通过政治教育唤醒了犯人的"三个自觉"，即历史自觉，使之深挖犯罪根源，痛改前非；现实自觉，使之进行回忆对比，从现实中启发良知；前途自觉，使之获得新生的希望，坚定改造信心。

（2）劳动教育。主要是对犯人进行劳动观点和劳动人民思想品德的教育、劳动习惯的培养、劳动技能的锻炼三部分。通过组织犯人参加生产劳动和劳动教育使犯人增强劳动人民的思想感情，懂得劳动创造人类、创造世界的道理，树立劳动光荣、寄生可耻的观念，树立艰苦创业、勤劳致富的思想，养成劳动习惯，学到一定的生产技能，为释放后劳动谋生打下基础。抗日民主政府的监所通过组织犯人参加生产劳动和进行劳动教育，使大批盗窃、土匪、赌博、诈欺、烟毒等刑事案犯得到了改造，改造了他们好逸恶劳、吃喝嫖赌、不事生产的腐朽思想和恶习，成为遵守新民主主义社会法律、自食其力的好公民，有的成了劳动英雄，有的参加了八路军，有的成了地方参议会议员，等等。

（3）文化教育。抗日根据地监所针对犯人中很多是文盲、半文盲的情况普遍进行了识字扫盲教育，组织了识字班；此外各地监所把读报作为经常性的学习内容；有条件的监所还设立了书报阅览室；陕甘宁边区高等法院看守所和监狱还开设了算术课和卫生、科学、法律、历史、地理等常识课。各监所建立了文化教育机构；挑选犯人中表现好，有文化者做教员，指导学习；制定了文化教育管理制度，开展识字竞赛活动，定期进行测验，对学习成绩好的予以奖励表扬。

通过对犯人的文化教育，使犯人掌握了一定的文化知识，又促进了犯人的思想转变。在陕甘宁边区，犯人张某 1942 年入所时是文盲，经过半年

学习，能给家里写信，家属又惊又喜，称赞边区监狱是"学校"；晋察冀边区繁峙县监所一文盲犯人，学习四个月能管伙食账了；有的犯人说："自己因为不识字，没文化，不懂道理而犯了错误，现在只有加油学习，提高文化，了解政策，才会少犯错误。"

2. 教育方法。

（1）集体教育。主要是联系犯人改造的思想、劳动、学习等实际情况，通过上课、训练、队前讲话、课后讨论等方法，教育、引导犯人，认罪服法、改恶从善。

（2）个别教育。是针对每个犯人的具体思想问题，进行个别谈话，帮助犯人作好思想转变工作的一种教育方法。对犯人进行个别教育要求监所干部要把思想教育贯穿于监所各项工作、各种活动之中；要求深入了解犯人思想情况，耐心诚恳、细致及时地解决犯人的各种具体思想问题；要求监所干部要有"治病救人"的精神，对犯人进行前途教育，帮助犯人解决合理要求，反对对犯人漠不关心。

（3）组织犯人自己教育自己。这是抗日民主政府监所对犯人进行思想教育的一种特殊方式。主要是在监所工作人员的指导监督下，充分发挥犯人积极分子和犯人组织的积极作用，建立犯人间自我教育和互相督促帮助的各种"民主生活"制度，开展各种形式的表扬、批评以及宣传教育活动。这里的犯人组织是指有些监所在犯人中建立的"救亡室"和"俱乐部"等。这些犯人组织在监所领导下对犯人中的错误倾向和恶劣行为，运用民主讨论的方法取得一致认识；对犯人的好坏表现由犯人大会民主评议，提出奖惩意见。这对于搞好监所管理，促进犯人的自觉改造，起了重要作用。

（五）生产劳动的组织管理制度

1. 监所生产事业的建立和发展。1939 年 2 月党中央毛泽东主席号召边区军民开展生产运动，克服困难，坚持长期抗战。陕甘宁边区高等法院决定，利用已判决人犯的劳动力，在严密看管之下参加劳动生产。随后将边区高等法院看守所的已决犯，组成"劳作队"，到延安南郊三十里铺建立劳动基地。其他根据地也开始组织犯人开展生产劳动。1941 年党中央号召各根据地广泛开展大生产运动，各级公安、司法机关在资金设备极端困难的条件下组织犯人开荒种地，从事简单的手工业、短途运输，组织农忙包工队。经过几年的艰苦创业，逐渐积累了资金，扩大了生产，使监所生产具有了一定规模。由大生产初期的农业、手工业、运输、采煤等简单生产发展成为农业生产基地和小型手工作坊、小型工厂。到 1943 年又建立了监狱工厂，有毛织厂、炭厂、木板厂、畜牧场、农场等。多数根据地不仅解决了犯人的生活费用，改善了生活，还能上交政府一部分盈利。

2. 确立教育为主，教育与生产劳动相结合的方针。抗日民主政府一贯强调教育为主的方针。但在实际工作中，由于生产任务的压力，曾出现重生产，轻教育，片面追求经济效益的偏向，抗日民主政府多次指示监所正确处理教育与生产劳动的关系。认为监所生产有两个目的：一是增加财富；二是培养犯人劳动观念和习惯，学习生产技能，改造错误思想。二者比较起来，教育是主要目的，强调对犯人的教育是监所工作的中心。

边区政府还要求"把生产工作和思想教育工作紧密结合起来"。由于有的监所忽视了思想工作，因而犯人中出现了"早晚三顿饭，松紧一天工"的磨洋工思想，甚至个别犯人破坏捣乱也受不到监督的现象。针对这种情况，陕甘宁边区政府监狱规定："二流子犯"生产时间占百分之七十五，教育时间占百分之二十五；其他犯人，生产时间占百分之六十，教育时间占百分之四十。这是在时间比例上做到教育与生产劳动相结合。另一方面要及时解决犯人的各种思想问题。要对犯人进行普遍的政治教育和劳动目的教育，提高犯人参加劳动重要意义的认识，解决普遍存在的问题。又针对个别犯人存在的具体思想和实际问题，进行教育和解决。同时又辅以奖惩制度。这是抗日民主政府从思想工作和制度上保证教育与生产劳动相结合。从而确立了教育为主，教育与生产劳动相结合的方针。

3. 收益分配制度。抗日民主政府实行公私兼顾的分红制度。抗日民主政府总结分析各根据地两种不同的分配办法（一是将犯人生产的全部收入归公；二是"倒二八分红"或"倒三七分红"，即百分之八十或百分之七十归犯人，百分之二十或百分之三十归集体），认为监所生产是强制劳动，不同于生产合作社，收益分配不能搬用劳动群众集体经济的分配原则。但为了调动犯人的生产积极性，并使犯人为释放后从事生产积累一定资金，有必要提取一部分收入，由参加生产的犯人按劳"分红"。因此，各边区政府普遍实行了以解决监所开支为主、"分红"为辅的分配办法，实行"二八分红"或"三七分红"的分配制度，即收入的百分之八十或百分之七十归公，百分之二十或百分之三十归生产者个人。归公部分用于改善犯人生活，发劳动补助粮；用于集体福利，改善卫生条件，添置文化卫生设施和资料；补助犯人困难，为其添置被服；用于生产奖励基金等。分配给个人部分，实行按劳分配，有的采取评工记分，最后统一结算；有的实行计件提成；有的按完成任务的情况评定等级发给奖金。这种分配制度，大大激发了犯人的生产积极性和劳动光荣感；使一些没有家产或贫困的犯人积累了一定的生产资金，获释后在政府的帮助下，走上了以劳动为生的道路；大大减轻了人民负担和政府的财政开支，改善了监所条件和犯人生活。

4. 奖惩制度。抗日民主政权建立了严格的生产劳动奖惩制度，主要包括：

（1）制定生产奖惩办法。如《陕甘宁边区监狱劳动生产第一所（工业）奖惩办法》、《陕甘宁边区高等法院在押人犯服役奖惩暂行办法》（1942年10月20日）。规定了奖惩的种类和条件。除一般奖惩办法外，还规定了发放和扣发奖金的办法。

（2）开展评奖活动。各监所普遍开展了评奖活动，选举生产积极分子、劳动模范、评选模范班组，评定应奖人员。奖励分为：精神鼓励（口头表扬或授予荣誉称号）、奖金（分为定额奖、特别奖和普通奖）、物质奖励、减刑、假释。

（3）"将功折罪"办法。是晋察冀边区实行的奖励办法。规定：犯人参加生产劳动，每三个月考试一次，成绩优良者记功一次，抵徒刑一个月；连续记功三次者可抵徒刑六个月，无期徒刑可改为有期徒刑八年。

（4）惩罚办法。对于那些在劳动中表现不好，有消极怠工或其他不良行为者，按情节轻重，给予不同的惩罚。主要有：批评、在全体犯人面前检讨并开展斗争、停止或撤销奖金之一部或全部。

5. 监所生产劳动成就。概括地说，监所生产成就是巨大的，它使边区监所干部和犯人粮食自给有余，解决了经费困难，减轻了人民负担；改造了大批寄生堕落分子，使他们养成了劳动习惯，学会了生产技能，改变了生活道路。许多犯人释放后勤劳生产，有的成为劳动英雄、劳动模范、基层干部；有的利用在监所学到的技术办工厂，带动群众生产，为政府带来了良好影响，甚至有的群众到政府要求送亲人到监所接受教育。

（六）监外执行制度

抗日民主政府为了尽量减少监所服刑的犯人，以应付日伪军的袭击，并节省人力和开支，同时也为了组织一切力量进行生产自救，并减少因犯人违法而带来的某些社会问题，施行了符合游击战争环境的监外执行制度。主要办法如下：

1. 保外服役。又称"调服外役"。这是指在押犯人经担保到监外服劳役以执行余刑的一种方式。1942年9月9日陕甘宁边区制定了《高等法院人犯保外服役暂行办法》，规定了"在守法中表现良好的无逃亡之虞者"实行取保调服外役的条件和办法。同月，晋冀鲁豫边区和高等法院的指示中规定，正在执行徒刑的自新人，"应尽量调到各机关、团体服役（但汉奸嫌疑犯不能轻易用于机关内服役)"。其他根据地也有实行这种办法的。主要目的是节省监所开支、减少其他机关勤杂人员，敌后根据地则着眼于应付紧急环境，陕甘宁边区还出于鼓励犯人改造的积极性。

2. 回村执行。这是抗日根据地对犯人监外执行徒刑的另一种方式。晋察冀、山东等地称"回村执行"，晋冀鲁豫称"回村服役"，晋绥则称"监外执行"。有两种回村执行：一种是人犯不属监所管辖的回村执行。淮海区规定：刑期在二年以下及二年以上中之有恶性传染病者应易服公役，并取具妥保，发交该管村公所执行。这类回村执行的人犯不属监所管辖。另一种是人犯并不完全脱离监所管理的回村执行。晋察冀、晋冀鲁豫、晋绥等边区规定，回村执行的对象包括两类犯人，一类是案情较轻、刑期较短的（晋绥规定二年以下，晋冀鲁豫规定五年以下），另一类是刑期二年以上而表现较好的。这两类回村执行的人犯，并不完全脱离监所的管理，监所要定期把他们召回，进行短期的考察和教育，同时要经常派人考核了解，对表现好的可减刑、假释、提前释放；对表现坏的要批评、惩罚、撤销回村执行乃至加刑。回村执行制度一直实行到抗战胜利。

3. "战时分遣"。又称"战时假释"。这是敌后抗日根据地为应付战争环境而采取的临时分散人犯的措施。1942年晋冀鲁豫边区就采取了这种办法，当时称为"战时假释"。1943年又拟发了战时分遣的指示。规定：对于不适宜平时回村执行的人犯，在战争到来前，应实行战时分遣。家在根据地者，令其返回本村隐蔽；家不在根据地者，令其在工作基础好的村子隐蔽。分遣对象必须事先找好两个以上保证人，填好保证书，保证在分遣期间不报复、不逃跑、不犯法，战争过后及时返回监所。

4. 取保假释。为增加社会生产，解决犯人家庭困难，减少社会问题，陕甘宁边区还实行了"取保假释"的办法。取保假释的条件是：犯人家庭无劳动力，无法维持生活；犯人表现好，又执行了一定刑期。手续是：由犯人家属所在村政府申请，村公所出具证明，经县政府审查同意后统一上报边区高等法院审查批准，可以假释回家生产。

5. 放"春耕假"、"秋收假"。晋冀鲁豫等根据地为了克服战争和灾荒造成的困难，发展生产，在农忙季节组织全部力量投入生产的同时，对服刑犯人也放"春耕假"、"农忙假"，令其回家生产，放假期限折抵刑期。1943年又限定这种制度只适用于家在本地区、罪行轻微、本刑在三年以下或徒刑在三年以上，但改悔有据，预料不会逃跑的犯人。放假的犯人，必须有人担保并写保证书，回家后，必须接受村政府的监督、管教、遵纪守法，假满后按时返回监所。

第三节　解放战争时期人民民主专政监所制度的发展

一、解放区人民政府监所设置概况

解放战争时期解放区监所的建设经历了完善阶段（1945 年 8 月～1946 年 6 月）、严重受阻阶段（1946 年 6 月～1948 年 4 月）和重大发展阶段（1948 年 4 月～1949 年 10 月）。这一时期设置的人民民主专政监所主要有：

1. 临时联合看守所。从 1945 年 8 月 15 日日本投降到 1946 年 6 月底内战爆发前是解放区监所的完善阶段，此阶段陕甘宁、晋察冀、晋冀鲁豫、东北和华北等解放区都设立了看守所。在人民抗日武装迅速解放中小城市的过程中，为了清理和惩治日伪汉奸，某些县、市曾建立了以军队保安科或地方公安局为主的临时联合看守所，收押有关部门逮捕的敌伪人员，由各有关部门派人联合审查。

2. 联合监狱。太行区的各行署，在联合看守所的基础上，成立了联合监狱。联合监狱既关押未决犯，也关押已决犯。联合监狱设有领导机构和经常性的工作机构。领导机构是由行署司法处、公安处、军分区保卫部等单位负责人组成领导小组，指导全面工作，决定重大事项。经常性的工作机构设主任一人，下设训导处、总务股、生产股，由公安部队派出武装，在监狱领导下担任警戒。

3. 边区监狱及其分监。有些解放区，如晋绥边区，除设有边区监狱外，还建立了第一、第二、第三分监。分监是在分区设立的监狱，集中教育改造分区所属各县判处一年以上徒刑的犯人。

4. 旧监狱。随着大批县城的解放，解放区的监所进入县城，脱离了流动游击状态，接管、利用和改造了原来国民党政府以及日伪政权的旧监，健全了监所设施和各项规章制度。

此阶段，解放区人民政府更加重视狱政建设，相继召开了司法会议，系统总结了抗日战争时期根据地监所建设的经验，进一步明确了解放区监所工作必须坚决执行"教育改造"政策，要以"教育为主"，把教育与生产劳动结合起来等一系列方针政策，要求各级监所继承抗日时期监所工作的成功经验，健全各项管理制度，改善监所工作，以适应新形势的需要。1946 年 4 月，林伯渠同志又在陕甘宁边区政府工作报告中，深刻总结了边区监所工作，边区参议会还把对犯人实行"感化主义"写入边区根本大法《陕甘宁边区宪法原则》，大大推动了解放区的狱政建设。

解放区监所建设的第二个阶段是从 1946 年 6 月底内战全面爆发到 1948 年 4 月以延安收复为标志的解放区的全面收复。由于内战爆发，国共两党的第二次统一战线彻底破裂，国民党反动派、地主买办阶级公开成为革命的敌人。由于国民党军队的大规模进攻，使解放区的监所受到严重阻碍，处于艰难时期。此阶段解放区还有自新学艺所的设置。

5. 自新学艺所。最有代表性的自新学艺所是晋察冀边区高等法院自新学艺所。该所 1946 年内战爆发后由张家口转移到河北省灵寿县山区，有近三百名犯人，主要是刑期较长的汉奸犯，还有一部分毒品犯、盗窃犯等一般刑事犯罪分子。犯人全部是已决犯。该所在灵寿山区对犯人劳动改造的实践中摸索了一套创建劳改队的经验。

6. 管训队、训育队和劳改队。1948 年解放区各个战场全面向国统区推进，到 1949 年 10 月 1 日中华人民共和国成立，是解放区监所建设的第三个阶段——重大发展阶段。由于解放战争的胜利发展，国民党反革命势力被摧毁，解放区人民政权监所面临着惩治大批反革命分子和各种刑事罪犯的艰巨任务；同时随着大批城市的解放和国民党各级监狱的被接收以及大批青年知识分子（包括法律方面的学者和大学生）加入革命队伍，促使监所建设向系统化、正规化方向发展。人民政府适应这种形势，进行了系统的狱政建设工作，接管改造了旧监狱，创建了管训队、训育队和劳改队等新的监所形式，取得了显著成绩。

由于本节第三部分要专门介绍管训队和劳改队，所以这里只介绍一下训育队。训育队是胶东解放区创办的一种监狱形式，关押对象是汉奸、敌特和其他犯罪分子。胶东解放区当时设立的训育队共有十六个，其中行署二个、专署四个、县府十个。

二、接管改造旧监狱的主要措施

解放战争后期，解放区的狱政建设进入了改造旧监狱，系统建立人民民主专政监狱制度的阶段。国民党政府的旧监狱管理制度和基本设施十分混乱、落后；监管人员的思想作风十分复杂，问题十分严重。为使旧监狱为我所用，就必须对旧监狱进行彻底改造。人民政府主要做了以下几方面工作：

（一）清理旧监狱，建立新的监狱管理机构

1. 对旧监狱的清理工作，包括对在押犯的清理和对旧监狱管理人员的清理。人民政府接管旧监狱后对在押犯立即进行清理，对被关押的革命者立即迎接出狱；对被迫害的人民和一般刑事犯一律释放；对于惯匪和国民党骨干分子暂不释放待以后审查处理。对旧监狱管理人员的清理，首先是令其办理资财和档案的移交手续，随后实行审查、遣返或另外安置、留用的区别对待政策。对于罪恶严重的反革命分子、特务分子由公安机关管训审查；对于旧监狱恶习较深，不堪留用者，有的遣返，有的另外安置就业；对于经过审查、教育，尚可使用者，特别是有生产管理、财务、医务等一定专长者，则安排留用。

2. 建立新的监狱管理机构，主要是健全领导和管理体制，明确责任。新的监狱管理机构一般设典狱长一人，负责全面领导。典狱长下设总务、管理、教育、生产四科和警卫队。总务科负责供给、财务、医务、卫生等事务；管理科负责犯人在监期间的管理事务及看守警戒；教育科组织、领导犯人的政治、思想、文化学习及文娱活动，指导犯人俱乐部开展工作；生产科组织和管理监狱生产，包括制订生产计划、筹建和管理监狱工厂、负责供销事务等；警卫队是由公安保卫武装或法院执法大队分派的警卫武装，负责监狱的武装戒护工作。哈尔滨市监狱法院就是这种设置，而陕甘宁边区高等法院监狱（在陕西西安）则设文牍、管教、总务三科和一个警卫队。这时监狱工作人员充实，各项建设迅速取得重大成效。

（二）建立新的监狱管理制度，改造旧的监狱环境

人民政府不但接管改造了旧监狱，建立了新的监狱机构，而且坚决废除了国民党旧监狱腐败落后的管理制度，以党和人民政府对犯人的教育改造方针和革命人道主义为指导，建立了新民主主义的监狱管理制度。

1. 建立干部学习制度，坚持用新民主主义的狱政理论和监狱政策教育和武装干部。学习内容主要有毛泽东同志的人民民主专政理论、解放区的法律、法令和司法政策。通过学习培养干部的法制观念、"教育改造主义"的狱政观念，认识人民民主专政监狱的性质、任务、方针、政策，认清人民民主政权监狱同国民党旧监狱的本质区别，自觉抵制和肃清旧监狱狱政思想和监狱作风的影响，为建立我国历史上崭新的监狱制度而努力工作。

2. 建立新的管理教育制度。在管理制度方面，坚持革命人道主义，严禁肉刑和侮辱虐待犯人，严格使用手铐和脚镣等戒具的审批制度。销毁了旧监狱的大部分戒具[1]。提出在发展监狱生产的基础上改善犯人的生活待遇。实行新的作息制度，保证犯人有充足的睡眠和休息时间。建立比较

---

〔1〕 陕甘宁边区高等法院监狱曾利用旧监狱的镣铐做原材料，办了铁工厂制造铁钉。

科学的犯人考核奖惩制度。如1948年山东省胶东行署石岛市政府在专署训育队试行《犯人减刑假释评分制》，1949年山东平牟县政府和鲁中南行署制定了《犯人百分评比方法》等。由于管理制度充分体现了革命人道主义和奖功罚过的公正原则，大大调动了犯人改造的积极性。

3. 努力改造国民党旧监狱的不良环境和卫生状况。各解放区人民民主政权的监狱雇用工人和组织犯人修缮监舍、粉刷墙壁、整理环境卫生，书写进步标语口号，建立洗澡间、消毒室、医疗室、病监等卫生医疗设施，改变了原国民党旧监狱的阴暗、污秽的恶劣环境，使人民政府的监狱成为通风、明亮、清洁、文明的处所。此外还建立了严格的卫生制度，让犯人每天整理内务，定期洗衣洗澡，有病及时隔离治疗。这样迅速消灭了旧监狱的必然附属物——臭虫、跳蚤、虱子，减少了传染病。

（三）积极开展监狱生产，实行劳动改造

解放区人民民主专政的监狱非常重视监狱生产，坚持对犯人实行劳动改造。与抗日战争时期相比，犯人成分有了很大改变。抗日战争时期，汉奸犯占在押犯的半数以上，而解放战争时期抢劫、偷盗、诈骗等侵犯财产犯占在押犯的半数以上（1948年哈尔滨监狱占百分之五十七以上，1949年下半年陕甘宁边区监狱占百分之六十九点九）。这三种犯人之所以犯罪的一个重要原因就是寄生思想严重，好吃懒做，好逸恶劳。因此必须对他们实行劳动改造，才能使他们脱胎换骨成为新人。通过监狱生产，对犯人进行劳动改造既减轻了人民政府的负担，改善了监狱的物质条件和犯人的生活，又使大批犯人增强了对劳动人民的思想感情，培养了劳动观点，改变了不劳而获的生活方式和习惯。哈尔滨市监狱犯人生产的军装、被服和六零炮弹又支援了解放战争。许多犯人通过生产劳动掌握了一定的生产技能，有些技术好的人刑满后被私人工厂高薪聘用，或者自己开办工厂，成为有一定觉悟和生产技能，遵纪守法、自食其力的劳动者。

三、管训队和劳改队的建立

（一）管训队的建立

国民党的反革命队伍十分庞大，其党、政、军、警察、宪兵、特务各系统的反革命骨干分子达几百万人。1948年后，人民政府为了对国民党反革命骨干分子迅速进行清理，集中审查和管教以彻底摧毁国民党反动势力，巩固人民革命政权，创造了"管训队"这一新的监所形式。

1. 管训队的概念、管辖、任务。管训队是解放战争时期创建的新的监所形式，是解放区人民政府对国民党反革命骨干分子集中管教和审查的临时机构。设于边区政府、行署和新解放的大中城市的公安机关，由预审科

（处）直接管辖。管训队的任务：一是收押管训，进行政治教育，使犯人转变反共反人民的反革命立场；二是审查犯人的历史罪行，分别处理；三是搜集整理国民党党、政、军、警、宪、特各系统的组织人员资料，以便彻底清理国民党反革命势力。

2. 管训队的组织机构及分工。管训队设队长、指导员，总理全队的管理、教育、预审工作；配备干事数人，分管教育、生活等工作；设预审员数人，负责审查犯人的历史及罪行；由公安武装组织分派武装力量，担任外部警戒。

3. 管训队对犯人的管理教育及历史作用。管训队对犯人的管理不是采取看守所式的隔离囚禁，也不是采取严格看管的办法，而是参考了"俘虏军官教导队"的方式，实行严格的军事化管理，将犯人分成若干小组，由犯人担任组长，若干小组编为一个分队，由政府干部担任分队长。在队部和分队长的监督下，开展小组活动。犯人活动以政治学习和写交代材料为主，适当增加文体活动，搞好卫生，一般不组织生产劳动。在警戒线内，犯人可以串号，自由交谈，并有较多的自由活动时间。生活待遇也高于一般犯人，甚至略高于一般干部。

管训队把政治思想教育作为转变犯人政治立场，搞好管理和审查的基础。政治教育的内容有形势教育、新民主主义理论和政策、中外反动派罪恶史、惩办与宽大相结合的政策教育等。教育方法以自学讨论为主，讲解和解答为辅。强调采取说理的方法、平等讨论的方法、反对压服的方法，以达到转变犯人反动的思想观点为目的。对于恶意诽谤者给予揭露和批判。同时，政策兑现，对于那些真诚悔改、彻底坦白交代和揭发者，及时迅速处理，使犯人确信党和人民政府的政策，走坦白自新之路。

管训队的建立对于教育改造国民党反革命骨干分子，发挥了巨大的历史作用。通过教育改造，大量反革命成员放弃了反动立场，站到人民大众一边。有些人回到国民党方面后，积极宣传共产党的政策，动员国民党官员弃暗投明；很多人提供了国民党反动党团和特务、警察、宪兵等法西斯组织的各种资料，为人民政府在新中国成立后能够迅速彻底清理和消除国民党反动势力的抵抗，发挥了巨大的历史作用。

（二）劳改队的建立

劳改队是劳动改造队的简称，是1948年后解放区人民政府创建的一种新的监狱形式。解放战争时期，人民政府把抗战时期监所对犯人进行三大教育（政治、劳动、文化教育）的劳动教育突出起来，扩大监所生产规模，发展了劳动管理制度，而且开始把监狱之外的劳动队作为独立的执行

徒刑的机关，从而建立了劳改队。

1. 晋察冀边区自新学艺所的劳改实践。晋察冀边区高等法院自新学艺所，在解放战争期间对犯人劳动改造的实践，表现了从传统的监所生产劳动向劳动改造队的转变。1946年9月在国民党军队攻占边区首府张家口的前夕，自新学艺所带领近三百名犯人撤出张家口，经过长途行军，穿越来源、唐县、田阳、阜阳四县，于1946年末到达灵寿，在高山峻岭的山村建立了劳动改造基地。在极其艰苦的条件下，几名干部和十几名战士以身作则，带领犯人开荒种地、上山打柴、包修公路，给群众打短工；生活上与犯人一样，无一文津贴。并坚持对犯人实行生产劳动与思想教育相结合的方针。1949年1月顺利完成改造罪犯的任务，除十三名罪重刑期长的犯人移交石家庄监狱外，其余都已释放。在两年多的时间内，该所通过艰苦的生产劳动，不仅解决了干部、战士及犯人的全部生活需要，而且交给政府几万斤粮食。更重要的是使绝大部分犯人得到改造，成为拥护人民政府、自食其力的劳动者。其中有些人参加了中国人民解放军，有的还参加了人民政府的监狱工作。可见，解放战争时期晋察冀边区的自新学艺所已不是通常的监狱，而是一个劳动改造队。它为劳改队的建立提供了宝贵经验。

2. 劳改队的建立。1948年后，各解放区的监狱陆续转入城市，改造罪犯的任务日益繁重，监狱已无力承担，在这种情况下，东北一些省市司法机关被迫走出监狱和城市，到农村、矿山建立新的改造犯人的基地。最初，把犯人送交矿山、农场管理，参加生产劳动。结果出现两方面问题：一是犯人脱离了专门机关的管理教育，失去刑罚作用，犯人不服从管理、打架、逃跑等问题不断发生；二是给生产单位带来不少困难，不受欢迎。鉴于这种情况，哈尔滨市法院于1948年11月向东北人民政府司法部提出，在矿山和其他地方建立专门的犯人劳动改造场所的建议被采纳。于是东北一些省市司法机关开始抽调干部，把案情轻、刑期短的犯人组成劳改队，有的到矿山包一两个矿井，有的到荒原建立劳改农场。这样就闯出了一条教育改造罪犯的新路子。早期的劳改队有双鸭子矿山劳改队、岭东矿劳改队、松（松花江）哈（哈尔滨）劳改队以及1949年沈阳市法院领导建立的规模较大的弓长岭劳改队等。

劳改队与监狱不尽相同，它按照生产的需要和生产单位的客观条件来安排犯人的居住和管理，犯人住于集体宿舍，生产劳动于开阔的野外生产场地；按军事编制形式组织管理犯人，分为犯人大队、中队、小队、班、组，大量使用犯人中的积极分子协助干部参加劳改队的生产、生活、教育的组织管理工作，小队长、班长、组长均由犯人中的积极分子担任，在弓长岭劳改队甚至中队长也由犯人担任,这样大大精简了管教干部和警卫武装;劳改队最突出的特点就是把生产劳动作为改造犯人的途径,把思想教育作为搞好一切工作的关键,因此各地劳改队普遍开展丰富多彩的思想教育、政治宣传和文化活动,加强考核、评比、奖励和惩罚制度。弓长岭劳改队,每当将犯人送到矿山前都做好思想教育和前途教育,克服犯人中怕艰苦、想逃跑等错误思想,树立通过艰苦改造,争取早日释放获得正当职业的信念。平时加强宣传鼓动工作,开展劳动竞赛、检查评比,及时表扬、奖励和批评。在犯人中开展自己教育自己、自己管理自己的"自治"活动,订立劳动生活、反逃跑等公约,组织犯人防逃纠察队,开展评奖、记功、减刑等活动。同时对于逃跑、破坏以及不服从领导者、重大事故者,视情节轻重分别给予记过、停发奖金、报请法院加刑等处分。由于实行了军事化管理和集体生活,特别是突出了劳动改造和思想教育工作,使劳改队比监狱投资少、开支小,管教人员和警卫武装少,而生产效益却比监狱大。更重要的是大批犯人刑满后被留在矿山、农场就业,有的转为正式工人。从1948年劳改队成立到1994年《监狱法》颁布,各地劳改农场、工厂纷纷更名为监狱止,近半个世纪里,全国的犯人改造机关基本上都叫劳改队。可以说,劳改队是一种具有中国特色的劳动改造罪犯的形式。

四、人民民主专政监所的性质和作用

中国共产党在第二次国内革命战争时期建立的根据地政权是工农民主政权,在抗日战争时期建立的政权是抗日民主政权,解放战争时期的解放区政权是人民民主政权。工农民主政权、抗日民主政权、人民民主政权,都是对人民民主、对敌人专政的政权,所以都是人民民主专政的政权。人民民主专政监所的性质和作用与历史上一切剥削阶级的监狱完全不同。

(一)人民民主专政监所的性质

人民民主专政监所是无产阶级领导的人民大众用以镇压敌人、惩罚犯罪、维护革命秩序的工具。它的关押对象是破坏革命的反革命分子和各种刑事犯罪分子。

1. 它是人民民主专政的工具,是惩罚犯罪分子的机关。在第二次国内革命战争时期,工农民主政权的监狱和看守所,关押对象主要是图谋推翻或破坏苏维埃政府及工农民主革命所得到的权力,意图保持或恢复豪绅、地主、资产阶级统治的反革命分子。同时,还惩罚革命队伍中的严重违法乱纪分子和人民群众中一般刑事犯罪分子。它的建立对于豪绅、地主阶级及国民党反动派的颠覆破坏活动,巩固民主政权,维护革命法律秩序,发挥了重大历史作用。但这一时期,"左倾"机会主义者利用监狱和看守所

来对付党内和革命队伍内持有不同意见的同志，大搞肃反斗争扩大化，把大批革命同志投入监狱、看守所，给革命事业造成重大损失。还把地主、富农阶级中的一般成员当罪犯处置，编入劳役队，加剧了阶级对立。这些错误随着左倾路线被克服而得到了纠正。

在抗日战争时期，抗日民主政权的监狱和看守所，关押对象主要是日伪汉奸、敌特分子和各种破坏抗日的分子。同时也关押、教育、改造一般刑事犯罪分子。

在解放战争时期，解放区的监狱关押对象开始时主要是汉奸犯，到1948年和1949年后发生了变化，监所中关押的抢劫、盗窃、诈骗等侵犯财产犯占二分之一以上，有的解放区占三分之二以上。同时全国各地监狱（管训队和劳改队）又担负起对几百万国民党党、政、军、警、宪、特等反革命骨干分子进行集中管教和审查的任务。

总之，新民主主义革命时期人民民主专政的监所是人民民主专政的工具，是惩罚犯罪分子的机关。但这种惩罚的性质与一切剥削阶级的旧监狱完全不同，它不具有报复性；它反对惩办主义，对犯人不殴打、不辱骂，不使犯人身体遭受痛苦。同时也坚持严惩有严重破坏活动的罪犯。

2. 人民民主专政的监所是教育改造犯人的机关。1942年《陕甘宁边区司法纪要》明确指出："边区的监狱，固然是惩罚犯人的场所，同时也是犯人的教育机关。"1944年7月15日晋绥边区高等法院的工作总结指出："我们今天的监狱，是一所带强制性的生产教育学校，是感化教育、积极改造犯人的场所。"说明了我们的监狱是犯人的教育机关、犯人的学校，教育改造犯人是监狱的根本任务。这与一切反动统治阶级的监狱是根本不同的。犯人在监狱中每天黎明起床、出操，有规律的生活、学习、劳动。监狱对犯人的教育以政治教育为主，同时还进行文化教育。

3. 人民民主专政的监所还是生产的实体。新民主主义革命时期，人民民主专政的政权成立劳动感化院，建立健全监所生产的组织与管理，成立劳作队、劳改队等组织机构，组织犯人进行生产劳动，把生产和教育改造结合起来，既教育了犯人，使犯人认识了劳动的伟大意义，培养了劳动观点和劳动习惯，增强了对劳动人民的感情，提高了生产技能，获得了谋生手段；又做到了自给自足，不开支公粮，减轻了人民和政府的负担。在敌后战争频繁而残酷的环境中能做到这一点不能不说是历史上的奇迹。

（二）人民民主专政监所的作用

一切剥削阶级的监狱只有一个镇压惩处的作用，而人民民主专政的监所不仅具有镇压惩处作用，而且兼有教育改造作用。

1. 镇压惩处作用。新民主主义革命时期根据地和解放区的监所是人民民主专政的工具，是镇压惩罚犯罪分子的机关，因而具有镇压敌人、惩罚犯罪的作用。正如毛泽东同志在《论人民民主专政》中指出的那样："军队、警察、法庭等项国家机器，是阶级压迫阶级的工具。对于敌对的阶级，它是压迫的工具，它是暴力，并不是什么'仁慈'的东西。……我们对于反动派和反动阶级的反动行为，决不施仁政。"人民民主专政的监所在土地革命中镇压了豪绅、地主阶级的破坏和反抗，在抗日战争中镇压了日伪汉奸，在解放战争中镇压了国民党反动派及其帮凶的颠覆破坏活动；惩罚了各种严重违法乱纪分子；对于巩固人民民主专政的政权，维护革命秩序，保证革命战争、抗日战争和解放战争的胜利发挥了重要的历史作用。

2. 教育改造作用。人民民主专政的监所，不仅在阶级本质上与旧监狱根本对立，而且在作用上也与旧监狱有重大不同，它不再是单纯惩罚犯罪的场所，还是教育改造犯人的特殊学校，是个"治病"救人的地方。人民民主专政监所的教育改造作用及其效果是十分明显的。经过人民民主专政监所的教育改造，大批寄生堕落的犯罪分子获得了新生，成了遵纪守法、自食其力的好公民。他们中不识字的有了文化；曾吸过鸦片的身体强壮了。释放后，有的成了抗日战争和解放战争的积极力量，许多人参加了抗日队伍，成为八路军、新四军革命战士、革命民主政府干部、劳动英雄、支前模范；有的被选为边区参议会议员；有的利用在监狱学到的知识办起了工厂；有的参加了中国人民解放军；有的还参加了人民政府的监狱工作。人民民主专政监所对犯人的教育改造作用还成功地表现在刑满释放后重新犯罪者的比例极小这一事实上。

总之，新民主主义革命时期人民民主专政的监所有力地发挥了镇压敌人、惩罚犯罪以及教育改造罪犯的历史作用，对于今天我国社会主义狱制的建设和发展，具有理论和实践的指导意义。

复习与思考

1. 抗日根据地监所工作的指导思想是什么？
2. 抗日根据地监所监外执行有哪些内容？
3. 试述人民民主专政的监所的性质与作用。

第十章 中华人民共和国的监狱

（1949 年～1994 年）

学习目的与要求

掌握中华人民共和国监狱发展的历史进程、监狱工作的方针、政策和原则、监狱立法以及监狱管理制度；充分认识中华人民共和国监狱以改造人为宗旨的刑罚特色。

1949 年 10 月 1 日中华人民共和国宣告成立。新中国的成立，掀开了中国监狱新的历史篇章。中华人民共和国监狱与历史上剥削阶级的监狱有着本质的区别，是广大人民群众对危害国家安全的犯罪分子和其他刑事犯罪分子进行惩罚和改造的人民民主专政的机关，是在对各类罪犯监管改造的实践中逐步建立、发展和完善起来的，经过了创建、曲折发展和改革创新的历程。中华人民共和国监狱制度在依法执行刑罚、惩罚和改造罪犯、维护社会稳定、保障社会主义经济建设稳定发展中发挥着重要的作用，取得了举世瞩目的成就。

第一节 中华人民共和国监狱的历史发展

一、创建阶段（1949 年～1954 年）

新中国的监狱创建是伴随着中华人民共和国的诞生创建发展起来的。

1. 镇压反革命，巩固新政权。1949 年 9 月 29 日，第一届中国人民政治协商会议第一次会议通过了《中国人民政治协商会议共同纲领》（以下简称《共同纲领》）。第七条规定："中华人民共和国镇压一切反革命活动，严厉惩罚一切勾结帝国主义、背叛祖国、反对人民民主事业的国民党反革命战争罪犯和其他怙恶不悛的反革命首要分子。"

此后，根据《共同纲领》的规定，在中央的统一部署下，连续开展了清匪反霸、土地改革等运动，除了杀掉一批非杀不可的反革命犯之外，对大批反革命犯和其他危害社会的刑事犯，依法判处了有期徒刑和死刑缓期执行，投入监狱改造。当时中国在押罪犯由 1949 年的六万余人，到 1951 年迅速增加为八十七万余人。在押犯迅猛增加，使得监所十分拥挤。如何加强管理、如何处置这些罪犯，成为一个亟待解决的突出问题。

2. 迅速组织罪犯劳动改造。1951 年 5 月，公安部召开了第三次全国公安会议，专门研究了组织罪犯劳动改造的问题。由毛泽东同志亲自修改审定并经中共中央批准转发的《关于组织全国犯人劳动改造的决议》指出："大批应判徒刑的犯人，是一个很大的劳动力，为了改造他们，为了解决监狱的困难，为了不让判处徒刑的反革命分子坐吃闲饭，必须立即着手组织劳动改造工作。"

根据第三次全国公安工作会议所作出的决议，各地迅速建立了罪犯劳动改造机构，大规模地组织罪犯参加兴修水利、修筑铁路和公路、垦荒、开矿及手工业、农业、副业等多项生产劳动。通过大规模地组织罪犯进行劳动改造，从根本上解决了监狱关押的罪犯坐吃闲饭、监管场所拥挤、监狱经费不足等一系列问题，确立了改造罪犯的基本途径。这个决议还对管理体制、经费来源、武装看押、劳动项目等具体事项也都作了明确安排。从此，罪犯劳动改造有了明确具体的指导方针，大规模创建劳动改造罪犯工作逐渐开展起来。

二、初步发展阶段（1954 年～1966 年）

在总结新中国监狱工作创建阶段经验的基础上，1954 年 9 月 7 日我国颁布实施了《中华人民共和国劳动改造条例》，这是新中国历史上有关监狱工作的第一部法规。明确规定了劳改机关的性质、任务，劳改工作的方针、政策，确定"惩罚管制与思想改造相结合，劳动生产与政治教育相结合"为劳改工作方针，从此，新中国监狱工作进入了初步发展的阶段。

《劳动改造条例》把新中国监狱工作创建过程的成功经验用法规加以总结，使监狱工作及时、准确地纳入了法制的轨道。随着社会主义革命和建设的发展，监狱工作无论在罪犯的改造上，还是在监狱生产上都取得了巨大的成就。

在罪犯改造上，成功地把日本战犯改造成为致力于促进中日友好的人士，把末代皇帝改造成为自食其力的公民，将一大批刑事犯罪分子改造成为守法公民；在监狱生产上，逐步建立了一批大型工业企业、大型农场，形成了一个门类比较齐全的监狱企业体系，为国民经济的发展做出了贡献。1959 年新中国成立十周年前夕，在北京举办了"全国劳动改造罪犯工作展览会"，向全国及世界展示了新中国监狱工作的成就。

三、遭受破坏阶段（1966 年 ~ 1976 年）

从 1966 年到 l976 年的十年间，中国经历了一场"文化大革命"，使党、国家和人民遭到新中国成立以来最严重的挫折和损失。在此期间，中国的监狱事业也遭到严重破坏，主要表现为：监狱工作方针、政策，监狱工作取得的成绩被全面否定；改造罪犯的许多成功经验和行之有效的方法受到批判；监狱所属的工业企业、农场被大量挤占和被迫交出；监狱法规遭到践踏，监狱内正常的监管秩序遭到破坏。在极其困难的情况下，广大监狱人民警察仍坚守岗位，忠于职守，防止了重大事故的发生，减少了"文化大革命"所造成的损失。

四、拨乱反正阶段（1976 年 ~ 1981 年）

1976 年文化大革命结束，党的十一届三中全会召开，中国进入新的历史发展时期，开始了全方位的拨乱反正工作。监狱系统彻底清除了各种错误思潮的不良影响，恢复和重申改造罪犯工作的方针政策，正常的监狱工作逐渐恢复和全面展开。监狱人民警察队伍得到了发展壮大，监管工作恢复了良性运转。

在监狱工作恢复、整顿的基础上，中央于 1981 年 8 月，在北京召开了第八次全国劳改工作会议。这次会议总结了新中国成立三十多年以来监狱工作的成绩和经验，并对监狱工作中出现的新情况、新问题进行了研讨，确定了新时期监狱工作的任务和发展方向，形成了一个在监狱工作发展史上非常重要的文件——《第八次全国劳改工作会议纪要》。从此监狱工作完成了拨乱反正的历史重任，进入了改革发展的新时期。

五、改革发展阶段（1981 年 ~ 1994 年）

"八劳"会议以后，中国的监狱工作推行了若干项重大改革，包括：

1. 推行改造生产双承包制，监狱围绕提高改造质量和经济效益，提出了管教生产双承包责任制。

2. 在管教工作中，开展了把监狱办成改造人、教育人的特殊学校工作。

3. 对在押犯按犯罪性质实行分押、分管、分教，避免了罪犯之间的"交叉感染"，增强了教育改造的针对性，提高了改造质量。

4. 改造工作做到向前、向后、向外的"三个延伸"。

5. 在罪犯中推行改造、生产双百分考核制，实行以分计奖、依法减刑，从而使罪犯在希望中进行改造。

1994 年 12 月 29 日《中华人民共和国监狱法》颁布后，又进一步提出了依法治监、建设现代化文明监狱、建立现代监狱制度、实行狱务公开等涉及监狱整体性工作的改革措施，推动着监狱工作的发展进入崭新阶段。同时，监狱系统还广泛开展了对外交流工作，一方面向世界展示了监狱工作的成就和经验，另一方面也汲取了其他国家的一些有益经验。

第二节　中华人民共和国监狱工作方针、政策和原则

一、监狱工作方针

（一）"三个为了"的方针

中华人民共和国成立后，为了巩固新生的人民政权，镇压敌对阶级和敌对分子的反抗，一大批危害国家安全的犯罪分子和其他刑事犯罪分子被依法判处死刑缓期二年执行、无期徒刑和有期徒刑。监狱罪犯人数激增，难以组织全部罪犯开展劳动生产，致使大批罪犯由于没有劳动项目而坐吃闲饭，更难以对他们进行教育改造，因而难以实现改造罪犯成为新人的目标。为了解决这一问题，公安部于1951年5月10日至15日在北京召开第三次全国公安会议，通过了《关于组织全国犯人劳动改造问题的决议》。其中明确提出"为了改造他们，为了解决监狱的困难，为了不让判处徒刑的反革命分子坐吃闲饭，必须立即着手组织劳动改造的工作"。这就是"三个为了"的方针。

在"三个为了"方针的指导下，监狱组织罪犯劳动改造的根本目的和任务是把罪犯改造成为自食其力的劳动者，劳动改造是改造罪犯的一种基本手段，监狱对罪犯进行劳动改造所采用的形式就是组织罪犯参加生产劳动，使罪犯在生产劳动的过程中，改造思想，矫正恶习，成为自食其力的劳动者。监狱在组织罪犯参加生产劳动过程中，一方面要完成改造罪犯的政治任务，另一方面要让罪犯这"一个很大的劳动力"，为国家和社会创造物质财富，完成一定的经济任务。

（二）"两个结合"的方针

在新中国监狱工作创建过程中，出现了一些问题和困难，如：对罪犯的管理上过于分散的问题；对罪犯的惩罚与改造、劳动与教育的关系上存在一些模糊认识的问题等。为此公安部于1952年6月23日至30日在北京召开了第一次全国劳改工作会议。会议指出"在强迫罪犯劳动生产中，必须同时进行严格的管制和经常的教育工作，两者不得脱节"。第一次全国劳改工作会议对监狱工作的发展具有重要的作用，它奠定了建立新中国监

狱制度的基础，同时也孕育着"两个结合"监狱工作方针的诞生。

1954年9月，中华人民共和国政务院颁布了《中华人民共和国劳动改造条例》，这是新中国监狱工作的第一部法规。其中第四条规定："劳动改造机关对于一切反革命犯和其他刑事犯所施行的劳动改造，应当贯彻惩罚管制与思想改造相结合、劳动生产与政治教育相结合的方针。"这就是"两个结合"的方针，它为中国监狱工作沿着正确道路前进，实现把罪犯改造成为新人的目标指明了方向。

（三）"改造第一，生产第二"的方针

在《劳动改造条例》中确立的"两个结合"方针的基础上，针对在改造罪犯究竟以政治目的为主，还是以经济目的为主的问题上，少数单位迷失方向、出现偏差的现象。刘少奇同志在1956年提出："劳改工作的方针，第一是改造，第二是生产。"这一思想在1964年召开的第六次全国劳改工作会议上确定为"改造第一，生产第二"的劳改工作方针。"改造第一，生产第二"的方针是新中国成立初期"三个为了"的方针和后来的"两个结合"的方针的科学概括和发展。劳动改造机关的工作实践证明，"改造第一，生产第二"的方针是正确的，认真贯彻这一方针是保障监管改造与劳动生产取得好成绩的关键。

（四）"惩罚与改造相结合，以改造人为宗旨"的现行方针

1978年党的十一届三中全会以后，国家进入了以经济建设为中心的历史新时期。改革开放的不断深化和扩大，给监狱工作带来了重大影响。20世纪80年代初至今，罪犯构成相较20世纪五六十年代发生了一系列重大变化。从犯罪性质上看，由以反革命罪犯、社会渣滓为主转变为以侵犯财产型罪犯为主；从罪犯年龄结构上看，由以中老年罪犯为主转变为以中青年罪犯为主；从罪犯的文化程度上看，由具有较高文化程度的罪犯占较大比例转变为文化程度低下和文盲、半文盲的罪犯占较大的比例；从犯罪趋势上看，一些新的犯罪类型从无到有，逐渐增多，如计算机犯罪、黑社会犯罪、跨国犯罪等。罪犯构成的变化及罪犯思想、心理、行为特征的变化使改造工作难度增大。在这种历史背景下，1995年在《国务院关于进一步加强监狱管理和劳动教养工作的通知》中，明确提出了监狱工作要坚持"惩罚与改造相结合，以改造人为宗旨"的方针。这一方针强调与突出了惩罚和改造罪犯是监狱的基本职能与基本任务，明确了"以改造人为宗旨"是监狱工作的总体性要求，而"惩罚与改造相结合"是实现监狱工作宗旨的根本途径。它对于监狱工作中一些关系的处理，对于提高罪犯改造质量以及监狱工作的整体水平，都有极其重要的意义。

二、监狱工作政策

（一）惩办与宽大相结合的政策

《第一次全国劳改工作会议决议》中要求：一方面要"打击和惩治敢于继续从事反革命和其他破坏活动的少数分子"，另一方面"对于有科学技术的犯人，除了大力进行政治思想改造外，可以给以适当的物质照顾，以发挥他们在生产中的作用"。这就是新中国监狱工作中贯彻的重要政策。

（二）区别对待的政策

《第一次全国劳改工作会议决议》中提出了区别对待的政策，就是根据不同的改造对象，不同的改造程度，采取不同的方法和措施，实行区别对待政策。管理上的区别对待，是指针对罪犯的不同犯罪类型、刑期、年龄、性别实行分管分押；教育上的区别对待，是指对罪犯除了进行共同的政治思想教育、文化技术教育外，还要针对罪犯不同的犯罪性质、认罪态度和改造表观，实行分类教育和坚持经常性的个别教育；在劳动上的区别对待，是指针对罪犯的身体条件、生理特点、生产技术熟练程度，合理分配工种，合理制定劳动定额。另外，对老、弱、残罪犯只安排力所能及的劳动。少年犯从事半日劳动。区别对待的政策，在促进罪犯的改造中起了积极作用。

（三）阶级斗争与人道主义相结合的政策

《第一次全国劳改工作会议决议》中提出的阶级斗争与人道主义相结合的政策，就是既要提高警惕与犯罪作斗争，又要讲人道，把犯人当人看待，尊重罪犯的人格，严禁打骂、体罚、虐待、侮辱罪犯，改革不人道的管理方法，实行文明管理，保障罪犯享有的法定权利并要求罪犯履行应尽的义务。关心罪犯的吃、穿、住、医疗、卫生、休息，在劳动保护、安全生产等方面给予必要的物质保证，以使犯人感到有出路、有奔头，从强迫改造逐步走向自觉改造。

（四）给出路的政策

我们党对反革命分子和其他刑事犯罪分子，除依法判处死刑立即执行者外，都贯彻给出路的政策。即在其刑满释放后，尽可能地帮助他们在社会上就业或继续上学，政治上一视同仁，经济上同工同酬。

三、监狱工作原则

新中国成立后，在开展监狱工作中不断总结经验、吸取教训，逐渐形成了一套行之有效的工作原则。

（一）惩罚与改造相结合的原则

惩罚罪犯和改造罪犯是中国监狱的基本功能，而且这两项基本功能都必须实现，缺一不可。将罪犯改造成为守法公民既是监狱工作的目标，又是监狱工作的任务。为了将罪犯改造成为守法公民，必须对罪犯实施一系列改造措施。这些改造措施只有在罪犯被依法剥夺自由，实行严格的监禁管理条件下才能具体运用。惩罚是改造的前提，改造是惩罚的目的，二者的有机结合才能将罪犯改造成为守法公民，最终实现监狱工作的目标，完成监狱工作的任务。

惩罚管制与思想改造相结合就是使监狱的两项任务有机地结合在一起。对罪犯依法惩罚、严格监管，这项工作做得越好，监狱的监管秩序就越稳定，对罪犯接受改造就越有利。因此，二者的结合越密切，对监狱工作的发展就越有利。在监狱工作中，偏废任何一方或者是两项工作没有有机结合，都会给监狱工作带来重大影响。

（二）教育与劳动相结合的原则

监狱对罪犯的改造是通过一定的方法和手段具体实施的，教育和劳动是我国监狱改造罪犯的基本手段。在改造罪犯的过程中，教育和劳动这两项基本手段必须同时运用、缺一不可。为此，在罪犯的改造上确立了教育和劳动相结合的原则，使教育和劳动这两种手段在罪犯改造上达到有机的结合，最终实现将罪犯改造成为守法公民的目的。

教育在改造罪犯工作中起着重要的先导和启迪作用，它通过知识的传播使罪犯明辨是非、分清善恶，进而认识到自己犯罪的可耻，由强迫改造过渡到自觉改造。

同时，监狱通过组织罪犯参加劳动，可以观察罪犯的现实表现，以其言行洞察罪犯的内心世界，比单纯教育的效果要好得多。

教育和劳动是一个辩证统一的整体，二者互为补充、相互促进，发挥着任何一个单纯的手段都难以起到的作用。

（三）人道主义的原则

人道主义原则的核心是将罪犯当人看，依法保障罪犯在监狱服刑期间作为人的基本物质需求和精神需求，使罪犯能保持做人的尊严，具有健康人的精神状态、心理状态，使其顺利回归社会。

对罪犯实施人道主义原则是社会主义法制建设的重要特征之一。将罪犯改造工作纳入法治轨道，实现罪犯改造法治化，对罪犯实施人道主义，是建设社会主义政治文明的必然要求。社会主义法制基本要求是"有法可依、有法必依、执法必严、违法必究"。监狱对罪犯依法行刑，必须严格按照社会主义法制的基本要求，依法治监，保障罪犯法定权利，对罪犯实施人道主义。因此，对罪犯实施人道主义，对于监狱的法制建设、实现依法治监、实现罪犯改造法治化有着特别重要的意义。

对罪犯实施人道主义的原则就是在行刑过程中对罪犯作为人的地位及其基本权利的尊重与保障。在保障罪犯法定权利方面，逐步形成了以《宪法》为基础，以《监狱法》为核心，由《刑法》、《刑事诉讼法》、《行政诉讼法》、《民法通则》、《民事诉讼法》、《国家赔偿法》等法律法规所共同构成的罪犯权利的法律保障体系。尤其是《监狱法》对监狱罪犯的权利义务作了详细的规定，成为规定与保护罪犯权利最主要的法律。

此外，我国还于1986年签署了《禁止酷刑和其他残忍、不人道或有辱人格的待遇或处罚公约》，并于1988年10月4日批准了该公约。1997年和1998年我国又先后签署了《经济、社会、文化权利国际公约》和《公民权利和政治权利国际公约》。监狱罪犯权利保障法律体系已基本形成，为我国监狱罪犯权利的实现和保障提供了必要的法律基础。

（四）社会协助的原则

监狱是社会的特殊组成部分，依赖于社会而存在，社会之所以需要监狱存在，是因为监狱担负着特殊的分工及职能。这种分工及职能为社会的存在所必需，又无法被其他社会部门所替代。监狱和社会保持着一种十分密切的互动关系。社会对监狱的作用是多方面、多层次的，监狱是保障社会稳定最有力的工具。

改造罪犯工作是一项系统工程，它需要全社会的参与支持，1987年全国政法工作会议上明确提出了改造工作实现"三个延伸"。其中"向外延伸"就是广泛利用社会力量参与支持罪犯的改造工作。社会协助原则要求在社会帮教和社会安置中积极争取社会各个方面和社会各界人士的支持，调动社会一切积极因素，确保行刑目的实现。

（五）个别化的原则

监狱工作的个别化原则是指监狱对罪犯的教育改造工作，要针对每一个罪犯的具体情况来决定改造的方法和措施，它是刑罚个别化的组成部分。罪犯在犯罪性质、主观恶性、个人经历、文化水平、家庭环境等方面都存在着差别，这决定了他们在改造过程中有着不同的需求和表现。因此，对罪犯进行的教育改造工作，应从罪犯的个人情况出发，实行个别化处理，不断完善罪犯分类制度、累进处遇制度等。实行个别化原则，能有效地促进罪犯的改造。

第三节　中华人民共和国的监狱立法

一、《中华人民共和国劳动改造条例》

在总结新中国劳改工作实践经验的基础上，1954 年 9 月 7 日政务院制定颁布了《中华人民共和国劳动改造条例》。这是劳动改造机关第一部专门法规，是指导劳改工作的纲领性文件，也是新中国关于劳改工作使用时间最长的法律法规之一。

（一）《劳动改造条例》的制定过程

早在新中国劳动改造工作创建之初就开始着手制定的《劳动改造条例（草案）》，在 1953 年 12 月 10 日公安部召开的第二次全国劳动改造工作会议上讨论通过，后在 1954 年 8 月 26 日政务院召开的第二百二十二次政务会议上审议通过，政务院政治法律委员会副主任罗瑞卿在会议上作了《关于〈中华人民共和国劳动改造条例（草案）〉的说明》的报告。《劳动改造条例》于 1954 年 9 月 7 日由中华人民共和国政务院正式颁布实施。《人民日报》为此发表了题为《贯彻对于罪犯的劳动改造政策》的社论。社论指出："现在中央人民政府政务院公布了《中华人民共和国劳动改造条例》。这个条例根据几年来劳动改造工作的经验，用法律的形式规定了我们国家对于反革命犯和其他刑事犯实行强迫改造的政策方针、劳动改造机关的组织形式和职权范围及其对于劳动改造犯人的管理原则。各级党委和人民政府应该教育干部和人民群众充分认识这个条例公布的重大政治意义，领导和督促劳动改造机关认真地按照条例中的各项规定办事。这样，就必然会进一步改进劳动改造罪犯工作，继续把反革命犯和其他刑事犯教育改造成为新人，更加巩固我国的人民民主专政。"

（二）《劳动改造条例》的主要内容

《劳动改造条例》共九章七十七条，在体例上采用总则、分则和附则的结构。其中总则包括一章共七条，分则包括七章共六十八条，附则包括一章共两条。《劳动改造条例》主要内容包括：

1. 《劳动改造条例》制定的依据和目的。《劳动改造条例》是根据《中国人民政治协商会议共同纲领》第七条的规定制定的。制定《劳动改造条例》目的在于"惩罚一切反革命犯和其他刑事犯，并且强迫他们在劳动中改造自己，成为新人"。

2. 劳动改造机关的性质。劳动改造机关是人民民主专政的工具之一，是对一切反革命犯和其他刑事犯实施惩罚和改造的机关。

3. 劳动改造机关的分类。劳动改造机关分为：监狱、劳动改造管教队、少年犯管教所、看守所。其中，监狱监管不适宜在监外劳动的已判决死刑缓期执行、无期徒刑的反革命犯和其他的重要刑事犯；劳动改造管教队监管已判决的适宜在监外劳动的反革命犯和其他刑事犯；少年犯管教所监管未成年罪犯；看守所监管未决犯。

4. 劳动改造工作方针。劳动改造工作方针是：惩罚管制与思想改造相结合、劳动生产与政治教育相结合。

5. 改造罪犯的手段。《劳动改造条例》规定："劳动改造必须同政治思想教育相结合，使强迫劳动逐渐接近于自愿劳动，从而达到改造犯人成为新人的目的。"对罪犯进行教育改造的方式和内容，《劳动改造条例》还规定："对犯人应当经常地有计划地采用集体上课、个别谈话、指定学习文件、组织讨论等方式，进行认罪守法教育、时事政治教育、劳动生产教育和文化教育，以揭发犯罪本质，消灭犯罪思想，树立新的道德观念。"

6. 罪犯管理制度。罪犯管理制度包括：收押制度、警戒制度、生活卫生制度、接见和通讯制度、保外就医制度、释放制度，以及罪犯奖惩制度等。

7. 劳动改造机关的经费。《劳动改造条例》规定：劳动改造机关的经费来源包括两个部分：一是国家预算内拨款；二是劳动改造机关的生产收入。

（三）《劳动改造条例》的地位和意义

《劳动改造条例》的颁布实施，对于将中国的劳动改造罪犯工作纳入法制轨道起到了极为重要的作用，在中国劳动改造工作历史上具有特别重要的意义。

1. 《劳动改造条例》是劳改工作经验的立法总结。在中国共产党领导的民主政权监所工作实践中，逐渐确立了劳动改造罪犯的指导思想，即坚持教育人、改造人，把改造工作放在首位，逐渐建立了狱政管理制度、教育改造制度、犯人劳动制度等。《劳动改造条例》对新民主主义革命时期中国共产党领导的民主政权的监所工作经验进行了总结。

在新中国成立后，在组织罪犯劳动改造过程中，逐渐形成了劳动改造罪犯工作的方针、政策、原则；中央和省两级管理，以省管为主的劳改工作管理体制、罪犯管理制度、劳改政治工作制度等行之有效的做法。《劳动改造条例》对新中国成立后创建劳动改造工作的经验进行了总结。

2.《劳动改造条例》是劳改工作法制建设史上的里程碑。新中国成立后的一段时期，主要是依靠政策对劳动改造工作中的各种社会关系进行调整。《劳动改造条例》是中国颁布实施的第一部劳改法规，作为行政法规调整劳动改造罪犯的各项工作，使劳动改造工作纳入法制轨道，推动了劳动改造罪犯工作的法制建设进程，是劳动改造工作法制建设历史上的里程碑。

3.《劳动改造条例》是劳改工作方向的保障。《劳动改造条例》通过对劳动改造工作的性质、任务、原则、方针的规定，对劳动改造机关的种类和设置的规定，对改造罪犯手段的规定，对劳改生产的规定，对罪犯奖惩的规定，对劳动改造机关经费的规定等，推动着劳动改造工作的不断发展，保证着劳动改造工作始终沿着正确的方向前进。

4.《劳动改造条例》为《监狱法》的制定与实施奠定了基础。由于《劳动改造条例》在制定过程中，对所涉及调整的各个方面的关系考虑得比较充分，所以从 1954 年 9 月 7 日颁布实施到 1994 年 12 月 29 日《中华人民共和国监狱法》施行之前，在中国规范劳动改造工作长达四十年之久，为劳动改造工作法制化奠定了基础，更为《监狱法》的制定实施奠定了基础。

《劳动改造条例》颁布实施后，以此为基础，又制定出一系列劳动改造工作的规则、细则、办法等规章和制度，主要有：1954 年 9 月 7 日公布实行的《劳动改造罪犯刑满释放及安置就业暂行处理办法》、1962 年 12 月 4 日公安部发布的《劳动改造管教队工作细则（试行）》、1982 年 2 月 18 日公安部通知各地试行的《监狱、劳改队管教工作细则（试行）》等。这些法规对完善劳动改造工作法制建设起到了极为重要的作用。

二、《中华人民共和国监狱法》

（一）《中华人民共和国监狱法》的制定过程

在改革开放形势下，随着社会主义市场经济体制的建立，社会治安、监狱管理、监狱生产等方面都受到了重大影响，为适应新形势需要，社会主义民主法制建设日益健全需要与之配套的监狱法，中国四十多年成功经验及十多年来改革成果需要以法律的形式确定下来。同时，国际司法交流与合作日益密切，中国签署了联合国《囚犯待遇最低限度标准规则》等国际公约，也需要有与之相适应的国内法律，以展示我国监狱工作的文明与人道。在这一总形势下，为了进一步规范监狱管理活动，提高改造罪犯的质量，1994 年 12 月 29 日第八次全国人民代表大会常务委员会第十一次会议通过了《中华人民共和国监狱法》。

《监狱法》制定过程经历了的三个阶段：第一阶段，1986 年 3 月～1990 年 8 月司法部开始进行了劳改法的调研、起草和论证工作；第二阶段，1990 年 8 月～1994 年 10 月国务院法制局审议上报；第三阶段，1994 年 10 月～1994 年 12 月全国人大常委会审议，并于 1994 年 12 月 29 日在第八届全国人大常委会第十一次会议上通过了《中华人民共和国监狱法》，同日，江泽民主席签署中华人民共和国主席令第三十五号，予以公布实施。

（二）《监狱法》的体系

《监狱法》共七章七十八条，分三大部分：总则（十条），分则（六十七条），附则（一条）。其主要内容包括：

1. 总则部分。规定了《监狱法》的制定目的、依据；监狱机关的性质、行刑范围、基本原则、主要任务；法律监督、罪犯的法律地位；国家对监狱行刑的保障体制等。

2. 分则部分。规定了狱务保障，监狱人民警察的职业道德、职业纪律；规定了刑罚执行中的收监，对罪犯提出的申诉、控告和检举的处理，监外执行、减刑和假释、释放和安置；规定了狱政管理中的分押分管、警戒、戒具和武器的使用、通讯和会见、生活和卫生、奖惩，以及对罪犯服刑期间又犯罪的处理等；规定了对罪犯的教育改造；规定了对未成年犯的教育改造。

3. 附则部分。规定《监狱法》的时效是公布之日起实施，即《监狱法》从 1994 年 12 月 29 日起实施。

（三）《监狱法》的地位和意义

《监狱法》是新中国第一部监狱法典，它的颁布是中国监狱现代化进程中的里程碑，标志着有中国特色的社会主义监狱制度的确立与完善。

1.《监狱法》与 1997 年 7 月通过的《刑法》、《刑事诉讼法》共同构成了中国的刑事法律体系。它的颁布和实施标志着具有中国特色的社会主义监狱制度的确立，标志着中国刑事法律体系的形成和完善。

2.《监狱法》的整个立法思想，突出把改造罪犯成为新人作为监狱工作的宗旨，体现了中国刑罚制度的特色。它对保证监狱正确执行刑罚，稳定工作秩序，加强国际司法交流和合作，积极适应国际人权斗争的需要都有重大意义。

3.《监狱法》明确规定了监狱人民警察的法律地位，为依法治监、依法行刑、依法改造罪犯和建设现代化文明监狱提供了法律保障。

4.《监狱法》广泛规定了罪犯的法定权利，充分展示了我国监狱制度的文明、人道与进步。

第四节 中华人民共和国的监狱设置和监狱人民警察

一、监狱设置

（一）监狱管理体制

1949 年 10 月 1 日，中华人民共和国成立了。同年 11 月 1 日，中央人民政府司法部成立。根据 1949 年 12 月 20 日中央人民政府委员会批准的《中央人民政府司法部试行组织条例》第二条规定，司法部"主持全国司法行政事宜"。同时规定司法行政事宜共有十五项任务，其中第六项是"关于犯人改造监管机关之设置、废止、合并、指导、监督事项"。这是用《中央人民政府司法部试行组织条例》的形式，明确规定司法部是全国劳改工作的领导机关。

1950 年 11 月 3 日中央人民政府政务院根据加强人民司法工作的指示精神："关于监所管理，目前一般宜归公安部门负责，兼受司法部门指导。"中央人民政府司法部部长史良和公安部部长罗瑞卿于 1950 年 11 月 30 日联合发出"关于监狱、看守所和劳动改造队移转归公安部门领导的指示"。从此，全国劳改工作由中央人民政府公安部领导。

1983 年 5 月，中共中央发出通知指出：党中央、国务院决定，把监狱、劳改队、劳教所的管理工作移交给司法部，是进一步解决公安工作战线过长、任务过重的又一重大改革措施，并将有利于加强和改进劳改、劳教工作。从此，监狱工作又移交到司法部管辖和领导。

在 1951 年 5 月召开的第三次全国公安会议通过的《关于组织全国犯人劳动改造问题的决议》中，对劳改工作的管理机构作出规定：确定组织全国犯人劳动的管理机构为县、专署、省市、大行政区和中央，共五级机构。

为了加强对全国劳动改造工作的管理，中央人民政府公安部于 1953 年3 月 29 日增设劳动改造工作管理局，序列为第十一局，负责管理全国劳动改造的业务工作。大行政区、省和大市在各级公安部门内设置劳动改造管理处，作为专门管理劳动改造工作的机构。劳动改造管理处机构设置分为教育、管理、生产三科，在人员配置上为每处二十至三十人；专署一级在本级公安部门内设置劳动改造管理科，在人员配置上为五至十人；县一级在本级公安部门内设置劳动改造管理股，在人员配置上为二至三人。

1954 年 6 月 19 日中央人民政府委员会第三十二次会议通过了《撤销大区一级行政机构和合并若干省、市建制的决定》，据此项决议大行政区一级行政机构撤销了。

从此，劳改工作的管理机构就逐渐发展成为中央和省两级管理，以省管为主的劳改工作管理体制，即中央人民政府公安部设置劳改工作管理局，管理全国劳动改造工作的业务工作。省（自治区、直辖市）公安厅（局）设置劳改工作管理处（局），管理本省（自治区、直辖市）劳动改造工作的业务工作。

中国现行的监狱管理体制实行的是二级管理体制：一是国家级监狱由国务院司法部管辖；二是省级监狱由省级地方人民政府司法厅监狱管理局管理。即由各省级的司法厅监狱管理局管理。一些城市也设置有市一级的监狱。市一级监狱接受省级司法厅（局）的领导和指导。司法部监狱局属于司法部的职能机关。监狱局在司法部的领导下，负责管理全国的监狱工作。司法部监狱管理局的主要工作，是指导监狱法的实施，规划全国监狱工作，研究和布置各个时期监狱任务，依法解决监狱有关政策和法规问题，制定全国监狱工作规划。各省、自治区、直辖市司法厅（局）下设监狱局。省级监狱局在司法厅（局）的领导下，根据《监狱法》和司法部要求，履行依法治监的职能，负责管理本地区监狱刑罚执行的工作。

（二）监狱设置的类型

1. 新中国监狱设置的演变。新中国成立之初，关押罪犯的劳改执行机关没有统一的称谓。有的称为"劳作队"，有的地方称为"监狱教育所"，有的地方称为"改造队"，有的地方叫"自新所"或者"习艺所"，等等，各地称谓不尽相同。为了对关押犯人场所以及犯人具有法律意义上的称谓，1951 年 7 月 21 日，中央司法部、公安部颁布《为统一监狱、看守所、劳动改造队之名称，并纠正对犯人之不正确称呼及废除犯人之所谓组织的指示》，将羁押犯人的机关统一称监狱、看守所、劳动改造队，羁押的案犯统称为犯人。

新中国的监狱是根据对罪犯劳动改造的实际需要设置的。1954 年 8 月 26 日政务院颁布实施《中华人民共和国劳动改造条例》规定，对已判决的犯人按照犯罪性质和罪行轻重，分设监狱、劳动改造管教队给予不同的监管。没有判决或者判决刑期在二年以下的犯人，设置看守所监管。未满十八周岁的少年犯，设置少年犯管教所进行教育改造。省会城市设置女子监狱，集中监管女犯。

1955 年 2 月 17 日，公安部发出《关于统一规定各劳改生产单位和监狱、看守所、少年犯管教所的名称的通知》，对劳改生产单位和监狱、看守所、少年犯管教所的名称作了统一的规定：劳改生产单位以省市统一编制，称为某省第一、二、三……劳动改造队；监狱称为某省第一、二、三……监狱；看守所称为某省某县看守所；等等。

1962 年 12 月 4 日颁布的《劳动改造管教队工作细则》（试行草案），对监狱、劳改管教队的规模作了具体的规定，劳改管教队以支队为单位，关押的犯人在两千人以上。支队下设大队，大队关押的犯人在五百至八百人。大队下设中队，中队关押的犯人在一百五十人左右。

劳改支队是独立执行刑罚的机关和生产单位。其任务是在公安机关领导下，负责办理犯人的收押、刑满释放，执行对罪犯的刑罚，组织罪犯进行生产劳动，管理监狱的行政事务。支队实行党委领导下队长、政委分工负责制。大队是支队的派出机构，大队设大队长和政治教导员。大队负责领导中队的管教和生产工作。大队下设中队，中队设中队长和政治指导员。中队是改造罪犯的基层单位。其任务是管教犯人，安排指挥生产，审查犯人的改造情况，提出对犯人的奖惩意见。劳改支队实行支队、大队、中队三级管理。支队长、大队长、中队长主管生产和行政管理。政委、教导员、指导员主管干部政治思想工作和犯人的改造工作。

2. 现代监狱的设置。1994 年 12 月 29 日，《监狱法》颁布实施，中国监狱走上了依法治监的轨道。依据《监狱法》第十条规定："国务院司法行政部门主管全国的监狱工作。"国务院司法行政部门即中华人民共和国司法部，是主管全国监狱工作的最高领导机关。中华人民共和国司法部设有监狱管理局，具体负责对全国监狱工作的管理。各省、自治区、直辖市监狱管理局在司法部和省、自治区、直辖市司法厅（局）领导下，具体负责对本地区监狱工作的管理。一些省、自治区、直辖市在监狱设置比较集中的地区，设立监狱管理分局。监狱管理分局属于省、自治区、直辖市监狱管理局的派出机构。

现代监狱主要分为以下两类：

（1）监狱。监狱包括：关押被判处死刑缓期二年执行、无期徒刑、十年以上有期徒刑罪犯的重刑犯监狱；关押被判处五年以上十年以下有期徒刑罪犯的中刑犯监狱；关押五年以下有期徒刑罪犯的轻刑犯监狱；关押女性罪犯的女子监狱。有的省、自治区，根据需要在少数地区或地级市设置了由当地司法局领导的短刑犯监狱。

根据监狱的规模和押犯容量，监狱一般下设若干个监区，监区下设若干个分监区。分监区是监管改造罪犯的基层单位，具体负责对罪犯的监管、改造、劳动、生活卫生、考核奖惩等各项工作。

（2）未成年犯管教所。未成年犯管教所，是我国对已满十四周岁不满十八周岁的未成年犯执行刑罚的机关。《监狱法》第七十六条规定，未成年犯年满十八周岁时，剩余刑期不超过二年的，仍可以留在未成年犯管教所执行剩余刑期。剩余刑期在二年以上的，应当转送成年犯监狱关押改造。

二、监狱人民警察

监狱人民警察是指依法从事管理监狱、执行刑罚、惩罚与改造罪犯工作的人民警察，是国家执行刑罚机关的组织实体和主体力量，是具有武装性质的刑事司法力量。

监狱人民警察在不同的历史时期，有过不同的称谓。新中国成立初期，监狱和劳改管教队由公安机关领导，监狱和劳改管教队的管理人员称为劳改干部。1983 年，劳改干部改称为劳改工作人民警察。1994 年，依据《监狱法》规定，劳改工作人民警察改称为监狱人民警察。监狱是国家的刑罚机关，监狱人民警察是国家刑罚的执行者，根据法律赋予的职权，依法管理监狱，依法执行刑罚、惩罚与改造罪犯。

在新中国劳动改造罪犯工作大规模的开展过程中，一大批经过战争锻炼的老同志，刚刚结束在战场上同拿枪的敌人进行的充满硝烟的战斗，就投入到劳动改造罪犯这项新的伟大事业中来。监狱工作初创时期，条件极其艰苦，老一辈干部为了社会的安宁与稳定，离开条件优越的城镇，带着罪犯在荒山、野岭、滩涂白手起家，开荒造田办工厂，靠党的坚强领导，靠强有力的思想政治工作，靠强烈的事业心、高度的思想觉悟和艰苦创业的精神，推动着新中国的改造罪犯工作的开展，取得了巨大成绩。这些成绩的取得应归功于劳改工作干部这一支政治坚定、纪律严明、特别能战斗的队伍。他们组织罪犯参加劳动，在劳动中改造罪犯思想，将成千上万危害国家安全的反革命犯和其他刑事犯罪分子改造成为拥护社会主义制度的守法公民和建设社会主义的有用之材。

监狱工作实践证明，监狱人民警察队伍是一支政治坚定、作风过硬、纪律严明的队伍，这支队伍长期战斗在偏僻艰苦的岗位上，勤勤恳恳、任劳任怨，无私地为监狱工作的发展和进步奉献自己的一切，在监狱发展史上写下了光辉的篇章，创造了举世瞩目的成就，在巩固国家政权、维护社会稳定、促进经济发展方面起着十分重要的作用。他们对共和国的贡献将被中国历史永远铭记。

第五节　中华人民共和国监狱管理制度

从 1954 年《劳动改造条例》到 1994 年《监狱法》的实施过程中，中华人民共和国监狱管理制度不断完善，逐渐形成了由刑罚执行制度、狱政管理制度、教育改造制度、罪犯劳动制度等基本制度组成的完整的制度体系。

一、刑罚执行制度

中国监狱的刑罚执行制度包括收监，对罪犯提出的申诉、控告和检举的处理，减刑、假释，监外执行，释放和安置等制度。

1954 年，中国法律制度尚未健全和完善，《劳动改造条例》成为对罪犯执行刑罚的依据。《劳动改造条例》中的刑罚执行制度包括收监、警戒、接见和通信、取保、释放等有关的规定。当时监狱对罪犯的收监，是根据审判机关对罪犯的判决书、执行书或押票进行收监。收监时，必须对收押的犯人进行健康检查、人身检查、随带物品检查。监狱发现不符合法律文件记载、不符合收监条件的不予收监。

1962 年 12 月 4 日，公安部在《劳动改造管教队工作细则（试行）》中对罪犯根据不同类型犯人实行分押分管、区别对待的方法。对反革命犯实行严格的军事管制，劳动出工有警戒，通信要检查，接见家属要监督。对人民内部犯法分子监管得宽些，通信不检查，接见家属不监督。

1982 年 2 月 18 日公安部召开第八次全国劳改工作会议，在总结监狱工作实践经验的基础上，重新颁布《监狱、劳改队管教工作细则》，对刑罚执行提出了更为细致的规定，增加了对减刑、假释、狱内犯罪、死缓、无期徒刑、保外就医、监外执行处理的规定，对罪犯提出的复查、申诉、控告规定了处理的办法，给予罪犯一定的申诉和控告权，取消了取保条款的规定。

1994 年颁布的《监狱法》对刑罚制度的规定，使监狱在执行刑罚有了更准确的法律依据。其中包括：收监；对罪犯提出的申诉、控告、检举的处理；监外执行；减刑、假释；释放和安置。每项制度对执行的主体、执行的要求都作出了严格的规定。《监狱法》规定，监狱收监罪犯时，送押机关必须交付人民法院判决书、执行通知书、结案登记表和人民检察院起诉书的副本。上述文件不齐备或记载有误的，监狱不能收监；对罪犯提出的申诉、控告、检举制度，要求监狱及时处理，保证罪犯依法拥有的申诉权、检举权。在监外执行制度中，《监狱法》对监狱、公安机关、检察院在监外执行中的职责、程序作了具体规定。对减刑、假释制度也制定了具体的条件，规定了相应的职责和监督机制，以保证刑罚执行的严肃性和准确性。

二、狱政管理制度

狱政管理制度是监狱行政管理的基本制度。包括分押分管制度、警戒制度、通信和会见制度、生活卫生制度、奖惩制度等。

（一）分管分押制度

1954年，《劳动改造条例》要求对罪犯的分押分管，是根据罪犯的犯罪性质和罪刑的轻重执行的。看守所主要羁押未决犯和判处二年以下的罪犯。劳动改造管教队主要监管适宜在监外劳动的反革命犯和一般刑事犯。监狱主要监管已判决死刑缓期执行、无期徒刑的反革命犯和其他重要刑事犯。

《劳动改造管教队工作细则（试行）》规定，收押条件和警戒条件较好的劳改队，也可以收押一部分重刑犯。对于属于监狱收押的特务间谍、判处死刑缓期执行、无期徒刑的罪犯以及外籍犯，劳改队和少年犯管教所不得收押。劳改队对各类不同的犯人要区别对待、分别关押。对于革命犯和重刑犯、人民内部的犯罪分子、区长以上干部、高级知识分子、统战对象的罪犯、女犯，实行单独编队关押。

在1994年的《监狱法》中规定，在对成年男犯、女犯和未成年犯依照罪犯的年龄、性别、刑种、刑期和犯罪类型进行分押的基础上，实施分类管束、分级处遇制度。

（二）警戒制度

在新中国成立初期，监狱的警戒由人民公安部队担任。1982年以后，监狱的警戒任务由人民武装警察部队担任。1982年制定的警戒制度有九个条款。它包括警戒的职责、范围、武器和警械警具的使用都作了严格的规定。1994年，《监狱法》对监狱的警戒制度有关条款做了更明确的界定。罪犯脱逃由公安机关追捕，监狱人民警察给予协助与配合。监狱的警戒制度强调对罪犯的监舍、生产场地、出入环境、仓库、设备等要加强检查。规定分监区每日都要清查监舍，狱政管理部门或者监区每半月要进行一次大检查，监狱则在每个季度及重大节日前要进行一次全面清监，必要时要组织突击清查。

（三）罪犯的生活卫生制度

1954 年《劳动改造条例》对罪犯的衣食标准、作息制度、医疗卫生制度作了具体规定。1962 年，对犯人的生活提出按标准吃饱、吃热、吃熟、吃得卫生的要求。建立监狱犯人的卫生检查、健康检查制度。1982 年第八次全国劳改工作会议制定了《犯人生活卫生管理办法》，把犯人生活卫生工作作为监狱管理制度执行。在组织机构上，省一级劳改工作管理局、监狱都设有生活卫生处（科）组织机构，专门管理监狱犯人生活卫生工作。该办法对犯人的伙食费用、膳食质量标准、安全要求以及病犯、少数民族犯人都作了具体规定，为犯人生活健康、居住清洁提供保障。1994 年的《监狱法》把这些制度作了法律化的规定。

（四）罪犯的通信和会见制度

新中国成立之初，监狱对罪犯的通信和会见管理得比较严格。罪犯在监狱监督下可以每月会见家属两次。反革命犯与家属通信受到检查，罪犯与家属通信受监狱检查。1982 年后，监狱把罪犯与家属的通信和会见作为帮教罪犯的积极活动，准许罪犯家属到监狱探视犯人。如遇直系亲属病危或有重大情况，对于改造较好的罪犯准许回家处理。1994 年的《监狱法》对这方面作了更为安全、具体，也更为人性化的规定。

（五）罪犯的奖惩制度

监狱对罪犯实行赏罚严明的制度。对有悔改和立功表现的罪犯，给予奖励。奖励的形式有：表扬、物质奖励、记功、减刑或假释。1984 年 12 月 18 日，司法部、财政部联合发文，对犯人发放奖金的原则、条件、方法作了具体规定。奖励的原则要实行改造和生产双考核责任制。对犯人的奖励要体现多劳多奖、不劳不奖；政治上鼓励改造、遵纪守法。犯人的奖金按生产成本中犯人假定工资百分之十提存为奖励基金。1994 年颁布的《监狱法》对罪犯的奖惩制度增加了"离监探亲"的规定。罪犯在监内服刑期间不服管制的，监狱有权依法处罚。处罚的形式有警告、记过、禁闭。有破坏监管秩序行为的，以"破坏监管秩序罪"追究刑事责任。有其他犯罪行为的，依法从重处罚。

三、教育改造制度

教育改造罪犯是监狱的基本职能。1954 年《劳动改造条例》规定，对罪犯教育的目的在于将劳动改造同政治思想教育相结合，强迫罪犯劳动，使其养成自觉劳动的习惯。教育改造制度包括：教育的组织形式，如集体上课、个别谈话、学习文件、组织讨论、劳动教育等；教育的内容，如政治时事教育、思想道德教育、认罪守法教育、政策和法制教育、文化知识教育、职业技能技术教育等；教育的原则，如因人施教、分类教育、以理服人；教育的方法，如集体教育与个别教育相结合、狱内教育与社会教育相结合等多方面的具体规定。

1994年《监狱法》在总结我国监狱教育改造经验成果的基础上，对罪犯的教育改造制度规定了更高的要求。

四、罪犯劳动制度

劳动改造罪犯是中国监狱的特色之一。中国监狱把劳动改造罪犯作为一项制度执行。1950年6月中国人民政治协商会议通过的《共同纲领》第七条就规定，要强迫罪犯在劳动中改造自己。1954年《劳动改造条例》把劳动改造罪犯作为法规性制度确定下来。《劳动改造条例》把劳动改造和生产列入国家生产建设总计划；1962年第十二次全国公安会议对监狱犯人的生产管理和劳动制度作了具体规定；到1994年，《监狱法》对罪犯的劳动作出了更为明确规定。强调具有劳动能力的罪犯必须参加劳动，把组织罪犯参加劳动作为矫正罪犯恶习、养成热爱劳动习惯、掌握生产技能的手段；以法律形式规定犯人享有休息的权利；对犯人的劳动报酬、工伤、死亡，要参照国家有关规定处理。

中国罪犯的劳动制度严格遵循联合国《囚犯处遇最低限度标准规则》以及国际人道主义原则，监狱组织罪犯进行生产劳动，有劳动保护制度和安全生产责任制度，严格按生产规程组织生产，及时进行安全检查，排除安全隐患，保证罪犯劳动负荷的合理化，保证罪犯法定休息日的休息，等等。

第六节　中华人民共和国监狱的发展趋势

随着社会的进步和时代的发展，中华人民共和国的监狱按照国际行刑发展的总趋势，正在向建设现代文明监狱的方向努力发展，主要体现在以下几个方面：

一、建设法制的监狱

建设法制的监狱，就是建立健全监狱管理和监督机制，完善监狱的法律体系，使监狱人民警察在执行刑罚、狱政管理和教育改造工作中，不仅有法可依，而且执法必严。

法制化的监狱具体表现为，建立健全与《监狱法》相配套的监狱工作细则，包括：罪犯改造行为规范、对违规罪犯的惩治法规、保护罪犯合法权益的法规，以及执法监督机制的法规，并做到根据司法实践的变化需要，对各项规章制度予以不断完善；建立一支高素质的监狱人民警察队伍，监狱人民警察要严格依法办事，增强法制观念，提高依法办事的自觉性，提高执法的能力和水平，使监狱管理工作走向法制化、程序化、规范化、标准化。

二、建设专业的监狱

建设专业的监狱，就是必须建设一支专业化的监狱人民警察队伍，以发挥监狱的职能作用，完成对罪犯的刑罚执行、惩罚和改造，预防和减少犯罪的任务。专业的监狱，需要在监狱不同的工作岗位上，都拥有能以专业知识技能完成本职工作的专家型、复合型的监狱人民警察。同时，监狱人民警察还要有坚定正确的政治方向，要有强烈的事业心，要有良好的职业道德；掌握必要的人文科学知识；具有健康的心理素质和强健的身体素质。这些都是从事监狱工作的重要条件，也是打造专业的监狱的前提条件。

总之，建设专业的监狱，必须建设一流的监狱人民警察队伍，推行科教兴警战略，通过不断提高教育层次，加强教育培训，以教育、科技和管理促进素质提高，以适应新形势发展的需要。

三、建设社会化的监狱

建设社会化的监狱，就是通过社会力量的积极参与配合来完成监狱对罪犯执行刑罚、惩罚和改造罪犯，预防和减少犯罪的工作任务。对罪犯而言，只有在社会化的监狱环境下，才能完成罪犯的再社会化过程，才能真正把罪犯改造成为能够回归社会的守法公民。

监狱对罪犯的教育改造必须与社会的积极力量结合起来，用社会的积极影响帮助、教育、感化罪犯，才能收到理想的效果。加强监狱与社会的联系，让罪犯了解社会、关心热爱社会和家庭，也让社会和家庭关心监狱，关心罪犯改造，从而打造一座罪犯与社会沟通的桥梁。《监狱法》所规定的会见、通信、监外执行、假释、离监探亲等制度都为此创造了条件；推行狱政公开制度，监狱的重大问题，如刑罚的执行、罪犯的减刑、假释、保外就医、考核、奖惩等狱政情况实行公布制度，接受社会、犯人家属监督，更是建设社会化监狱的最有效措施；调整监狱布局，把监狱逐步从偏僻、闭塞的环境迁移到社会环境较好的地方，运用社会环境、条件等力量影响、监督、促进监狱的管理工作，促进对罪犯的教育、改造和感化，使监狱从过去隔绝、封闭、神秘状态走到社会上来，使人们更多地关

注监狱工作，关注监狱改造的质量，关注刑罚执行的公正性，这也是建设社会化监狱最具体的措施。

四、建设文明科学的监狱

文明科学是现代监狱的重要标志之一。文明的监狱需要在管理中处处体现出对罪犯人格的尊重，要求对罪犯实施人道主义待遇；注重对罪犯的公民基本道德规范的教育和养成；注重人类文明成果的吸收、消化和运用；建立文明整洁、积极向上的监管改造环境；等等。监狱本身就是人类文明的产物，对社会文明的进步起着保障和推动的作用。但是，由于监狱浓厚的暴力色彩及其他种种原因，历史上的监狱管理的落后、野蛮的形象总是挥之不去。现代监狱特别重视文明管理，将人类文明的成果和理念融入监管领域，文明管理是现代监狱管理的发展趋势。

科学的监狱就是立足于改造，确立科学的出发点，自觉接受正确理论的指导，采用科学的管理方式和方法，积极采用现代技术和现代装备，如把现代化的通信技术、交通运输工具、电子计算机技术，以及音乐健康疗法、倾诉疗法等科学技术的理论和方法应用到罪犯改造工作中，还要建立心理医院、心理宣泄室、情感疏导室等先进的科学设施，用于提高监狱的管理水平和改造质量。

21 世纪是我国走向社会主义现代化的新世纪。我国也将随着社会主义现代化的进程，全面推进现代化监狱的建设，把我国的监狱建设成为法制的、专业的、社会化的、文明科学的监狱。

复习与思考

1. 中华人民共和国监狱发展经历了哪些历史阶段？
2. 中华人民共和国监狱工作的方针具有怎样的演变过程？
3. 试述《中华人民共和国监狱法》的颁布实施情况。

附 录
日本侵华期间建立的法西斯监狱

日本侵略者在华设置的监狱一共有两类，一类是日本侵略军直接控制的监狱，另一类是日本侵略者扶植的傀儡政权监狱。

一、日本侵略军直接控制的监狱

（一）旅顺监狱

在中国历史上，给中国人民带来最大灾难的外国侵略者是日本帝国主义。日本帝国主义在中国设置监狱的历史，可以追溯到日俄战争以后对沙俄在华监狱的接管。19 世纪中叶，沙俄根据《瑷珲条约》、《天津条约》、《北京条约》等一系列不平等条约，强占了中国黑龙江以北、外兴安岭以南的六十多万平方公里的领土和乌苏里江以东约四十万平方公里的领土。1897 年~1903 年，又强行攫取了开筑东清铁路及其支线之权。为加强控制，沙俄在中国东北地区及东清铁路沿线陆续设置了各类监狱或拘押所。1904 年~1905 年日俄战争后，日本战胜俄国，沙俄在旅顺设置的监狱亦为日本侵略者接管。

据民国二年（1913 年）奉天模范监狱管狱官刘朝森等人对旅顺监狱的调查报告，旅顺地方监狱隶属关东都督府管辖，亦称"关东都督府监狱署"。日本侵略者自俄国人手中接管以后，对监狱建筑进行了一系列的修缮和扩充。监狱所在建筑的功能分为两部分：一部分为事务所，由狱务系、经理系、警守系占用；另一部分为办公、待客、陈列等室，设在监外。此外，还设有拘置监、女监、病监、炊事场、洗漱场、浴场、执刑场及教诲、医药等场所。监狱的组织机构为：设典狱长一人，其下分为三系，即狱务系、经理系、警守系，各系设系长一员。在监狱的日常管理方面，监狱设有工场，工场分为内役、外役。服内役者有抄纸工场、裁缝工场等；服外役者为炼化工场。犯人在工场服劳役时均穿特殊赭衣，两人以铁链连在一起锁住。日本人对被认为违反监规者施以笞刑等残酷肉刑。旅顺监狱行刑室内，老虎凳、皮鞭、竹板、铁链、电椅、绞刑架等刑具一应俱全。1909 年在哈尔滨刺杀日本首相伊藤博文的朝鲜爱国志士安重根被抓获后，就曾被关押在旅顺监狱，被酷刑折磨后绞死。

据不完全统计，自 1905 年日本人接管旅顺监狱时起，至 1945 年日本侵略者战败投降时止，共有三千多人在这所监狱被监禁过。其中既有中国人也有朝鲜等国人，而被杀害的达七百多人。直到现在，在监狱旧址的土坡处，仍可见被害者的累累白骨。它已成为沙俄及日本侵略者迫害中国人民和朝鲜人民的罪证而被保留下来。

（二）"七三一部队监狱"

1931年日本帝国主义发动了"九·一八"事变，对中国东北地区进行大举入侵。由于蒋介石政府奉行不抵抗政策，日军很快占领了整个东北。1937年日本又发动"卢沟桥事变"，以此为借口占领了中国华北，并妄图吞并整个中国。为加强对占领区的控制，日本侵略者在中国遍设特务机关和秘密监狱。这些监狱的性质与设置目的，与普通用于羁押经司法程序判处徒刑罪犯的监狱有很大差别。其关押对象既有反抗侵略而获罪的仁人志士，又有完全无辜的男女老幼和平居民。日本特务机关对被关押者施用种种违反国际法基本准则的酷刑进行迫害和屠杀，其手段惨绝人寰。这类监狱中最为典型的，就是1933年开始在中国东北哈尔滨市郊设置的"七三一部队监狱"。

"七三一部队监狱"即"日本关东军防疫给水总部"（通称"石井部队"，又曾叫"加茂部队"），这是日本秘密进行细菌战研究的机构。1938年，该部队修建了可容纳八十至一百人的监狱和为数众多的研究室等机构。周围布满装有高压电线的铁丝网与壕沟，与外界隔绝。1941年8月，改称"满洲七三一部队"。该部队的主要任务是用活人进行细菌战实验。被日本关东军宪兵队和特务机关抓来用作实验的活人称为"马鲁他"（日语音译），即"木头"之意。这些活人"木头"既有被俘的苏联红军情报官、中国红军、八路军、抗日联军，又有中国记者、学者、工人、学生及其亲属，还包括一些蒙古人和朝鲜人。

日本侵略者利用这些活人"木头"进行各种异常残酷的实验，包括在"木头"身上培植鼠疫、霍乱、伤寒等恶性疾病的病菌，并研究对这些疾病进行预防和治疗的方法；向"木头"们的静脉注射空气，向肾脏注进尿或马血，向肺里注进大量烟，向胃里注进毒气等物质，以观察身体器官的窒息变化直到活体死亡的状态；将"木头"置于零下四十度的冰雪中，使之四肢受冻坏死，再放入温水浸泡，致使肌肉组织完全脱落，以研究冻伤与水温的关系；等等。而最令人发指的是活体解剖，即将活生生的健康人的内脏器官以及大脑摘取，建立人体器官陈列室。凡被送进"七三一部队监狱"的犯人，无一生还。据二战后远东军事法庭记录，从1939年至1945年期间，该监狱残杀的人达三千余人。而据日本作家森村诚一在《食人魔窟》一书中的揭露，实际被害人数远远超过这个数字。这种监狱的性质与希特勒为迫害犹太人而建的集中营一样，是法西斯的、反人类的杀人机器。

二、日本侵略者扶植的傀儡政权监狱

日本为了实施对中国殖民地化的需要，在中国扶植了完全在日本人控制之下的傀儡政权，主要有 1932 年 3 月成立于长春的伪"满洲国"政权和 1940 年 3 月成立于南京的汪精卫伪"国民政府"。这两个为日本人所操纵的伪政权，为维护其统治，镇压人民的反抗，都建立了各自的监狱系统，成为中国近代监狱史上较为怪异的现象。

（一）伪满洲国政权的监狱

伪满洲国的监狱设施主要是接管原奉系军阀所设监狱。1934 年，伪满政权成立不久，这样的监狱就有一百八十九所——不包括大量看守所和拘留所。除此之外，在日本人的谋划下，还设立了许多由伪保安局直接控制的秘密监狱，以及由伪满政权司法部直接管辖的矫正辅导院。

1. 伪保安局控制的秘密监狱。伪保安局是 1937 年由日本关东军第三课的片仓衷与第二课的山冈参谋策划建立的、与关东军宪兵队相勾结的特务组织。为方便实施法西斯统治，镇压人民反抗，保安局设立了自己的为数众多的秘密监狱。为掩人耳目，这些监狱对外都打着一般公共机构的名义。例如，设于哈尔滨市道里中央大街的"松花塾"，是伪滨江省保安局的秘密监狱之一。

保安局特务们的任务，是深入社会的每一个角落，如机关、厂矿、公司、商店、旅馆等地，侦察民情动态，发现抗日爱国者或有反日情绪的人，将其列为"战时有害分子"，记录在案，必要时予以逮捕、监禁或屠杀。其监禁和暗杀的场所就是保安局的秘密监狱。仅 1941 年，被列入"战时有害分子"名单的就有一千二百多人，其中中国人就达到八百名。1945 年 8 月日本投降前夕，保安局按预先计划，对"战时有害分子"进行了最后的逮捕和屠杀。仅设在佳木斯万发村的秘密监狱"二岛理化研究所"内，在日本投降后，在当地群众清理死难同胞尸体时，就发现后院有一个长约十米、宽约八米、深二米的釜形大坑，内有十四具戴着手铐脚镣但头颅已被砍去的尸体；同时，在十六间监房内，每间都有二具被枪杀的尸体，估计是特务们逃跑前从门外开枪射杀的。

2. 矫正辅导院。矫正辅导院成立于 1943 年 4 月，直属伪司法部大臣管辖，由司法矫正总局主管。最初五所设在奉天、哈尔滨、鞍山、本溪、抚顺五个城市，1944 年在佳木斯、阜新等地增设一批，至 1945 年矫正辅导院已多达几十所。

根据伪满当局 1943 年 9 月颁布的《保安矫正法》和《思想矫正法》的规定，矫正辅导院主要的关押对象是"认为有犯罪危险的人"和"有犯罪可能的人"，矫正辅导院设置的目的就是对这些人实行"预防拘禁"或"保护监禁"。根据伪满政权发布的《矫正辅导院令》，对被收容关押的人必要时可以使用刑具，包括捕绳、联锁、手铐、防声具、保护衣等。矫正辅导院均设在工矿附近，强迫被监押者每日身穿号衣进行艰苦劳作，由于饭食极差，生活卫生条件极端恶劣，被监押者死亡率极高。吉林通化一所矫正辅导院监押的五百人中，死亡达二百余人。连伪满当局的报告也承认："因卫生设备之不完全及防疫措施不足，以致罹恶疫而引起之死亡不幸事件甚多。"

（二）汪精卫伪政权的监狱

"卢沟桥事变"后不久，华北、华东相继沦陷，1937 年底，北平、天津、上海、南京被日军占领。日本人为实现将中国变为其殖民地的图谋，一直在国民党内部培植亲日势力。1940 年 3 月 30 日，日本帝国主义支持的汪精卫国民政府在南京成立。各级司法机构也开始组建。汪伪政权的监狱主要是接管原国民党政权的监狱，如上海第一特区江苏第二监狱、上海第二特区监狱、上海第一特区地方法院看守所等。另外，汪伪政权还在九江、汕头等地增设了一批看守所和监狱。1941 年 9 月下令恢复日占区各地少年监狱的设置。

在监狱的管理手段上，1941 年 4 月下令各监所强制囚犯服各种劳役。监狱的关押对象除被判刑的犯人外，根据汪伪政权 1940 年 7 月颁布的《再犯预防条例》，还包括被认为有再犯罪嫌疑的人。对有犯罪嫌疑的人进行关押，实际上是沿用国民党蒋介石政府刑法中的保安处分制度。有犯罪嫌疑的人是指：犯罪具有习惯性或职业性；犯罪具有破坏廉耻性或其他恶性甚深者；犯人性行浮浪并无一定住所或无正当职业者。《再犯预防条例》规定，对这些人"得责付其系属，或责付乡、镇长，或通知警察官署查察其行为，或送入习艺所、救济院等处工作，或责成当地宗教慈善团体或送警察官署妥为安置"。

汪伪政权的监狱是日本侵略军在华所设监狱体系的重要组成部分，服务于日本侵略者，主要用来对中国人民进行血腥的镇压。

参考文献

1. 沈家本：《历代刑法考》第一、二、三、四卷，中华书局 1985 年版。

2. 中华人民共和国司法部编：《中国监狱史资料汇编》（上、下），群众出版社 1988 年版。

3. 薛梅卿主编：《中国监狱史》，群众出版社 1986 年版。

4. 《睡虎地秦墓竹简》，文物出版社 1978 年版。

5. 钱大群：《唐律研究》，法律出版社 2000 年版。

6. 李文彬：《中国古代监狱简史》，西北政法学院科研处 1985 年版。

7. 《民国监狱资料选》（上、下），河南省劳改局 1987 年版。

8. 万安中：《中国监狱发展的探索与思辨》，中国政法大学出版社 2013 年版。

9. 薛梅卿：《宋刑统研究》，法律出版社 1997 年版。

10. 罗翔：《中华刑罚发达史——野蛮到文明的嬗变》，中国法制出版社 2006 年版。

11. 蔡枢衡：《中国刑法史》，中国法制出版社 2005 年版。

12. 徐进：《古代刑罚与刑具》，山东教育出版社 1989 年版。

13. 周密：《宋代刑法史》，法律出版社 2002 年版。

14. 金鉴主编：《监狱学总论》，法律出版社 1997 年版。

15. 杨殿升、张金桑：《中国特色监狱制度研究》，法律出版社 1998 年版。

16. 中华人民共和国司法部编：《中华人民共和国司法部司法行政规章汇编》，法律出版社 1988 年版。

17. 白寿彝主编：《中国通史》，上海人民出版社 2004 年版。

18. 张晋藩主编：《中国司法制度史》，人民法院出版社 2004 年版。

19. 白焕然等：《中国古代监狱制度》，新华出版社 2007 年版。

20. 潘君明编著：《中国历代监狱大观》，法律出版社 2003 年版。

21. ［日］冨谷至：《秦汉刑罚制度研究》，柴生芳、朱恒晔译，广西师范大学出版社 2006 年版。

22. 钱大群："再谈隶臣妾与秦代的刑罚制度——兼复《亦谈'隶臣妾'与秦代的刑罚制度》"，载《法学研究》1985 年第 6 期。

23. 万安中："关于封建狱制完备时期的探析"，载《劳改劳教理论研究》1994 年第 4 期。

24. 吴艳红："明代流刑考"，载《历史研究》2000 年第 6 期。

25. 张建国："西汉刑制改革新探"，载《历史研究》1996 年第 6 期。

26. 万安中："关于监狱史研究的若干问题"，载《政法论坛》2004 年第 2 期。

27. 吕志兴："宋代配刑制度探析"，载《西南师范大学学报（人文社会科学版）》2004 年第 1 期。

28. 万安中："悯囚制论析"，载《学术研究》2007 年第 6 期。

29. 万安中："夏朝狱政思想形成问题商榷"，载《犯罪与改造研究》2013 年第 7 期。

30. 万安中："封建制时期监狱官吏责任制度论析"，载《中国监狱学刊》2013 年第 5 期。

声　明　　1. 版权所有，侵权必究。

　　　　　　2. 如有缺页、倒装问题，由出版社负责退换。

图书在版编目（ＣＩＰ）数据

中国监狱史/万安中主编. —3版—北京：中国政法大学出版社,2015.1（2022.8重印）
ISBN 978-7-5620-5802-1

Ⅰ. ①中…　　Ⅱ. ①万…　　Ⅲ. ①监狱—历史—中国　　Ⅳ. ①D929

中国版本图书馆CIP数据核字(2015)第002481号

出 版 者　　中国政法大学出版社
地　　址　　北京市海淀区西土城路25号
邮　　箱　　fadapress@163.com
网　　址　　http://www.cuplpress.com（网络实名：中国政法大学出版社)
电　　话　　010-58908435(编辑部)　　58908334(邮购部)
承　　印　　固安华明印业有限公司
开　　本　　720mm×960mm　　1/16
印　　张　　15.5
字　　数　　270千字
版　　次　　2015年1月第3版
印　　次　　2022年8月第4次印刷
印　　数　　10001~13000
定　　价　　28.00元